Verdwaald in het paradijs
Lost in paradise

Architectuur in Nederland
Architecture in the Netherlands

Samenstelling Edited by **Anne Hoogewoning, Roemer van Toorn, Piet Vollaard, Arthur Wortmann**

2001 >02

NAi Uitgevers/Publishers

Foto-essay Photo essay
Jeroen Musch

Omslagfoto's Photos cover
voor/front

achter/back

Jeroen Musch
Xaveer De Geyter, Parkappartementen/
Park apartments, Breda
MVRDV, Hageneiland, Rijswijk

Inhoud Contents 2001>02

7

Verantwoording

Zoals elk jaar is de selectie van projecten in dit Jaarboek tot stand gekomen op basis van inzendingen die volgden op een oproep in diverse media en een mailing naar een groot aantal architecten-bureaus, gemeenten en ontwikkelaars. Uit deze voorselectie van circa 300 inzendingen koos de redactie een zestigtal projecten om te bezoeken. 36 projecten zijn uiteindelijk in dit Jaarboek gedocumenteerd.

De redactie heeft natuurlijk allereerst gezocht naar projecten met de hoogste architectonische kwaliteit, maar heeft daarnaast getracht om projecten op te nemen die kenmerkend zijn voor de trends die op de Nederlandse nieuwbouwlocaties werden aan-getroffen. In vier essays worden vanuit verschillende invalshoeken deze ontwikkelingen becommentarieerd. Hoewel de redactie deze teksten beschouwt als vruchten van een collectieve discussie, droeg voor elk van de teksten een van de redacteuren de eind-verantwoordelijkheid. De initialen onder de teksten reflecteren dit deels collectieve, deels persoonlijke auteurschap. Fotograaf Jeroen Musch werd uitgenodigd om de thematiek uit de essays in beelden te documenteren.

De rangschikking van de gedocumenteerde projecten volgt de postcode-indeling van Nederland. Deze neutrale ordening werd ingegeven door de constatering dat de gesignaleerde trends zich voordoen over de gehele breedte van de architectuur en niet gekop-peld zijn aan, bijvoorbeeld, de functie of typologie van de gebouwen.

Wij hechten sterk aan de selectietraditie voor het Jaarboek, waar-bij alle opgenomen projecten door de redactie zijn bezocht. Projecten die niet konden worden bezocht, met name buitenlandse projecten van Nederlandse architecten, zijn daarom niet opgenomen.

Anne Hoogewoning
Roemer van Toorn
Piet Vollaard
Arthur Wortmann

Note from the editors

As in previous years, the selection of projects featured in this Yearbook was based on entries submitted in response to an announcement in various media and a mailshot sent to a great many architectural firms, municipalities and developers. Out of this pre-selection of around 300 entries, the editors chose sixty projects to visit. A final total of 36 projects are documented in this Yearbook.

It goes without saying that our main selection criterion was architec-tural excellence, but we have also tried to include projects that exemplify the trends we encountered on our visits to new-build sites around the Netherlands. These trends are the subject of four essays, written from four different angles. Although we regard these essays as the fruit of col-lective discussions, each editor took final responsibility for one of the texts. The initials at the end of each essay reflect this semi-collective, semi-personal authorship. Photographer Jeroen Musch was invited to produce a visual record of the themes touched on in the essays.
The projects are arranged in accordance with the Dutch postal code. This neutral ordering was prompted by the realization that the observed trends occur right across the architectural board and are not specific to the function or typology of the building.

The editors set great store by the Yearbook selection tradition where-by all the featured projects have been visited by the editors. Accordingly, projects we were unable to visit, notably foreign projects by Dutch archi-tects, are not included in this Yearbook.

Anne Hoogewoning
Roemer van Toorn
Piet Vollaard
Arthur Wortmann

Verdwaald in het paradijs

In Nederland droomt men niet van de utopie of het hemelse paradijs, maar is men ervan overtuigd dat de liberale liefdesverklaring van de sociaal-democratie aan de markt, de zogenaamde politiek van de 'derde weg', het paradijs op aarde brengt. Voor eenieder die deel uitmaakt van het succes van corporatief Nederland, lijkt het aardse paradijs zich inderdaad te openbaren. Echter door de 'totale' materiële en mentale vrijheid is de middenklasse de weg kwijtgeraakt in dit paradijs. De vele recente stedenbouwkundige en architectonische projecten in Nederland zijn hiervan de stille getuigen.

Het gedoogparadijs

Het geheim van dit paradijs is dat alle partijen met tegengestelde belangen te allen tijde bereid zijn te onderhandelen. In plaats van ideologische standpunten tegen elkaar uit te spelen, wordt er door de bureaucratische interventie van de overheid consensus tussen de verschillende partijen bereikt. Nadeel hiervan is dat veel netelige kwesties op de lange baan worden geschoven. Publieke verantwoordelijkheden worden zo door het openbaar bestuur afgewenteld; private belangen krijgen alle troeven in handen. Waar de overheid in het verleden als hoeder van het algemeen belang orde wist te bewaren, heerst nu een georganiseerde wanorde waar de markt garen bij spint. Kort samengevat komt het erop neer dat lonen in Nederland structureel laag zijn gehouden ten opzichte van de buur-

Lost in paradise

People in the Netherlands don't dream about the Utopia of a heavenly paradise, but are convinced that social-democracy's Blairite infatuation with the free market, the so-called politics of the 'third way', is capable of delivering heaven on earth. For everyone who is party to the success of corporate Holland, the earthly paradise does indeed seem to be manifesting itself. Yet because of the 'total' material and psychological freedom, the middle class has lost its way in this paradise. The many recent urban design and architectural projects in the Netherlands bear silent witness to this.

The consensus paradise

The secret of this paradise is that all parties, however contradictory their interests, are always prepared to negotiate. Instead of the rough and tumble of ideological viewpoints being played off against one another, bureaucratic intervention ensures that a cosy consensus is reached between the different parties. The disadvantage of this approach is the tendency to defer thorny issues indefinitely. Public responsibilities are thereby ceded by the public administration, leaving private interests holding all the trumps. Whereas in the past the government, as the guardian of public interest, managed to maintain an order of sorts, what we have now is an organized chaos that works in favour of the private sector. Briefly, what this boils down to is that salaries are kept structurally low in the Netherlands in comparison with neighbouring countries, attractive fiscal constructions are invoked for the benefit of (international) com-

Terwijl het private paradijs successen oogst, vindt er in de openbare ruimte een algehele uitverkoop plaats

landen, dat er aantrekkelijke fiscale constructies in het leven zijn geroepen voor (internationale) bedrijven, dat de overheid de infrastructuur betaalt, nutsbedrijven worden geprivatiseerd zonder dat de kopers risico dragen voor minder winstgevende delen, en dat de overheid de controle over de grondpolitiek voor een groot deel uit handen heeft gegeven.[1] De consensuspolitiek is lange tijd (gedurende de verschillende kabinetten Lubbers en Kok) gezien als zaligmakend.

Paradoxalerwijs brengt de consensuscultuur een overdosis aan regelgeving met zich mee, die eerder lijkt thuis te horen in een kafkaëske bureaucratie. Om één voorbeeld aan te halen: volgens het bouwbesluit moet elke nieuwe woning in Nederland een buitenruimte krijgen. Architecten haten echter de terreur van balkons aan de buitengevel. Om toch te voldoen aan het bouwbesluit plaatsen zij een glazen serre in de woonkamer. Wanneer de bewoner de serreramen opent en zo buitenlucht in dit deel van de woonkamer binnenlaat, is er in juridische zin sprake van een buitenruimte. De bewoners zijn vervolgens natuurlijk slim genoeg om in hun goedgekeurde woning de overbodige glazen binnenwanden te verwijderen. In plaats dat de overheid nadenkt over de betekenis van een buitenruimte, of de verantwoordelijkheid overlaat aan de architect, moeten regels op slinkse wijze omzeild worden.

panies, the government pays for infrastructure, utilities are privatized without the buyers having to bear the risk associated with less profitable divisions and the government relinquishes much of its control over land-use policy.[1] For the last 20 years – during coalitions led by first Ruud Lubbers (Christian Democrat) and then Wim Kok (Labour Party) – consensus politics has been surrounded by an aura of sanctity.

Paradoxically, the Netherlands' cosy consensus culture is attended by a plethora of regulations that would not disgrace a Kafkaesque bureaucracy. To mention just one example: according to the holy writ of the Buildings Decree, every new dwelling in the Netherlands must have an 'outdoor space'. Architects, however, regard this arbitrary imposition of balconies on the outer wall as a typical example of consensus terrorism. In order to appear to be complying with the Buildings Decree, they put a glazed veranda in the living room. When the occupants open the verandah windows, thus letting outdoor air into this area of the living room, there is legally speaking an outdoor space. Later on, of course, the occupants are canny enough to remove the redundant glazed inner walls in their officially approved dwelling. Instead of reflecting on the meaning of an outdoor space, or devolving responsibility to the architect, the government lays down rules that then have to be circumvented by devious means.

The consumption paradise
The modern order of collective values – principles of rationality, equality and democracy – which gave rise to the much-praised Dutch building tradition, is well and truly a thing of the past. Under the impact of rapid commercialization, government authorities and civic leaders have abandoned their role as defenders of the public interest. Instead of standing up for collective amenities, they act as broker to give ever more scope to market forces. The role of the state has been reduced to providing the infrastructure and public funds required by business and industry to maximize profits. The Netherlands has become a corporate state. At the same time, politicians are turning into fixers with a craving for media status: they make a name for themselves in their municipality by initiating masterworks by celebrated architects.

It is the triumph of the welfare state: we have all become customers. Citizens don't count in this society unless they are able to consume. The Dutch middle class, with its petit-bourgeois Utopia, shamelessly allows itself to be constrained by the success of the easily attainable.[2] It parades the wealth that flows from the quick profits of the shareholder democracy with a hedonistic connoisseurship that finds expression in fashion, exotic restaurants, art fairs, Taschen coffee-table books on avant-garde architecture, adventurous world trips and in watching do-it-yourself televison programmes about cooking, gardening and interior design.

The majority of consuming citizens in the Netherlands are in possession of a tidy fortune, but they no longer know quite how to spend it. It's

Het consumptieparadijs

De moderne orde van collectieve waarden, principes van rationaliteit, gelijkheid en democratie die leidde tot de zo geprezen Nederlandse bouwtraditie, behoort voorgoed tot het verleden. Onder invloed van de voortsnellende commercialisering hebben overheid en politiek hun rol ten dienste van het publieke belang opgegeven. In plaats van op te komen voor collectieve voorzieningen fungeren ze als makelaar voor meer en meer marktwerking. De rol van de nationale staat is teruggebracht tot het ter beschikking stellen van infrastructuur en publieke middelen die het bedrijfsleven nodig heeft om de winst te maximaliseren. Daarmee is de staat een corporatieve staat geworden. Tegelijkertijd worden politici regelaars die verlangen naar een mediastatus: ze profileren zich in hun gemeente door het initiëren van meesterwerken van spraakmakende architecten.

Het is de victorie van de welvaartsstaat: we zijn allemaal klant geworden. Je telt pas mee in deze samenleving wanneer je als burger in staat bent tot consumeren. De Nederlandse middenklasse, met haar kleinburgerlijke utopie, laat zich zonder schaamte ringeloren door het succes van het makkelijk haalbare.[2] Zij etaleert de rijkdom die voortvloeit uit de snelle winsten van de aandeelhoudersdemocratie met een hedonistisch connaisseurschap, getuige de interesses voor bijvoorbeeld mode, exotische restaurants, kunstbeurzen, Taschen-uitgaven over avant-gardistische architectuur, avontuurlijke wereldreizen, en het bekijken van *do-it-yourself*-televisieprogramma's over koken, tuinieren en interieur-inrichten.

Het merendeel van de consumerende burgers in Nederland beschikt over een aardig fortuin, maar weet niet meer hoe dat te besteden. Het is moeilijk dromen over een aards paradijs in een tijd dat de ideologieën zijn doodverklaard. Dit consumptieparadijs floreert terwijl het collectieve engagement verdwijnt. Het verandert het Nederlandse landschap in een geplande chaos van individuele lustoorden. De overdosis aan bureaucratie die daarvoor nodig is, maakt de chaos alleen maar absurder. Het landschap bestaat uit een optelling van individuele paradijzen – de publieke sfeer heeft opgehouden te bestaan. Terwijl het private paradijs successen oogst, vindt er in de openbare ruimte een algehele uitverkoop plaats.[3] In historische stadscentra wordt het boeiende stedelijke weefsel geannexeerd door de consumptieparadijzen voor het winkelend publiek, de recreant en de toerist. Nieuwe woonwijken krijgen niet de publieke voorzieningen of het openbaar vervoer dat op papier is beloofd.

Het imaginaire paradijs

Onze leefpatronen en waardeoordelen worden steeds meer bepaald door dynamische invloeden. Met name de migratie en de media zijn verantwoordelijk voor deze cultuur van de mobiliteit.[4] Ze creëren een constante stroom van transnationale beelden die zich vermengt met de ervaring van de fysieke ruimte en de directe gemeenschap.

While the private paradise scores success after success, public space is experiencing a total sell-out

difficult to dream about a heaven on earth now that ideology has been pronounced dead. So while the consumption paradise flourishes, collective commitment dwindles. It is changing the Dutch landscape into a planned chaos of individual pleasure domes. The overdose of bureaucracy this entails only adds to the absurdity of that chaos. The landscape consists of an accumulation of individual Edens – the public realm has ceased to exist. While the private paradise scores success after success, public space is experiencing a total sell-out.[3] In historical city centres the fascinating urban fabric is being annexed by the consumer paradises for the benefit of shoppers, day-trippers and tourists. New housing estates are not getting the public amenities or public transport that were promised on paper.

The imaginary paradise

Our lifestyles are increasingly determined by dynamic influences. The main causes of this culture of mobility are migration and the media.[4] They create a constant stream of transnational images that mingle with the experience of physical space and the immediate community. As a result, more and more market players are becoming interested in creating experiences, in fashioning imaginary worlds for the customer. 'We need a good story, and we are willing to pay for it,' says Rolf Jensen in his book *The Dream Society*, written for the property developers of the future.[5] Designing experiences, that's what it's all about in the information society.[6] Life is to be seen as a theatrical setting realized by designer and

Als gevolg interesseren meer en meer marktpartijen zich voor het creëren van belevenissen, voor het scheppen van imaginaire werelden voor de klant. 'We need a good story, and we are willing to pay for it', zegt Rolf Jensen in zijn boek *The Dream Society*, geschreven voor toekomstige projectontwikkelaars.[5] Waar het om draait in de informatiesamenleving is het ontwerpen van belevenissen.[6] Het leven moet worden opgevat als een theatrale enscenering, die door de ontwerper en de markt in eendrachtige samenwerking is gerealiseerd. Die enscenering moet men geenszins statisch opvatten. Er moet zich een 'verhaal' ontvouwen dat leidt tot een unieke ervaring waar de gebruiker actief in participeert. Daartoe moeten permanent keuzemogelijkheden worden aangeboden. Het gaat in het leven immers niet om de dingen, maar om de belevenissen. Wat blijkt uit projecten als het Wilde Wonen van Carel Weeber, het Gewild Wonen in Almere, Villa ArenA van Benthem Crouwel, de woningen van MVRDV in Ypenburg, Batavia Stad in Lelystad, is dat het niet zozeer gaat om het absorberen van de belevenis, maar om de uitnodiging aan de klant – of de 'gast' zoals men pleegt te zeggen in de beleveniseconomie – om de belevenis binnen te treden die is uitgestippeld door de *imagineers*.

Ook architecten gaan heden ten dage te werk als *imagineers*, zelfs in het geval van monofunctionele woonwijken. Zij geven vorm aan de totale gebruikerservaring. De toekomstige bewoner participeert actief in dit proces zonder daadwerkelijk zijn eigen wereld te scheppen. De diversiteit in het woningaanbod lijkt enorm, maar wat zich voordoet als verscheidenheid is in feite gelijkvormigheid vermomd als verschil. In veel nieuwe woonwijken kun je kiezen uit patiowoningen met zicht op de nachtelijke sterrenhemel, huizen waarin het woongenot wordt verhoogd door het geluid van de kabbelende beekjes die in het stedenbouwkundig plan zijn opgenomen, of kasteelensembles te midden van, zeg, een golfbanenlandschap. De rol van de architect kan verzoenend genoemd worden: aan de ene kant verhult hij de erbarmelijke prijs-kwaliteitverhouding en aan de andere kant laat hij de bewoner opgaan in het belevingsparadijs. Er worden hypnotiserende illusies geschapen waarachter middelmaat schuilgaat. In het gethematiseerde verhaal dat de architect in overleg met de markt realiseert, is voorspelbaarheid troef. En in dit imaginaire paradijs is niet alleen het classicistische ontwerp tot ornament geworden, maar ook het modernistische en het conceptuele ontwerp, en zelfs de laatste hardnekkige *blob*. We worden opgezadeld met een mediagenieke en populistische marktarchitectuur die Nederland verandert in een middenklasse-droomlandschap.

free market in harmonious collaboration. That setting should by no means be seen as static. A 'story' must unfold, culminating in a unique experience in which the user actively participates. This in turn means that the user must be offered a permanent range of choices. After all, life is not about things, but about experiences, isn't it? However, as projects like Carel Weeber's 'Wilde Wonen', Almere's 'Gewild Wonen',[7] Benthem Crouwel's Villa ArenA, MVRDV's Ypenburg houses and VHP's Batavia Stad make clear, rather than being allowed to absorb the experience for themselves, the customers – or 'guests' as they are called in the experience economy – are invited to step inside an experience that has been mapped out by the *imagineers*.

Architects, too, operate as imagineers nowadays, even when they are designing mono-functional housing estates. They give form to the total experience of the user. Future residents play an active part in this process without actually creating their own world. The diversity of the housing supply may seem enormous, but what looks like diversity is in fact sameness disguised as difference. In many new housing estates you can choose from patio dwellings with a view of the night sky, houses in which the pleasure of living is enhanced by the sound of babbling brooks incorporated in the spatial master plan, or castle ensembles in the middle of, say, a golf course landscape. The role of the architect can be described as one of appeasement: he conceals the appalling price–quality ratio while at the same time immersing the occupant in the experience paradise. Mediocrity is concealed behind mesmerizing illusions. In the thematized

We are saddled with a media-genic and populist free-market architecture that is fast turning the Netherlands into a middle-class dream landscape

Het paradijs van de middenklasse

In onze corporatieve en globaal georiënteerde samenleving zijn niet alleen de migratie en de media verantwoordelijk voor de veranderende opgave van de architectuur en stedenbouw. Meer en meer willen we als uniek individu ons leven geheel zelf kunnen bepalen. Niet de kerk, noch de staat, noch het kerngezin, noch de politiek mag ons individuele leven inperken. Maar wat houdt dan al die individuen bij elkaar wanneer er over deze zaken niet langer een consensus bestaat? De agenda wordt nu bepaald door het midden van de middenklasse. Ondanks de nadruk op het unieke van ieder individu zien we een enorme standaardisatie en gelijkvormigheid ontstaan. Kennelijk wordt het individu vergaand geïnstitutionaliseerd door het onderwijs, de markt, de media, het design, de vrije tijd, het werk en andersoortige centralistische processen die zich via het individuele leven manifesteren. De Nederlandse middenklasse is voortgekomen uit een typische, van oorsprong kleinburgerlijke kruideniersgeest. Het wieden van het eigen tuintje heeft eerste prioriteit. Karakteristiek voor deze middenklasse is de angst voor het onbekende en een overdreven zorg voor het moeizaam verworven bezit. De middenklasse is vooral uit op eigen belang, veiligheid en bekommert zich minder om de ander. Ze heeft een kortetermijngeheugen en een beperkt langetermijnperspectief.

We kunnen in Nederland twee soorten middenklasseparadijzen onderscheiden: de inmiddels al niet zo meer zo nieuwe *nouveau riche* en de recentere verschijning van de zogenaamde *bourgeois bohémien*.[7] Deze tweede soort wordt niet zozeer gekenmerkt door domme, goed uitziende mensen die snel rijk zijn geworden en een onstilbare honger naar geld hebben, maar door de drang om spirituele en intellectuele identiteit tentoon te stellen, door kwaliteiten te tonen die behoren bij de goed opgeleide elite. Deze bohémiens zijn geïnteresseerd in betoverende verschillen, zoals duiken naar parels in een tropische zee, of het hebben van een Japanse tuin. Hun instinct vertelt hun dat ze anti-establishment moeten zijn, terwijl ze ook doorhebben dat ze tot het nieuwe establishment behoren. Het is de wereld van de ex-hippie die aandeelhouder is geworden. Deze nieuwe elite hervormt de samenleving niet zozeer door autoriteit als wel door culture interventies. Het is deze bourgeois bohémien die ook het culturele met het economische laat versmelten in de bovengenoemde imaginaire paradijzen. Vandaar ook dat er nog nooit zoveel ontwerpers nodig waren als nu.

Een belangrijk aspect van dit paradijs van de middenklasse is het zogenaamde hotellobby-effect. In de lobby van de bourgeois bohémien word je met een opgewekt, gastvrij, luxueus en indrukwekkend decorum welkom geheten. Ook de *branding* van de stad en de architectuur, zoals in musea, is een essentieel onderdeel van deze lobbycultuur. Het lobby-effect moet het gevoel van luxe, eruditie, succes en welvaart uitstralen. Deze middenmens heeft een enorme behoefte aan het etaleren van welvaren, comfort, eruditie

---

narrative that the architect realizes in consultation with the market, predictability is the order of the day. And in this imaginary paradise the classical design is not alone in being reduced to mere ornament; modernist and conceptual designs, even the last stubborn 'blob', suffer the same fate. We are saddled with a media-genic and populist free-market architecture that is fast turning the Netherlands into a middle-class dream landscape.

The paradise of the middle classes

In this corporate and globally oriented society, migration and the media are not solely responsible for the changing task of architecture and urban planning. Individualization must also bear some of blame: people are increasingly demanding their right, as unique individuals, to determine their own lives. Neither the church, nor the state, nor the nuclear family, nor politicians must be allowed to restrict the life of the individual. But what is to hold all those individuals together when there is no longer any consensus on these matters? The agenda is being set by the middle of the middle class. Despite the emphasis on the uniqueness of each individual, we are witnessing the emergence of standardization and uniformity on a large scale. The individual, it appears, is being radically institutionalized by education, the market, the media, design, leisure, work and other kinds of centralist processes that manifest themselves via the life of the individual. The Dutch middle class is the product of a typical, originally petit-bourgeois mentality. Weeding one's own garden is the first priority.

Characteristic of this middle class is fear of the unknown and an exaggerated concern for painstakingly accumulated possessions. This latter-day middle class is preoccupied with its own interest – security – and correspondingly less concerned with other people. It has a short-term memory and a limited long-term perspective.

In the Netherlands we can distinguish two kinds of middle-class paradise: the not so new *nouveau riche* paradise and the more recent manifestation of the *bourgeois bohémien* paradise.[8] The first is characterized by the insatiable desire of dumb, good-looking people to flaunt their suddenly acquired wealth, the second by the compulsion to display spiritual and intellectual qualities appropriate to a well-educated elite. The bourgeois bohemians are interested in the bewitchingly different, such as diving for pearls in a tropical ocean, or owning a Japanese garden. While their instinct tells them they should be anti-establishment, they are also aware that they belong to the new establishment. It is the world of the ex-hippy turned shareholder. This new elite reshapes society not so much through authority as through cultural interventions. It is this bourgeois bohemian who also blends culture and commerce in the aforementioned imaginary paradises. Which is why there has never been a greater demand for designers than now.

An important aspect of this middle-class paradise is the so-called hotel lobby effect. In the lobby of the bourgeois bohemian you are greeted with a cheerful, welcoming, luxurious and impressive decorum. The 'branding' of the city and of architecture, in the museums for exam-

In het gethematiseerde verhaal dat de architect in overleg met de markt realiseert, is voorspelbaarheid troef

en individualiteit. Door het connaisseurschap van de middenmens is iedere lobbycultuur anders. De een houdt van een deconstructieve villa van Eisenman, terwijl de ander meer geïnteresseerd is in het roken van havannasigaren in een appartement van Krier. Dergelijke belevenissen leggen een sluier over de vele diepere tegenstellingen die het leven rijk is. De reusachtige villa van Jo Coenen, bewoond door slechts een echtpaar, met fabelachtige ruimten en perfecte details, getuigt op alle fronten van de cultuur van de lobby. In het paradijs van de middenklasse is het onmogelijk het innerlijke van wat daarbuiten ligt te onderscheiden; in de lobbycultuur voelt men zich altijd en overal thuis. De ruimte en het design zijn ontdaan van hun politieke dimensie. Zelfs de schok van een subversief ontwerp prikkelt het connaisseurschap van de bourgeois bohémien.[8] Het onderscheid tussen private en publieke belangen en het recht op avonturen voorbij de lobby gaan voorgoed verloren door de verzoenende pracht van het paradijselijke design.

Het designparadijs
In dit nieuwe paradijs is voor de architect meer werk dan ooit. Alles moet worden ontworpen om een paradijselijke belevenis te garanderen. Dit is natuurlijk voor de architect een nieuwe uitdaging – ondanks, of wellicht dankzij, de vele gevaren die dat met zich meebrengt. Wie in de praktijk werkt kan de huidige condities niet negeren. In de praktijk maakt men vuile handen en dat is ook wel zo

ple, is an essential element of this lobby culture. These 'middling' people feel a huge need to display affluence, comfort, erudition and individuality. Because of their connoisseurship, every lobby culture is different. While one has a yen for a deconstructive villa by Eisenman, another is more interested in smoking Havana cigars in an apartment by Krier. Such experiences serve to hide the much more profound contrasts that life has to offer. Jo Coenen's huge villa, with fantastic spaces and perfect details, occupied only by a husband and wife, is a perfect example of the culture of the lobby. In the paradise of the middle class it is impossible to separate the internal from what lies outside; in the lobby culture one is always and everywhere at home. The space and the design are stripped of their political dimension. Even the shock of a subversive design appeals to the connoisseurship of the bourgeois bohemian.[9] The distinction between private and public interest and the right to adventures beyond the lobby are lost for good in the appeasing splendour of the paradisial design.

The design paradise
In this new paradise there is more work than ever for the architect. Everything must be designed in order to ensure a paradisial experience. This of course represents a new challenge for the architect – in spite, or perhaps because, of the many dangers it entails. No one engaged in architectural practice can ignore current conditions. Practice involves getting your hands dirty, but that is also exciting for it is the only way of initiating

change. What position do the various Dutch architects take on this?

At first glance architecture appears to have been liberated from questions of style and ideological debates. Most architectural firms accept and produce the spatial conditions for the status quo. Despite their very different strategies and aesthetic premises, their projects facilitate appeasement. They refuse to relate critically to reality. Instead of making time for political reflection, all their time is invested in designing the required paradisial environment. We can distinguish several outcomes. There is the minimalist architecture that results in functional, efficient, beautiful and technically competent buildings. On the face of it, a neutral architecture, but appearances are deceptive. This minimalist architecture, with its clean lines and appearance of thrift, provides the consumption culture with a perfect alibi for parading in front of the footlights. You scarcely notice that you are in a consumption paradise. When all's said and done, what goes on in Villa ArenA is no different from what is on offer in Batavia Stad, but the furniture paradise designed by Benthem Crouwel gives shopping an aura of respectability.

Another group is firmly persuaded of the salutary and inspiring effect of architecture as object. This architecture – one thinks of Mecanoo's chapel in Rotterdam – seeks in architectural beauty a remedy against the planned chaos. Yet other architects seek an answer in an ironic and cheerful game by which they provide their designs with a double meaning. The absurdity that emanates from the overdose of data generated by our society presents MVRDV, for example, with an endless fund of alibis for

spannend, want alleen zo kan men ook veranderingen initiëren. Hoe positioneren de verschillende architecten zich?

Op het eerste gezicht lijkt het er op dat de architectuur is bevrijd van stijlkwesties en ideologische discussies. De meeste architectenbureaus accepteren en produceren de ruimtelijke voorwaarden voor de status quo. Ondanks hun zeer verschillende strategieën en esthetische vertogen werken hun projecten verzoening in de hand. Ze weigeren zich kritisch te verhouden tot de realiteit. In plaats van tijd in te ruimen voor politieke reflectie wordt alle tijd geïnvesteerd in het vormgeven van de gevraagde paradijselijke omgevingen. We kunnen verschillende resultaten onderscheiden. Er is minimalistische architectuur die functionele, efficiënte, mooie, en technisch bekwaam opgeloste gebouwen oplevert. Ogenschijnlijk is hier sprake van een neutrale architectuur, maar schijn bedriegt. Deze minimale architectuur verschaft de consumptiecultuur een uitstekend alibi om opgeruimd en netjes voor het voetlicht te treden. Dat je je bevindt in een consumptieparadijs valt opeens niet meer op. In die zin is wat er in Villa ArenA gebeurt niet anders dan wat Batavia Stad te bieden heeft, alleen wekt het winkelparadijs van Benthem Crouwel de schijn dat het winkelen verantwoord is. Een andere aanpak gelooft heilig in de heilzame en inspirerende werking van de architectuur als object. Deze architectuur – te denken is aan de kapel van Mecanoo in Rotterdam – is op zoek naar de schoonheid van de architectuur als medicijn tegen de geplande chaos. Weer andere architecten zoeken het in een ironisch en vrolijk spel waarmee ze hun ontwerpen van een dubbele bodem voorzien. De absurditeit die voortkomt uit de overdosis aan data die onze samenleving genereert, levert MVRDV bijvoorbeeld een oneindige reeks aan alibi's op om steeds weer een andere intelligente oneliner te produceren, die bovendien in de media de aandacht weet te trekken. Door overdrijving worden de vele paradoxale wetmatigheden die in onze samenleving schuilgaan zichtbaar gemaakt. Maar hoewel deze retroactieve manifesten inhaken op actuele thema's, ontwikkelen ze geen progressief alternatief traject – net zomin als de andere architecten. Uiteindelijk werkt ook deze radicaliteit verzoenend.

Naar een andersoortig paradijs?

De verschillende projecten die opgenomen zijn in dit Jaarboek getuigen alle van een uitmuntende kwalitatieve architectonische meerwaarde. De jaarboekredactie wil echter niet alleen kwalitatieve projecten documenteren. Als Nederland een vooraanstaande rol wil blijven vervullen in de architectuur is het hoogstnoodzakelijk dat architecten en critici bereid zijn het debat aan te gaan over de waarden en normen die in projecten en publicaties besloten liggen. De Nederlandse architectuur lijkt te lijden onder een pragmatismevirus. De overvolle agenda laat het kennelijk niet toe kritisch te reflecteren op de consequenties van het handelen. Het gevaar dreigt dat architecten en stedenbouwkundigen klakkeloos accepteren dat

producing one intelligent one-liner after the other, with the added advantage that they attract media attention. Exaggeration is used to reveal the many paradoxical laws that lie hidden in our society. But although these retroactive manifestos address topical themes, they do not develop – any more than the other approaches – a progressive alternative trajectory. In the end even this radicalism works as appeasement.

Towards another kind of paradise?

All the projects included in this Yearbook manifest an outstanding architectural quality. Nevertheless, the editors wish to do more than simply document qualitatively excellent projects. If the Netherlands is to continue to play a leading role in architecture, it is vital that architects and critics should be prepared to engage in a debate about the values and standards implicit in projects and publications. Dutch architecture seems to be suffering from a pragmatism virus. The packed diary evidently does not allow for critical reflection on the consequences of one's actions. There is a real danger of architects and urban designers unthinkingly accepting that we live in an age in which there is no place any more for ideology.[10] In the age of modernism, architects blindly followed the building programme dictated by the industrial society. Now architects are just as blindly following the dictates of the experience economy. So far, in the editors' view, the success of architecture under the Dutch polder model has in most instances resulted in a strategy of appeasement. This architecture possesses an innovative strength that is to be found in its acceptance of and fascination with the changing design task in our new modernity, but unfortunately it does not see it as its task to develop alternatives as well.

RvT

16

we leven in een tijd waarin geen plaats meer is voor ideologie.[9] Ten tijde van het modernisme volgden de architecten blindelings het programma van eisen dat werd gedicteerd door de industriële samenleving. Nu varen architecten blind op de beleveniseconomie. Vooralsnog kan volgens de redactie worden geconstateerd dat het succes van de architectuur in het Nederlandse poldermodel in de meeste gevallen leidt tot een verzoenende aanpak. Deze architectuur heeft een innovatieve kracht die schuilt in haar acceptatie van en fascinatie voor de veranderende opgave in onze nieuwe moderniteit, maar rekent het helaas niet tot haar taak om ook alternatieven te ontwikkelen.

RvT

1   Zie ook Noreena Hertz, *The Silent Takeover. Global Capitalism and the Death of Democracy*, Heinemann, New York 2001.
2   Zie ook 'De schaamte voorbij', in: Anne Hoogewoning et al. (red.), *Architectuur in Nederland. Jaarboek 2000-2001*, p. 4-7, NAi Uitgevers, Rotterdam 2001.
3   Zie ook Paul Scheffer, 'De verloren jaren van Wim Kok', *NRC Handelsblad*, 2 maart 2002.
4   De permanente beweging van onze cultuur door de media en migratie wordt uitgebreid behandeld door Arjun Appadurai, *Modernity at Large. Cultural Dimensions of Globalization*, University of Minnesota Press, Minneapolis 1998.
5   Rolf Jensen, *The Dream Society. How the Coming Shift from Information to Imagination Will Transform Your Business*, McGraw-Hill, New York 1999.
6   B. Joseph Pine II, James H. Gilmore, *The Experience Economy. Work is Theater & Every Business a Stage*, Harvard Business School Press, Boston (Mass.) 1999 (vert. *De beleveniseconomie*, Academic Service, Schoonhoven 2000).
7   David Brook, *Bobos in Paradise. The New Upper Class and How They Got There*, Touchstone, New York 2000.
8   Zie ook Roemer van Toorn, 'Fresh Conservatism, Landscapes of normality', in: *Quaderns Re-active*, Barcelona 1998.
9   Een hegemonie van het einde der ideologieën.

1   See also Noreena Hertz, *The Silent Takeover. Global Capitalism and the Death of Democracy*, Heinemann, New York 2001.
2   See also 'Beyond embarrasment', in: Anne Hoogewoning et al. (eds), *Architecture in the Netherlands Yearbook 2000-2001*, pp. 4-7, NAi Publishers, Rotterdam 2001.
3   See also Paul Scheffer, 'De verloren jaren van Wim Kok', *NRC Handelsblad*, 2 March 2002.
4   The permanent movement of our culture brought about by the media and by migration is dealt with in detail by Arjun Appadurai, *Modernity at Large. Cultural Dimensions of Globalization*, University of Minnesota Press, Minneapolis 1998.
5   Rolf Jensen, *The Dream Society. How the Coming Shift from Information to Imagination Will Transform Your Business*, McGraw-Hill, New York 1999.
6   B. Joseph Pine II, James H. Gilmore, *The Experience Economy. Work is Theater & Every Business a Stage*, Harvard Business School Press, Boston (Mass.) 1999.
7   Originally coined by architect Carel Weeber, the concept of 'Wilde Wonen' aims to give home-buyers more say in the design of their houses in a deregulated housing market; the city of Almere played on this idea when it set aside part of a new housing development for experiments in 'Gewild Wonen', or houses that people really want to live in.
8   David Brook, *Bobos in Paradise. The New Upper Class and How They Got There*, Touchstone, New York 2000.
9   See also Roemer van Toorn, 'Fresh Conservatism, Landscapes of normality', in: *Quaderns Re-active*, Barcelona 1998.
10 A hegemony of the end of ideologies.

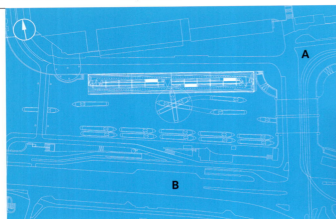

← **Situatie** Situation
A **Stationsplein**
B **Prins Hendrikkade**

Foto's Photos
Jeroen Musch

Stationsplein Amsterdam	**Medewerker**/Contributor: Michael Kloos	**Aannemer**/Contractor: Dekker-De Klerk, Krabbendam
Architect: VMX Architects – Don Murphy, Amsterdam	**Ontwerp – Oplevering**/ Design – Completion: 1999-2001	**Constructeur**/Structural Engineer: Ing. groep Van Rossum, Amsterdam
Projectleider/Project Leader: Leon Teunissen	**Opdrachtgever**/Client: Gemeente Amsterdam	

De hedendaagse cultuur van mobiliteit staat of valt met een efficiënte infrastructuur. In Amsterdam wordt gewerkt aan een nieuwe verbinding tussen het Noorden en het Zuiden van de stad. Het centrale trein-, tram- en busstation van Amsterdam krijgt een nieuw ondergronds voetgangersknooppunt en een nieuw busstation. Tijdens de bouw van deze nieuwe infrastructuur moet het Stationsplein vrij zijn van fietsen. Een tijdelijke fietsenstalling naar ontwerp van VMX, gebouwd op stalen kolommen boven het water tegenover het Ibis-hotel, biedt onderdak aan 5000 fietsen. Het 100 meter lange open bouwwerk bestaat uit een stelsel van 6 meter brede hellingbanen. De kade heeft op het deel waaraan de stalling ligt een hoogteverschil van 1,25 meter, wat voor de parallel liggende entreeverdieping een goed begaanbare helling van 3 graden oplevert. De begane grond heeft drie ingangen van waaruit de bovenliggende verdiepingen via de hellingbanen of de 'luie' trappen met de fiets of lopend kunnen worden bereikt. Aan weerszijden van de met felrood asfalt bedekte hellingbanen bevinden zich de speciaal ontworpen fietsrekken die tevens als hekwerken functioneren. Samen met de verlichtingsarmaturen vormen ze de enige niet-constructieve elementen van de stalling. De hellingbanen kragen vanaf de kolommen ver uit boven het water, waardoor de rondvaartboten in het kanaal onder de fietsenstalling voldoende manoeuvreerruimte hebben. Door dit overstek lijkt de constructie te zweven, en het elegante karakter ervan wordt nog benadrukt doordat de hellingbanen rondom dunnere randen hebben. Aan de kadezijde zorgt de betonnen vloer op de begane grond voor het noodzakelijke contragewicht voor de overstekende stalen constructie aan de waterzijde.

The present culture of mobility stands or falls with an efficient infrastructure. In Amsterdam work is proceeding on a new link between the northern and southern sections of the city while at the central train, tram and bus interchange in Amsterdam (at Central Station) a new underground pedestrian interchange and a new bus station are being built. While these infrastructural additions are being constructed, the station forecourt must remain free of the ubiquitous Dutch two-wheeler. A temporary bicycle shed to a design by VMX, built on steel columns above the water opposite the Ibis hotel, provides accommodation for 5,000 bikes. The 100-metre-long structure consists of a system of 6-metre-wide ramps. The 1.25 metre height difference on the stretch of quay along which the bicycle shed lies generates an easy gradient of 3 degrees in the adjacent entrance level. There are three ground-level entrances from where users can ascend to upper levels by cycling up the ramps or climbing the 'leisurely' stairs. On either side of the bright red asphalted ramps are specially designed bike racks that double as fencing. Together with the lighting fixtures these racks are the only non-structural elements. The ramps project out over the water from the columns so as to allow the tour boats in the canal below the bike shed sufficient room to manoeuvre. Because of this overhang, the structure appears to float above the water, its delicate quality further emphasized by the fact that the ramps are thinner at the edges. On the quay side the concrete floor at ground level provides the necessary counterweight to the cantilevered steel structure on the water side.

↓ **Lengtedoorsnede**
Longitudinal section
↓↓ **Dwarsdoorsnede**
Cross section

↓↓ **Foto** Photo Nico Bick

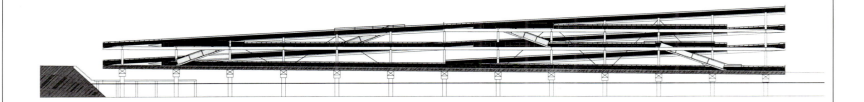

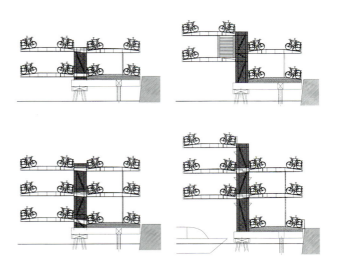

↓ **Lengtedoorsnede**
Longitudinal section
↓↓ **Dwarsdoorsnede**
Cross section

↓↓ **Foto** Photo Nico Bick

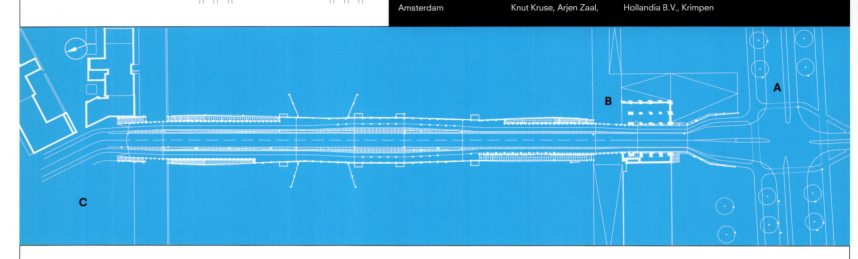

Over het IJ, tussen Java-eiland en de Oostelijke Handelskade
Across the river IJ, linking Java Island with Oostelijke Handelskade Amsterdam

Architect: Venhoeven CS, Amsterdam

Projectarchitect/Project Architect: Ton Venhoeven
Medewerkers/Contributors: Bart Aptroot (projectleider/project leader), Mirjam Galjé, Cas Bollen, Mark Linneman, Beat Ferrario, Paul Landman, Knut Kruse, Arjen Zaal,

Matthijs Klooster, Chantal van Dillen
Ontwerp – Oplevering/Design – Completion: 1997-2001
Opdrachtgever/Client: Grondbedrijf Amsterdam
Aannemer/Contractor: Hollandia B.V., Krimpen

aan den IJssel; Ballast Nedam, Zaandam
Constructeur/Structural Engineer: Ingenieursbureau Amsterdam
Kunstenaars/Artists: (m.m.v./with) Marc Ruygrok, Aernout Mik

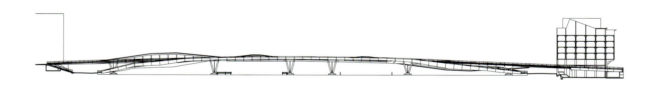

Nu de woningbouw in het Oostelijk Havengebied zijn voltooiing nadert, wordt zichtbaar hoe deze nieuwe stadswijk het knooppunt is van tal van verbindingswegen. De ligging nabij het Centraal Station, de Ringweg en de toekomstige woonwijk IJburg noodzaakte tot infrastructurele ingrepen, waaronder de aanleg van enkele bruggen. Een daarvan is de 280 meter lange Javabrug – officieel Jan Schaeferbrug, genoemd naar de wethouder in wiens bestuursperiode het gebied een woonbestemming kreeg – die de Oostelijke Handelskade met de kop van het Java-eiland verbindt. Vanaf de kade voert de oprit door het voormalig pakhuis De Zwijger, waarin een opening van twee verdiepingen is gemaakt. De doorgang door dit robuuste gebouw met zijn massieve wanden veroorzaakt als in een film een abrupte wisseling van het beeld, waardoor de ervaring van het op hoogte overschrijden van het water wordt gesublimeerd. Aan die ervaring dragen ook het lichtgebogen brugdek bij en de afwezigheid van pijlers. Aan de zijkanten van de brug bevinden zich voetpaden, ontsloten via zelfdragende trappen; er is een aparte strook voor fietsers, de middenstrook is bestemd voor autoverkeer. Het brugdek wordt gedragen door een constructie van ranke pijlers die als dierlijke poten wijd uitstaan. Bij nacht, met belichting vanuit het water, wekt de brug de suggestie van een reusachtige buitenaardse kever die de kop van het Java-eiland besnuffelt.

With housing construction in the eastern docklands of Amsterdam nearing completion, it is now clear to what extent this new urban district is the junction of numerous link roads. Its location close to Central Station, the Amsterdam ring road and the new IJburg residential development, has necessitated several infrastructural interventions, including the construction of a number of bridges.

One of these is the 280-metre-long Java Bridge – officially known as Jan Schaeferbrug, after the alderman during whose term of office the area was allocated for housing – that links the Oostelijke Handelskade with the tip of Java Island. From the quay, the approach road runs through the former De Zwijger warehouse in which a two-storey-high opening has been made. The passage through this robust building with its massive walls occasions an abrupt, film-like change of scene that sublimates the experience of crossing the water at height. That experience is reinforced by the gently curving bridge deck and the absence of pylons. On either side of the bridge are footpaths reached by self-supporting stairs; there is also a separate lane for cyclists, the middle section being reserved for motorized traffic. The bridge deck is supported by a construction of slender piers splayed like the legs of an insect. At night, illuminated from the water below, the bridge evokes the impression of a giant extraterrestrial beetle sniffing at the tip of Java Island.

1022 AM

Uitbreiding Bredero College
Extension Bredero College

de architectengroep

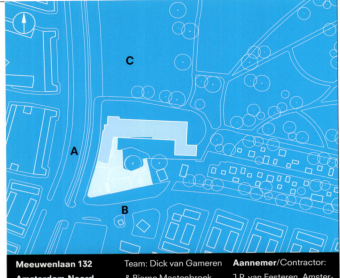

← **Situatie** Situation
A **Meeuwenlaan**
B **Zamelhofstraat**
C **W.H. Vliegenbos**
↙ **Foto** Photo
de architectengroep

↓ **Eerste verdieping**
First floor
Begane grond
Ground floor
Doorsnede Section

1 **ingang** entrance
2 **aula** auditorium
3 **bestaand gebouw**
   exhisting building
4 **docentenkamer**
   teachers lounge

5 **bakkerij** backery
6 **restaurant**
7 **patio**
8 **verhoogd plein**
   raised schoolyard
9 **basketball-kooi**
   basketball hoop

**Meeuwenlaan 132
Amsterdam-Noord**

Architect: de architectengroep. rijnboutt ruijssenaars hendriks van
gameren mastenbroek
bv, Amsterdam

Projectarchitecten/
Project Architects: Van
Gameren & Mastenbroek

Projectteam/Project

Team: Dick van Gameren
& Bjarne Mastenbroek
met/with Karlo Thornbury,
Ad Bogerman, Willmar
Groenendijk, Jacquo Booij
Ontwerp – Oplevering/
Design – Completion:
1998-2000
Opdrachtgever/Client:
Gemeente Amsterdam,
Stadsdeel Amsterdam-
Noord

Aannemer/Contractor:
J.P. van Eesteren, Amster-
dam
Constructeur/Structural
Engineer: Pieters Bouw-
techniek, Haarlem
Kunstenaar/Artist:
Gerald van der Kaap

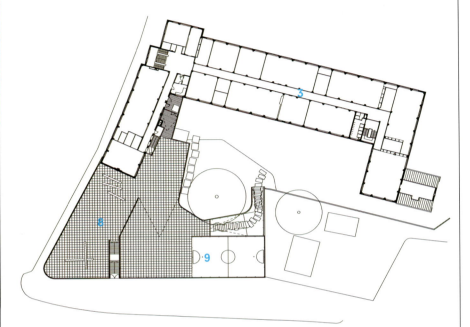

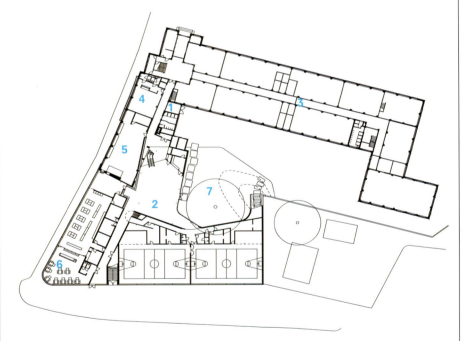

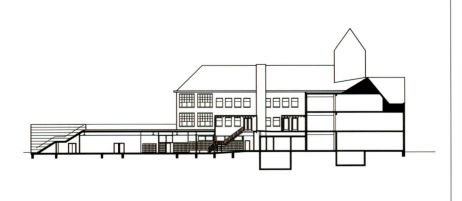

Foto's Photos
Christian Richters

Het Bredero College, een VMBO-opleiding voor technische en consumptieve vakken, was ondergebracht in een statig bakstenen gebouw uit de jaren dertig. De noodzakelijke uitbreiding van lokalen en gemeenschappelijke ruimten is aangegrepen om het negatieve imago te doorbreken dat de school ten opzichte van de buurt en van de ouders had. De uitbreiding bestaat uit een laag, transparant volume dat zich nauwkeurig voegt naar de bestaande situatie. De buitengevel volgt de rooilijn van de straat en de binnengevel vouwt zich om een schoolplein met een karakteristieke oude boom. In de uitbreiding zijn langs de straat een kooklokaal met aansluitend restaurant en twee gymnastieklokalen ondergebracht en grenzend aan de binnenplaats een aula. De nieuwe gevel vormt door het etalage-karakter een extravert en licht contrapunt tegenover de introverte en zware gevel van het bestaande gebouw. Interactie met de buurt vindt verder plaats doordat het restaurant op de hoek twee keer per week is geopend voor het publiek. Het dak van de uitbreiding is ingericht als verhoogd tweede schoolplein, voorzien van een basketball-kooi en verschillende verblijfplaatsen. Het dakplein is door middel van een landschappelijke trap verbonden met het lager gelegen schoolplein. Een trap tussen het restaurant en gymnastieklokalen leidt vanaf de straat naar het verhoogde plein en naar de nieuwe entree in de hoek van het oude gebouw.

Bredero College, Bredero College, a secondary school offering vocational training in technical and catering trades, used to be housed in a stately brick building dating from the 1930s. The need to expand the classrooms and communal spaces was seized upon as an opportunity to reverse the school's negative image with local residents and parents. The extension consists of a low, transparent volume that adheres closely to the existing situation. The outer facade follows the street alignment while the inner facade folds itself around a schoolyard containing a picturesque old tree. The extension contains a training kitchen, adjoining restaurant and two gym rooms on the street side and an auditorium on the side bordering the schoolyard. The new facade, with its, shop-window character, forms an extravert and light counterpoint to the introverted and massive facade of the old building. Interaction with the neighbourhood is further stimulated by the fact that the restaurant on the corner is open to the public twice a week. The roof of the extension is laid out as a second, raised schoolyard that is furnished with a basketball hoop and several shelters where students can congregate. The rooftop yard is linked by a landscaped stair with the yard below. Another stair located between the restaurant and the gym rooms leads from the street to the raised schoolyard and to the new entrance in the corner of the old building.

Uitbreiding Bredero College
Extension Bredero College

de architectengroep

Benthem Crouwel

26

← **Situatie** Situation
A **Arenaboulevard**
B **Burgemeester Stramanweg**
↓ **Foto** Photo Jeroen Musch

Foto's Photos Jannes Linders

Arenaboulevard Amsterdam

Architect: Benthem Crouwel Architekten BV bna, Amsterdam
Projectarchitect/Project Architect: Mels Crouwel (senior architect), Stan Rietbroek, Florentijn Vleugels
Medewerkers/Contrib-

utors: Edwin Doekemeijer, Arthur Galdeij, Bregje de Groot, Robert Lodeweegs, Ramon Vlaar, Nico de Waard, Marcel Wassenaar, Jos Wesselman
Ontwerp – Oplevering/Design – Completion: 1996-2001
Opdrachtgever/Client: Ontwikkelingsmaatschappij Centrumgebied Zuid

Oost: ING Vastgoed Ontwikkeling BV, Den Haag
Aannemer/Contractor: Bouwcombinatie Zuid Oost: vof BAM Bredero, Ballast Nedam Utiliteitsbouw B.V., Utrecht
Constructeur/Structural Engineer: Ingenieursgroep Van Rossum, Amsterdam
Interieurarchitect/Interior Designer: Virgile & Stone

Associates Limited, Londen/London, i.s.m./with Benthem Crouwel Architekten

De Villa ArenA in Amsterdam-Zuidoost is de nieuwste *shopping mall* op het gebied van woninginrichting. Het woonwinkelcentrum is een van de laatste toevoegingen aan wat moet uitgroeien tot het 'meest bruisende centrumgebied van Nederland'. In korte tijd verrezen rondom de Amsterdam Arena enkele kantoren, een bioscopencomplex, theaters, warenhuizen en woningen. Ook het station Bijlmer zal in de toekomst worden vernieuwd om het gebied allure te geven. De Villa ArenA bestaat uit een driehoekig bouwvolume met vier winkellagen en twee parkeerverdiepingen. Rond een langgerekt centraal atrium zijn zeventig winkels gegroepeerd. Het atrium is als binnenstraat ingericht en biedt plaats aan horecavoorzieningen met snackcorners en zitjes. Enigszins avontuurlijk is een cafetaria dat op hoge poten in het midden van het atrium staat. Het daglicht valt binnen door een V-vormige vide met kap van geprinte luchtkussens. Aan de buitenzijde zijn de gevelwanden bekleed met verticale aluminiumlamellen, waarachter de logo's voor een deel schuilgaan. Met deze toevoeging hebben de architecten aan de rigide, vlakke gevel met tekst weten te ontsnappen. De met kleine lampjes verlichte hellingbaan die naar het parkeerdek leidt, roept associaties op met een kermisattractie.

The Villa ArenA in Amsterdam Southeast is the country's latest single-purpose shopping mall. The home furnishing centre is one of the most recent additions to what its promoters hope will develop into the 'most lively urban centre in the Netherlands'. In a short period of time, the Amsterdam Arena stadium has been surrounded by several office buildings, a multiplex cinema, theatres, department stores and houses. The local metro/trainstation, Bijlmer, is also earmarked for a suitably chic refurbishment.

The Villa ArenA is a triangular building volume containing four floors of shops and two of car parking. Seventy shops are arranged around an elongated central atrium that is decked out as an indoor street complete with cafés and snack bars and their attendant tables and chairs. There is one slightly daring element, a cafetaria on stilts that occupies the centre of the atrium. Daylight enters the mall through a V-shaped void with a roof of printed air cushions. On the outside, the elevations are clad with vertical aluminium slats that partially conceal the store logos – an addition that allowed the architects to avoid the usual flat, text-inscribed facade. The fairy-lamp illuminations of the ramp leading to the rooftop car park evoke associations with a fairground attraction.

Villa ArenA

Benthem Crouwel

→ **Foto** Photo
Sake Rijpkema/
Hollandse Hoogte

↙ **Doorsnede** Section   **1 ingang** entrance
↓ **Begane grond**   **2 vide** void
   Ground floor   **3 winkels** shops
Vijfde verdieping   **4 hellingbaan** ramp
   Fifth floor   **5 parkeren** parking

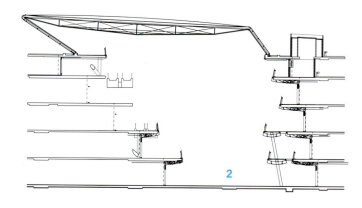

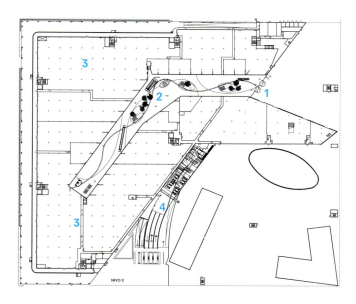

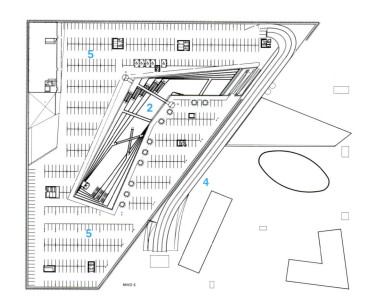

Geluidswalwoningen
Sound wall houses

VHP

← **Situatie** Situation   **Foto's** Photos
A **Diependaalselaan**   NIO Architecten
B **Charley Tooropstraat**

Charley Tooropstraat Hilversum

Architect: VHP stedebouwkundigen + architekten + landschapsarchitekten bv, Rotterdam
Projectdirecteur/Project Director: Ron Klein Breteler
Projectteam woningen/ Project Team Houses: Remco Arnold, Maurice Nio (nu werkzaam bij/ now working at: NIO Architecten, Rotterdam)
Projectteam geluids-

scherm/ Project Team noise barrier: Remco Arnold, Eric Lucas, Maurice Nio, Jaakko van 't Spijker
Stedenbouwkundige/ Urban Planner: Rop van Loenhout
Ontwerp – Oplevering/ Design – Completion: 1997-2001
Opdrachtgever/Client: Slokker Vastgoed bv, Huizen
Aannemer/Contractor: Slokker Bouwgroep bv, Huizen

Constructeur/Structural Engineer: Constructie-adviesbureau Steens b.v., Zoetermeer
Landschapsarchitect/ Landscape Architect: Ank Bleeker, Ivana Zambeli

↙	**Doorsnede** Section	1	**ingang** entrance	6	**badkamer** bathroom
↓	**Begane grond** Ground floor	2	**hal** hall	7	**terras** terrace
	Eerste verdieping First floor	3	**woonkamer** living room	8	**garage/berging** storage
		4	**keuken** kitchen	9	**geluidswal** sound wall
		5	**slaapkamer** bedroom		

Weg, woning en landschap hebben elkaar nooit erg gelegen. Of de één is een vervuiling van de ander of de ander is een belemmering voor de één. Stel je eens voor dat ze gedrieën konden samenkomen in een woningtype? Een kruising tussen de ultieme drive-inwoning, walwoning en parkwoning?
De Diependaalse walwoningen hebben deze samensmelting van weg, woning en landschap als inzet. De woningen maken deel uit van een geluidswal en vormen als zodanig een interface tussen een provinciale weg en een rustiek, groen woonlandschap. Het landschap wordt zo min mogelijk verstoord. De footprint van de woningen is gereduceerd tot een compacte verdieping met slaapvertrekken en garages. De woonverdieping daarentegen reikt met een breed gebaar zo diep mogelijk het park in.
Het zwevende gebaar drukt echter ook de spanning uit die wacht op de weg. Als een roekeloze formatie cyclopen, klaar om uit te rukken, zetten de woningen zich schrap tegen de wal. De Diependaler die hier huist bezit niet alleen een bolide, hij bewoont er ook een.

Road, house and landscape have never been on particularly good terms. Either the first is a degradation of the other two or the other two are an obstacle to the first. Imagine combining all three in a single housing type, a cross between the ultimate drive-in home, embankment dwelling and park house.
Just such a conflation of road, dwelling and landscape was the starting point for the design of these embankment dwellings in Diependaal. The houses are part of a sound wall and as such form an interface between a provincial highway and a rustic, green residential landscape. That landscape is impinged upon as little as possible. The footprint of each house is confined to a compact ground floor containing bedrooms and garages. The living level, by contrast, thrusts itself as far as possible into the park. At the same time, however, the sweeping gesture of the row of houses expresses the tension lying in wait on the road. Like an intrepid formation of cyclops, the houses brace themselves against the embankment, ready to turn out at a moment's notice. The Diependalers who live here don't just own a bolide, they live in one.

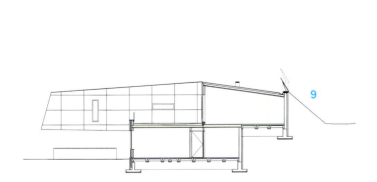

1217 AH

↓ **Foto's** Photos
Jeroen Musch

Foto's Photos
Arthur Blonk, Caroline
Koolschijn / arcasa

→ **Situatie** Situation
A Hoge Naarderweg
B Dievenpaadje
C Godelindeweg

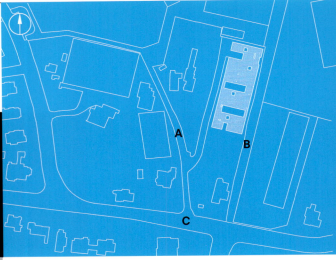

Hoge Naarderweg 78 Hilversum

Architect: Koen van Velsen, Hilversum
Projectarchitect/ Project Architect: Koen van Velsen
Medewerkers/Contrib-

utors: Gero Rutten, Marcel Steeghs, Gideon de Jong, Chris Arts, Merijn de Jong, Tom Bergevoet
Ontwerp – Oplevering/ Design – Completion: 1998-2001
Opdrachtgever/Client: Commissariaat voor de

Media, Hilversum
Aannemer/Contractor: Bouwbedrijf E.A. van den Hengel, Hilversum
Constructeur/Structural Engineer: D3BN, Den Haag
Interieurarchitect/Interior Designer: Koen van Velsen

Landschapsarchitect/ Landscape Architect: Koen van Velsen

33

Het kantoorgebouw voor het Commissariaat voor de Media is gesitueerd aan de beboste rand van het Hilversumse mediapark. Door de gecontroleerde confrontatie met de natuur en door de uiterst verzorgde materiaalkeuze en detaillering ademt het gebouw een aangename sfeer van rust en comfort. De landschappelijke kenmerken van de locatie, de verhouding tussen gebouw en omgeving en de confrontatie van de gebruikers van het gebouw met het landschap vormen het hoofdthema van het ontwerp. Waar mogelijk absorbeert het gebouw het landschap en maakt het zich ondergeschikt aan de aanwezige helling van het terrein en aan de aanwezige bomen. De daklijn van het langgerekte bouwvolume volgt de vanaf de straat naar beneden aflopende contour van het terrein. In het gebouwvolume zijn patio's uitgesneden rond enige bestaande bomen. Ook in de enorme uitkraging van het dak ter plaatse van de hoofdentree zijn sparingen rond bomen opgenomen. De gangen van het gebouw bevinden zich langs beide gevels. In deze gangen wordt bovendien het geleidelijk oplopende niveauverschil van de vloeren opgenomen. De kantoorruimten zijn ontsloten vanuit secundaire gangen loodrecht op de gevel. Lopend over de gangen wordt via sparingen of grote glasvlakken in de langsgevels uitzicht op het omringende landschap geboden. De werkruimten zijn daarentegen volledig gericht op de patio's. Aan de inrichting van deze patio's is veel zorg besteed. De patiogevels zijn, in tegenstelling tot de strakke buitengevels van glas en metaal, gedifferentieerd gecomponeerd met verspringende ramen, metselwerk gevelvlakken en verschillende kleurvlakken.

The office of the Dutch Media Authority is appropriately situated on the wooded edge of the Hilversum 'media park'. Thanks to the regulated confrontation with the natural surroundings and the immaculate materiality and detailing, the building radiates an agreeable air of tranquillity and well-being. The natural features of the location, the relation between the building and its surroundings and between the users of the building and the landscape are the main theme of the design. Where possible the building absorbs the landscape and subordinates itself to the slope of the site and to the existing trees. The roof line of the elongated building follows the lie of the land as it slopes down from the street. Patios have been cut out of the building volume around several pre-existing trees. Even the huge roof overhang at the main entrance has had openings cut out of it for the benefit of trees. The building's corridors, which gradually assimilate the increasing difference in floor level, are located along the two long facades. The offices are reached via secondary passageways at right angles to the facade. As people walk along the corridors, openings and large areas of glass in the facade afford glimpses of the surrounding landscape. The work areas, by contrast, are focused exclusively on internal patios which have been designed with the utmost care. Unlike the taut external facades of glass and metal, the patio facades present a differentiated composition of staggered windows, masonry walls and various splashes of colour.

34

↓ **Lengtedoorsnede**
Longitudinal section
Dak Roof
Eerste verdieping
First floor
Begane grond
Ground floor

1 **ingang** entrance
2 **hal** hall
3 **receptie** reception
4 **toiletten** toilets
5 **bibliotheek** library
6 **patio**
7 **gang** corridor

8 **vide** void
9 **parkeren** parking

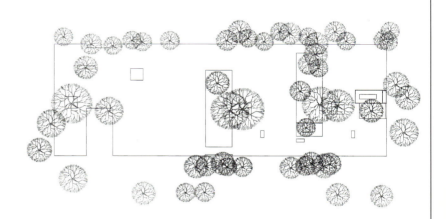

↓ **Lengtedoorsnede**
Longitudinal section
Dak Roof
Eerste verdieping
First floor
Begane grond
Ground floor

1 **ingang** entrance
2 **hal** hall
3 **receptie** reception

8 **vide** void
9 **parkeren** parking

← **Situatie** Situation
A **Kerklaan**

↙ **Foto** Photo
De Jong Lucht-
fotografie

Foto's Photos
Luuk Kramer

Kerklaan	Jeanette van Ee	Utrecht
Laren (NH)	**Ontwerp – Oplevering**/	**Constructeur**/Structural
	Design – Completion:	Engineer: I.B.T., Veenendaal
Architect: Snelder+	1994-2001	
Snelder+Snelder, Bussum	**Opdrachtgever**/Client:	
Projectleider/Project	Stichting Gooise Scholen	
Leader: Erik Weerdesteijn	Federatie, Bussum	
Medewerkers/Contrib-	**Aannemer**/Contractor:	
utors: Gerben Bitter,	Strukton Bouwprojekten,	

↓ **Tweede verdieping**
Second floor

Begane grond
Ground floor

↓ **Doorsneden** Sections

Eerste verdieping
First floor

1 **ingang** entrance
2 **hal** hall
3 **lokalen** classrooms
4 **keuken** kitchen
5 **restaurant**
6 **bakkerij** backery

7 **toiletten** toilets
8 **aula** auditorium
9 **kantoor** office
10 **loopbrug** foot-bridge
11 **verhoogd plein**
raised schoolyard

Het programma van eisen voor de nieuwbouw van dit scholencomplex nabij de dorpskern was dermate groot dat een fors architectonisch statement in het kleinschalige en landelijk geconserveerde Laren onvermijdelijk leek. Deze inbreuk op een eeuw lokaal architectuurbeleid wordt echter voorkomen doordat gebruik is gemaakt van een camouflagestrategie. Door het programma onder te brengen onder een schuin oplopend vlak, waarbij de noodzakelijk hogere programmaonderdelen (een kantorenblok met een oplopende punt van zestien meter hoog en een drielaags lokalenblok van tien meter) zo ver mogelijk van de straat zijn geplaatst, is het volume effectief verstopt onder het maaiveld. De school is in twee fasen gebouwd. De eerste fase bestaat uit twee onderdelen: een vanaf de straat schuin oplopend plein met daaronder practicumlokalen en een kantorenblok waarvan het dak vanaf het verhoogde pleinniveau verder schuin oploopt. Beide onderdelen zijn gescheiden door een brede, verdiepte straat op beganegrondniveau. De tweede fase bestaat eveneens uit twee bouwdelen: een rechthoekig leslokalenblok en een oplopend driehoekig bouwdeel met restaurant en oefenkeuken. De school kent een groot aantal ruimtelijk gescheiden verblijfruimten, zowel in het interieur als exterieur, en wordt verder gekenmerkt door een aantal constructivistische bouwdelen, zoals de stalen loopbrug tussen het kantoren- en het lokalenblok.

The building programme for the new addition to this schools complex near the town centre was so extensive that a substantial architectural statement in the village-like and carefully preserved centre of Laren seemed inevitable. In the event, this threatened violation of a century-old local architectural policy was averted because the architects resorted to a camouflage strategy. By accommodating the programme beneath a raked plane and locating the unavoidably higher elements (an office block rising to sixteen metres and a three-storey classroom block of ten metres) as far from the street as possible, the volume has been effectively hidden below grade. Construction was in two phases. The first comprises two elements: beneath a playground that slopes upwards from the street are laboratories and an office block, the roof of which continues the upward slope of the playground. The two buildings are separated by a wide, sunken passageway at ground level. The second phase also comprises two elements: an orthogonal classroom block and a raked, triangular block containing a restaurant and practice kitchen. The school has a great many spatially separate social areas both indoors and outdoors, and is further characterized by several constructivist elements, such as the steel walkway between the office and classroom blocks.

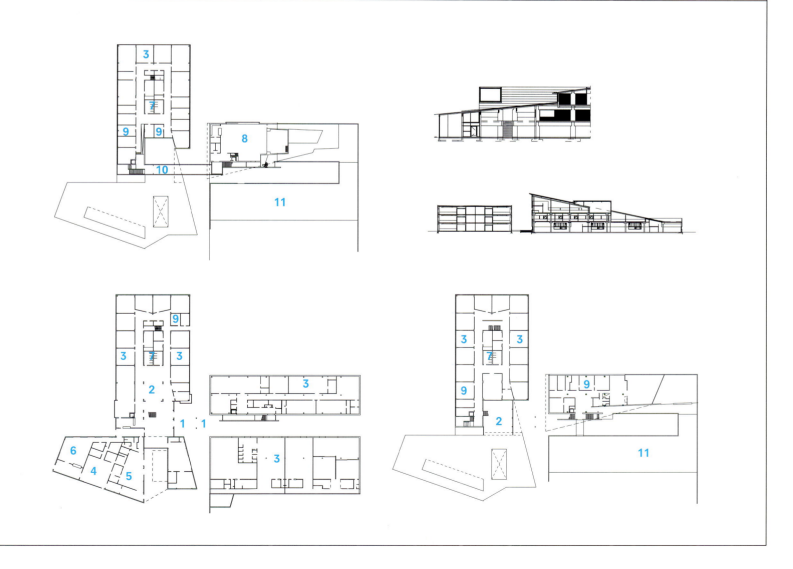

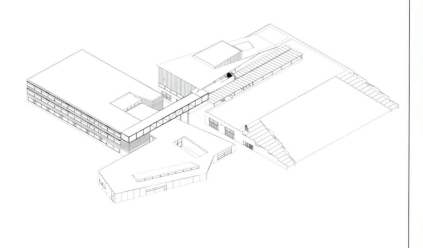

Woningbouw of revolutie

De nieuwe schaarste in de woningbouw

De cijfers zijn ronduit dramatisch. Decennialang gold in Nederland een jaarlijkse bouwproductie van 100.000 woningen als een heilig streefgetal, eerst om de woningnood op te heffen, vervolgens om de woningvoorraad op peil te houden. Het magische cijfer werd voor het eerst gehaald in 1964 en met een enkele uitzondering volgehouden tot 1990. In de jaren negentig schommelde de productie tussen de 80.000 en 90.000. De laatste jaren is echter een spectaculaire val ingezet. In 1999 werden in Nederland volgens het Centraal Bureau voor de Statistiek (CBS) 79.000 nieuwe woningen gebouwd, in 2000 nog slechts 71.000 en in 2001 niet meer dan 65.000. Het ministerie van VROM voorzag in november 2001 in zijn *Bouwprognoses 2001-2006* dat de daling doorzet en dat er in 2002 hooguit 60.000 nieuwe woningen gereed zullen komen. Tegelijkertijd meldt het 'Nationaal Akkoord Wonen 2001-2005', een uitvloeisel van de nota *Mensen Wensen Wonen*, opgesteld door de 'partners in het wonen' en ondertekend door de staatssecretaris van VROM, de vereniging van woningcorporaties (Aedes), de Vereniging van Nederlandse Gemeenten, de provinciale overheden, de Nederlandse Woonbond, de Vereniging Eigen Huis, de Vereniging van Institutionele Beleggers in Vastgoed, de Vereniging van Eigenaren en Beleggers (Vastgoedbelang) en het Algemeen Verbond Bouwbedrijf, de ambitie om jaarlijks nog steeds 100.000 nieuwe woningen te bouwen. De Vinex, het instrument dat voor deze bouwproductie had moeten zorgen, blijkt over de volledige linie te falen.[1]

De daling van het aantal nieuwe woningen zou niet zo problematisch zijn als ze een gevolg was van een afnemende behoefte. Het tegendeel is echter het geval. De vraag naar nieuwe woningen neemt alleen maar toe, als gevolg van factoren als de nog steeds toenemende bevolkingsomvang, de verdergaande gezinsverdunning, de toename van het aantal huishoudens, de toename van het aantal kapitaalkrachtige tweeverdieners en de aanhoudend lage hypotheekrente. Werd eind jaren tachtig opgelucht geproclameerd dat de 'kwantitatieve woningnood' eindelijk bezworen was en dat nu de 'kwalitatieve woningnood' kon worden aangepakt, anno 2002 zijn we terug bij af. Het probleem is het nijpendst in de Randstad. Symptomatisch is de titel van de nota die de Stedelijke Woningdienst van de gemeente Amsterdam in december 2001 uitgaf: *De nieuwe woningnood*. Uiteraard is het niet zo dat er in Nederland nu woonsituaties zijn die levensbedreigend zijn, zoals in 1901 toen de Woningwet werd ingevoerd. Ook noemen we de woningnood nog niet 'volksvijand nummer één', zoals tijdens de Wederopbouw. En ook is de woningbouw niet het strijdperk van een oorlog tussen arm en rijk, zoals tijdens de krakersrellen rond 1980. Maar het gezond verstand en het rechtsgevoel komen in opstand: dit zou toch niet moeten kunnen; is hier sprake van onkunde of van kwade wil? Of is die nieuwe woningnood toch alleen een welzijnsziekte, een teken van een decadente samenleving in verval?

Over de reden van de vrije val in de woningbouwproductie lopen

Housing or revolution

The new shortage of housing

The figures are frankly dramatic, no doubt about it. For decades an annual building production of 100,000 new dwellings was a sacred target in the Netherlands. First in order to alleviate the housing shortage, thereafter to keep pace with demand. The magical figure was first achieved in 1964 and, with the odd exception, maintained until 1990. In the 1990s, production fluctuated between 80,000 and 90,000. The last few years, however, have seen a spectacular drop. In 1999, according to Statistics Netherlands (CBS), 79,000 new dwellings were built, in 2000 only 71,000 and in 2001 no more than 65,000. In its five-year building forecast published in November 2001, the Ministry of Housing, Spatial Planning and Environment (VROM) expected the decline to continue and estimated that at most 60,000 new dwellings would be built in 2002. At the same time, the 'National Agreement on Housing 2001-2005' (a result of the *Mensen wensen wonen* memorandum), which was drawn up and signed by the state secretary of VROM, the association of housing corporations (Aedes), the Union of Local Authorities, provincial authorities, the national tenants' association, the association of home owners, representatives of property owners and investors, and the Federation of Dutch Contractors' Organization, reaffirmed the ambition of building 100,000 new dwellings a year. Vinex, the government's urban expansion blueprint that was supposed to guarantee this level of construction, appears to be failing right across the board.[1]

The decrease in the number of new homes would not be such a problem if it were the result of declining demand. The reverse is the case, however. The demand for new homes continues to rise due to factors such as the ever-increasing population, the steady dilution of the family, the growth in the number of households, the increase in the number of affluent dual earners and persistently low mortgage interest rates. Whereas at the end of the 1980s officials were able to announce with a sigh of relief that the 'quantitative housing shortage' had finally been conquered and that the 'qualitative housing shortage' could now be tackled, in 2002 we find ourselves back where we started. The problem is most acute in the Randstad conurbation. The title of the memorandum published by the Amsterdam Housing Agency in December 2001 says it all: *De nieuwe woningnood* (The New Housing Shortage). It goes without saying that the kind of life-threatening housing situations that existed when the Housing Act was introduced in 1901 are unknown in present-day Holland. Neither is the housing shortage dubbed 'public enemy number one' as it was during the period of post-war reconstruction. And nor is housing any longer a battleground between rich and poor as it was during the squatters' riots around 1980. But common sense and our sense of justice rebel: surely this should not be possible; is it result of incompetence or of villainy? Or is this new housing shortage no more than a disease of affluence, a sign of a decadent society in decline?

Opinions as to the reasons for the free fall in housing construction vary. The real estate sector – which takes an even gloomier view than that sketched above and talks of only 55,000 new dwellings in 2002 – identifies the main reason as vocal citizens who hold up proceedings by

de meningen uiteen. De makelaarsbranche – die de zaken nog somberder ziet als hierboven aangegeven en spreekt van 55.000 nieuwe woningen in 2002 – ziet als voornaamste oorzaken de mondige burger, die met beroepsprocedures tegen bestemmingsplannen het proces verstoort, een tekort aan personeel bij gemeenten en bouwondernemers en de steeds verder stijgende grondprijzen.[2] De Hypothekers Associatie, die voor 2002 een daling voorziet naar 50.000 à 55.000 nieuwe woningen, schrijft de daling vooral toe aan een 'woud aan procedures' dat aannemers en ontwikkelaars zou nekken. Het onderzoeksbureau Kolpron, dat eind 2001 in opdracht van de gemeente Amsterdam de plaatselijke woningmarkt analyseerde, noemt naast de hoge grondprijzen – die inmiddels vaak 50 à 60 procent van de verkoopprijs uitmaken – met name 'hoge ambities' en 'complexe plannen' (gedoeld wordt op architectonische en stedenbouwkundige ambities, waarin voorzien wordt in variatie en functiemenging, en waarin milieu- en parkeereisen verwerkt zijn) en een stijging van de bouwkosten.[3]

De ontwikkelaars leggen de zwartepiet ondubbelzinnig bij de overheid. Voorzitter Van Harssel van de vereniging voor projectontwikkelaars NVB liet in 2001 geen gelegenheid onbenut om de 'oeverloze procedures' en de wirwar aan gemeentelijke regels aan de kaak te stellen. Van Harssel, in zijn jaarrede in november: 'hiermee loopt het totale bouwproces, de sociale sector incluis, het risico als een dominospel om te vallen'. Hij stelde dat zelfs productie-

cijfers van 'amper 40.000 woningen per jaar of nog minder' niet denkbeeldig zijn. Ook gaf hij nog een aardig kijkje in de keuken door te stellen dat het wantrouwen tussen gemeenten en marktpartijen nog nooit zo groot was geweest. Eerder in 2001 had Van Harssel al zijn gal gespuwd over pogingen van gemeenten om extreme prijsstijgingen het hoofd te bieden door prijsvoorschriften en antispeculatiebedingen: 'dit zal de markt nog meer uit zijn evenwicht brengen, omdat de doorstroming wordt geblokkeerd en de verkeerde huizen worden gebouwd'.[4]

Deze wanorde in de woningbouw, die direct ingrijpt in het leven van bijna elke Nederlander, is natuurlijk niet zomaar ontstaan. Ze is het gevolg van een radicale koerswijziging in de woningbouwpolitiek. Cynisch genoeg viel deze koerswijziging samen met de viering in 2001 van het 100-jarig bestaan van de befaamde Woningwet. Het is deze wet geweest die Nederland op de internationale architectuurkaart heeft geplaatst. Ze startte een traditie van stimulering van goede huisvesting voor de gehele bevolking die architecten en stedenbouwkundigen een eeuw lang – bij tijd en wijle – heeft weten te inspireren tot opmerkelijke resultaten. Zonder Woningwet was er nooit een Witte Dorp geweest, geen Bergpolderflat, geen Betondorp, geen Pendrecht, en ga zo maar door. Zonder Woningwet was er niet de typologische aandacht geweest voor alternatieve woonvormen, voor studenten- en bejaardenwoningen, voor starters op de woningmarkt. Zonder Woningwet waren al die

Housing or revolution

mounting legal challenges to development plans, a shortage of personnel among local authorities and construction firms and ever-rising land prices.[2] The Hypothekers Associatie (mortgage lenders' association), which predicts a fall to 50,000-55,000 for 2002, attributes the decline mainly to the 'forest of procedures' hampering contractors and developers. Kolpron, a research consultancy, which analysed the Amsterdam housing market in late 2001 on behalf of the city council, mentions in addition to high land prices – which now often account for 50 to 60 per cent of the sale price – 'high ambitions' and 'complex plans' (by which they mean architectural and urbanist ambitions relating to variation and mixed use and the compliance with environmental and parking constraints) and rising construction costs.[3]

The developers lay the blame squarely at the government's door. The chairman of their association (the NVB), H.J. van Harssel, let no opportunity pass in 2001 to denounce the 'interminable procedures' and the maze of municipal regulations. In his annual address last November, Van Harssel claimed that because of these obstructions 'the entire construction process, including the social sector, is in danger of toppling over as in a game of dominoes'. He stated that production figures of 'barely 40,000 dwellings a year or even less' were not fanciful. He also provided an interesting glimpse behind the scenes when he remarked that distrust between local authorities and the private sector has never been greater. Earlier in 2001 Van Harssel had already vented his spleen about attempts by local authorities to prevent extreme price rises by way of price capping

and anti-speculation clauses: 'this will only serve to unsettle the market still further because residential mobility will be blocked and the wrong type of houses will be built'.[4]

This disarray in housing construction, which directly affects the lives of nearly every Dutch inhabitant, did not appear out of nowhere, of course; it is the consequence of a radical change of course in house-building policy. Ironically enough, this U-turn coincided with the celebration in 2001 of the centenary of the famous Housing Act. It was this act that put the Netherlands on the international architectural map. It inaugurated a tradition of encouraging good housing for the entire population which, for a whole century, on and off, succeeded in spurring architects and town planners to remarkable achievements. Without the Housing Act there would have been no Witte Dorp, no Bergpolder Flats, no Betondorp, no Pendrecht and so on. Without the Housing Act there would have been no typological attention paid to alternative dwelling types, to student and pensioner housing, to newcomers to the housing market. Without the Housing Act all those projects featured in the notional architecture yearbooks prior to 1988 (the year in which the first Yearbook was published) would probably never have been built. Without the Housing Act, the Netherlands would never have played the pioneering role that it has in city building and urban development, where the fact that the bulk of housing construction was government-directed made possible the coherent planning of neighbourhoods, districts and even entire cities. In retrospect it could perhaps be argued that all the international interest

projecten die in de denkbeeldige architectuurjaarboeken van vóór 1988 staan (toen het eerste jaarboek verscheen) er vermoedelijk nooit gekomen. Zonder Woningwet had Nederland niet de voortrekkersrol gespeeld op het vlak van stedenbouw en stadsontwikkeling: de door de overheid gestuurde bulk aan woningbouw maakte coherente planning van buurten, wijken en zelfs complete steden mogelijk. Achteraf beschouwd kan misschien gesteld worden dat al die internationale aandacht die de Nederlandse architectuur te beurt viel niet alleen gegenereerd werd door de gebouwen zelf, maar ook door de verwondering over het feit dat die productie daadwerkelijk van de grond kwam, dat de organisatie bij het totstandkomen van al die woningen ten minste deugde.

2001 stond niet alleen in het teken van de terugblik op die eeuw woningbouw, maar ook van de afschaffing van de Woningwet als sturingsinstrument. Dat uitte zich op twee manieren: de realisatie van de eerste resultaten van het fenomeen 'wild wonen', dat het zich onttrekken aan regulering als voornaamste doel ziet, en het steeds zichtbaarder worden van een paradox die de Vinex-locaties in zijn greep heeft genomen.

Vinex
Het terugtreden van de overheid uit de woningbouw is – ondanks het huidige gemopper over de vele 'procedures' en 'regels' – zeer voortvarend aangepakt. Kijken we alleen maar naar de cijfers. Had-

den overheid en woningcorporaties (die voorheen bouwden met behulp van voorschotten van het Rijk, maar in de jaren negentig verzelfstandigd werden) bijvoorbeeld in 1985 nog een aandeel van 40% in de nieuwbouwwoningen, in 1999 was dat volgens het CBS al teruggelopen tot 22% en in 2000 lag het op circa 15%. In absolute aantallen is de daling nog scherper, gezien het teruglopende aantal nieuwe woningen. Het bouwen wordt inderdaad daadwerkelijk aan de marktpartijen overgelaten.

Maar als er ooit het idee bestond dat daarmee een zaligmakend zelfregulerend mechanisme werd aangeboord, dan kan men nu beginnen daar zijn vraagtekens bij plaatsen. De toenemende woningschaarste gaat gepaard met enorme kostenverhogingen voor de burger. Terwijl in 1990 de nettowoonuitgaven in de koopsector 12,4% van het besteedbaar inkomen uitmaakten, was dat in 1999 opgelopen tot 17,6% (de gemiddelde hypotheeklast van een eigenaar-bewoner bedroeg in 1999 406 euro per maand).[5] En dat zijn cijfers van voordat de prijsstijging pas goed toesloeg. De gemiddelde prijs van een eengezinswoning in Nederland bedroeg in januari 1998 250.000 gulden (113.445 euro) en in november 2001 465.000 gulden (211.008 euro) – de prijzen liepen zo snel op dat het vanzelfsprekend werd per maand nieuwe gegevens te berekenen. In een artikel in *Het Financieele Dagblad* in 1999 werd gesuggereerd dat ten minste 100.000 gulden (45.378 euro) gezien kon worden als een zogenaamde 'schaarsteopslag' op de woningprijs. Met andere woorden: de koper krijgt

---

accorded to Dutch architecture was generated not only by the buildings themselves, but also by amazement at the fact that it had actually been built, that the organization involved in the realization of all those dwellings clearly worked.

The year 2001 was marked not only by the review of that century of housing construction, but also by the abolition of the Housing Act as an instrument of policy management. This was manifested in two ways: the first concrete results of the 'wild wonen' phenomenon, which sees deregulation of the housing construction as the main goal, and the increasing visibility of a paradox that has gained a grip on Vinex development schemes.

Vinex
Despite the current mutterings about the plethora of 'procedures' and 'regulations', the government's withdrawal from housing construction was tackled energetically, to say the least. We only have to look at the figures. In 1985 government agencies and housing corporations (which had previously built with the help of state loans but which were made independent in the 1990s) still accounted for 40 % of new dwellings; in 1999, according to the CBS, this had fallen to 22 % and in 2000 it was around 15 %. In absolute numbers the decline was even steeper given the overall decrease in the number of new houses. Construction was indeed being left to the private sector.

But if there was ever any notion that this would unlock a beatific self-regulating mechanism, that is now open to doubt. The worsening housing shortage is attended by huge price increases for home buyers. Whereas in 1990 net expenditure on housing in the own-your-own sector accounted for 12.4 % of disposable income, in 1999 that had risen to 17.6 % (the average mortgage payment of a home owner was 406 euros a month in 1999).[5] And these figures date from before prices really started to take off. The average price of a single-family dwelling in the Netherlands was 250,000 guilders (113,445 euros) in January 1998 and 465,000 guilders (211,008 euros) in November 2001 – prices rose so rapidly that it became standard practice to calculate the figures anew every month. In an article in *Het Financiële Dagblad* in 1999 it was suggested that at least 100,000 guilders (45,378 euros) could be seen as a 'scarcity surcharge' on the price of a dwelling. In other words, buyers are not getting value for money. Another conclusion: the trade in new homes has become an extremely lucrative business.

Developers stand to profit from scarcity, that much is clear. Which in turn puts the criticism of the 'procedures' and 'regulations' in a different light. Has the role of the 'slum landlords', who made a fortune out of the housing shortage in the early days of the Housing Act, now been assumed by the developers? Is it only a matter of time before a modern Henriette Roland Holst writes, 'especially notorious were the Vinex districts where hundreds of thousands languished in dumb acquiescence'?[6] As long ago as 1926, the Amsterdam alderman and social housing champion S.R. de Miranda noted that 'the private builder builds not in order to satisfy

geen waar voor zijn geld. Een andere conclusie: de handel in nieuwbouwwoningen is een uiterst lucratieve zaak geworden.

Ontwikkelaars zijn gebaat bij schaarste, zoveel is duidelijk. Dat plaatst ook de kritiek op de 'procedures' en 'regels' in een ander daglicht. Is de rol van de 'huisjesmelkers', die in de begindagen van de Woningwet dankzij het woningtekort woekerwinsten maakten, nu overgenomen door de ontwikkelaars? Is het wachten op een nieuwe Henriette Roland Holst die zal schrijven: 'berucht waren de Vinex-wijken, waarin honderdduizenden voortvegeteerden in stompzinnige berusting'?[6] In 1926 constateerde Amsterdams wethouder en voorvechter van de volkswoningbouw De Miranda al: 'De partikuliere bouwer bouwt niet om zoo goed mogelijk te voorzien in de behoeften, maar hij bouwt om winst te maken. Dat is het eenige motief.'[7] Het voorspiegelen van onwerkbare situaties geeft goede excuses voor het niet halen van tijdsplanningen. En met de Vinex werd bijvoorbeeld voor het eerst sinds honderd jaar, zo stelde Adri Duivesteijn in het architectuurjaarboek van 1999 vast, grondspeculatie in Nederland weer interessant. 'Grond is productiefactor geworden. Het hebben van de grond bepaalt de toegang tot de markt', zo citeerde hij de directeur van Heijmans Bouw.[8] Maar ook voor de overheid hebben de huidige hoge prijzen hun voordelen: zoals in *NRC Handelsblad* werd beredeneerd betekenen de toegenomen inkomsten door de overdrachtsbelasting van 6 procent een welkome aanvulling op de gemeentekas.[9]

Welke invloed hebben deze ontwikkelingen nu op de architectuur? De Vinex-operatie is exemplarisch voor de verschuiving van de opdrachtgeversrol van de overheid naar de marktpartijen. Deze operatie werd ingezet in een periode van betrekkelijke economische malaise. De eerste plannen dateren van het begin van de jaren negentig. Het doel was destijds toch vooral om acceptabele huisvesting te waarborgen, maar wel van een karige soort: relatief hoge dichtheden, nauwelijks voorzieningen (die in de nabijgelegen steden moesten worden gezocht) en ook geschikt voor de minder mobiele medemens vanwege de beloofde aantakkingen op bestaande openbaarvervoernetwerken.

Het liep allemaal anders. Nederland kreeg economisch gezien de wind mee. De werkloosheid liep sterk terug, de koopkracht nam toe, de rente daalde. Het was koren op de molen van de antibetuttelings- en dereguleringsbeweging en een overheid die bezig was zich steeds meer terug te trekken in haar 'kerntaken'. Heel Nederland ging beleggen, heel Nederland wilde een koopwoning. In 1971 woonde 35 procent van de bevolking in een koopwoning, in 1990 was dat 45 procent en in 1997 kwam het omslagpunt: voor het eerst woonde meer dan 50 procent van de Nederlanders in een koopwoning. De woningen die de laatste jaren beschikbaar komen voor de nieuwe kapitaalkrachtige middenklasse zijn echter die eerder middelmatige Vinex-woningen. Bij gebrek aan beter gaan ze voor grof geld van de hand, maar waard zijn ze het niet.

demand as efficiently as possible, he builds in order to make a profit. That is the sole motive.'[7] Conjuring up unworkable situations provides good excuses for not meeting deadlines. And as Adri Duivesteijn pointed out in the 1999 Yearbook, with the advent of Vinex, land speculation became interesting for the first time in a hundred years. 'Land has become a production factor. Owning land determines access to the market,' he quoted the director of Heijmans Bouw, a property developer, as saying.[8] But even for local government the current high prices are not without their advantages. As an article in the *NRC Handelsblad* pointed out, the increased income from the six per cent conveyance duty is a welcome addition to the municipal coffers.[9]

What impact do these developments have on architecture? The Vinex exercise is a prime example of the shift in patronage from the government to the private sector. It was launched in a period of relative economic malaise; the first plans date from the early 1990s. The aim at that time was to guarantee acceptable housing, but of a rather frugal kind: relatively high densities, few amenities (which residents were supposed to find in the neighbouring cities) and few concessions to car owners in view of the promised link-ups with existing public transport networks.

That was not how it turned out. The Netherlands entered a period of economic prosperity. Unemployment plummeted, purchasing power rose, interest rates fell. It was all grist to the mill of the anti-state interference and deregulation lobby and a government that was already busy withdrawing from all but its 'core tasks'. The whole country was investing

in the stock market, the whole country wanted to own their own home. In 1971, 35 per cent of the population lived in a privately owned home, in 1990 the figure was 45 per cent and in 1997 the turning point was reached: for the first time in history over half the Dutch population was living in a privately owned home. But the houses that have become available in recent years for the newly affluent middle classes are those rather run-of-the-mill Vinex dwellings. For lack of better they change hands for huge sums of money, but worth it they are not.

There is little scope for architecture. Quality is irrelevant in a scarcity market. In *The city in extremes. Reconnoitring Vinex country*, Hans van Rossum, Frank van Wijk and Lodewijk Baljon report, in relation to an analysis of the Getsewoud Vinex development in Nieuw-Vennep, a comment by the city architect: 'Everything sells. From a market perspective, quality is not all that necessary.' And they themselves conclude that 'according to the city council the developers skimp on quality ... but sometimes sell for hundreds of thousands of guilders more than the original asking price'.[10]

But architects, it seems, have difficulty accepting their reduced role. Even when their opportunities are marginal, many of them are nonetheless determined to exploit those opportunities. Any latitude granted to them is generally confined to the exterior. Typological experiments are no longer possible. Behind the ingenious and extravagant facades one finds the same old standard houses. But no, the word 'facade' is passé in this context. It's the entire 'skin' of the dwellings that is involved here. In many

Voor architectuur is nauwelijks plaats. In een markt van schaarste is kwaliteit immers niet relevant. In hun onderzoek *De stad in uitersten. Verkenningstocht naar Vinex-land* tekenen Hans van Rossum, Frank van Wijk en Lodewijk Baljon naar aanleiding van een analyse van Vinex-locatie Getsewoud in Nieuw-Vennep uit de mond van de stadsarchitect de volgende uitspraak op: 'Alles verkoopt. Vanuit de markt is kwaliteit niet zozeer nodig.' En zelf concluderen ze: 'de ontwikkelaars beknibbelen volgens de gemeente op de kwaliteit (…) maar verkopen soms tonnen boven de aanvankelijke prijsstelling.'[10]

Maar architecten, zo lijkt het, hebben moeite hun minder relevante rol te accepteren. Ook als hun mogelijkheden marginaal zijn, willen velen die mogelijkheden benutten. De speelruimte die hun geboden wordt, beperkt zich veelal tot de buitenkant. Van typologische experimenten is geen sprake meer. Achter de ingenieuze en extravagante gevels gaan steeds dezelfde doorsnee huizen schuil. Of nee, spreken over gevels is in dit verband achterhaald. Het gaat om de hele 'huid' van de woningen. Gevel en dak zijn inmiddels veelal versmolten tot één groot architectonisch statement. Het meest treffende voorbeeld hiervan vormen de 119 door MVRDV ontworpen woningen op het Hageneiland in Ypenburg. Wie de archetypische huisjes voor het eerst ziet – die eruitzien alsof ze getekend zijn door de jongste spruit van het architectenbureau, die gewapend was met een goede basisset kleurstiften – denkt een niet ongeestig sociaal huisvestingsproject te zien. In werkelijkheid lag de verkoop-

prijs van de woningen rond de 500.000 gulden (226.890 euro). Voor een half miljoen *back to basic*.

Van hun opdrachtgevers krijgen de architecten te horen dat ze binnen strakke budgetten moeten blijven, gemeenten dringen aan op 'kwaliteit' en de architecten maken liefst bijzondere dingen. Het zijn de ingrediënten die op de Vinex-locaties in toenemende mate zorgen voor uiterlijk vertoon. De uitspraak van Rem Koolhaas dat de architect de gijzelaar is die met het pistool op zijn slaap naar huis moet bellen om te zeggen dat alles goed gaat, is nog nooit zozeer van toepassing geweest als nu. Stedenbouwkundig ontwerpen is teruggebracht tot het verzamelen van 'referentiebeelden' en de architectuur mag die beelden interpreteren en materialiseren. Het gevolg is gevelarchitectuur en materiaalfetisjisme. Je hebt een standaardrijtjeswoning. Je zet er kantelen op en je hebt een kasteelwoning. Je zet er een gekke kap op en je hebt een hooizolderwoning. Je voegt een kroonlijst toe en je hebt een Palladiaans huis. Je gooit er wat houten veranda's tegenaan en je hebt een Amerikaanse wijk.

Ook de wijze waarop over ontwerpen gesproken wordt verandert. Waar architectuur eens gekenmerkt werd door concepten, daar draait het nu om slogans. Elk project moet een 'identiteit' hebben en die moet, in de nieuwe marktverhoudingen, uitgedragen kunnen worden. Iedereen maakt elkaar wijs dat we met een 'vragersmarkt' te maken hebben – hetgeen vanwege de schaarste niet juist is – en handelt daar naar. Geen project zonder reclamefolderwaardige

---

cases, facade and roof have merged into one, big architectural statement. The most striking example of this are the 119 dwellings designed by MVRDV on Hageneiland in Ypenburg. Anyone seeing these archetypical little houses for the first time (they look as if they've been drawn by the firm's youngest sprig armed with a good basic set of coloured pencils) thinks they are looking at a not unwitty social housing scheme. In reality the selling price of the houses was around 500,000 guilders (226,890 euros). Half a million to go 'back to basics'.

From their principals, architects hear that they must remain within strict budgets, local authorities insist on 'quality' and the architects themselves would rather make something special. These are the ingredients that are increasingly resulting in a blaze of outward show on the Vinex sites. Rem Koolhaas's remark that the architect is the hostage with a gun to his head who has to phone home to say that all is well, has never been more apposite. Spatial design has been reduced to the accumulation of 'reference images' and it is left to architecture to interpret and materialize those images. The result is facade architecture and material fetishism. You take a standard terraced house. You crown it with battlements and voilà, you have a castle house. Cap it with a funny-looking roof and you've got a hay-loft house. Add a cornice and it becomes a Palladian house. Throw some wooden verandas around the lot and lo and behold, you have an American neighbourhood.

The way people speak about designing is changing, too. Where architecture was once characterized by concepts, now it is all about slogans.

Each project must have an 'identity' that is also capable of being propagated in the new market situation. We are all busy persuading one another that we are dealing with a 'buyers market' – which is precisely what is lacking due to the scarcity factor – and behaving accordingly. There is no project without a sales pitch worthy of an advertising brochure. They range from quite banal – 'A stunner of a house', of which more elsewhere in this Yearbook – to slightly less banal. Very occasionally the architects succeed in drawing inspiration from the new fashion for thinking in terms of 'unique selling points', as evidenced by Claus en Kaan's master stroke in Almere. Because research has supposedly shown that most people would prefer to live at the top of bottom of a tower while the middle is less in demand, the architects designed a tower with scarcely any middle.

Wild wonen

The surfeit of titivated mediocrity on Vinex sites has given rise to a counter movement: *Wilde Wonen* or consumer-led housing. After Carel Weeber had launched the concept in 1997 as an attack on state interference in individual domestic bliss (but even more as an expression of his personal penchant for engaging in controversy),[11] it became part of actual government policy in 2001. It can be understood as a corrective to the operation of the market. First the government retreats in order to allow the market a free run but now – under the guise of 'updating' Vinex – it steps forward once again to tell the market that it must serve the consumer better. And it does that by advocating something that was conceived as a weapon

verkoopyell. Die kan banaal zijn – 'Een huis dat smoelt', waarover elders in dit jaarboek meer – of iets minder banaal. Een enkele keer weten architecten inspiratie te putten uit de nieuwe eisen van het denken in pakkende oneliners, zoals blijkt uit de briljante vondst van Claus en Kaan in Almere. Omdat uit onderzoek zou blijken dat de meeste mensen ofwel onder in, ofwel boven in een toren willen wonen, maar dat het middendeel minder gewild is, hebben de architecten een toren ontworpen met nauwelijks midden.

Wild wonen
De overdaad aan opgeleukte middelmaat op de Vinex-locaties heeft voor een tegenbeweging gezorgd: het Wilde Wonen. Na de lancering van het begrip door Carel Weeber in 1997 als een aanval op staats-inmenging in het woongeluk – maar vooral als een uiting van zijn persoonlijke hobby om te polemiseren[11] – is het in 2001 onderdeel geworden van heus overheidsbeleid. Het is te begrijpen als een correctie op de marktwerking. Eerst treedt de overheid terug om de markt vrij baan te bieden, maar nu stapt de overheid – onder het mom van een 'actualisering' van de Vinex – weer naar voren om de markt te vertellen dat ze de consument beter moet bedienen. En dat gebeurt nog wel met een pleidooi voor iets dat als wapen tegen de 'staatsarchitectuur' was bedacht! Hoeveel ironie buitelt hier over elkaar?

In de door vier ministeries onderschreven nota *Ontwerpen aan Nederland* uit 2001 wordt gewezen op het voornemen om het indi-vidueel opdrachtgeverschap te stimuleren. De nota legt uit dat er een 'continuüm aan vormen van opdrachtgeverschap' bestaat waarbij de burger in wisselende mate invloed uitoefent op het programma van eisen en het ontwerp van zijn woning. Dit beleid leidt onder andere tot het reserveren van steeds grotere delen van woningbouwlocaties voor particulier opdrachtgeverschap, de zoge-naamde 'gouden randjes', maar de apotheose ligt natuurlijk in het Wilde Wonen, waarin eisen van welstand en andere regelgeving achterwege zouden moeten worden gelaten en waar de bewoner helemaal zelf mag weten wat hij bouwt of laat bouwen. Velen zijn enthousiast over de nieuwe mogelijkheden die dit biedt. Een com-mentator als Henk Hofland meent zelfs van doen te hebben met een 'revolutie'.[12]

In 2001 kwam in Almere, in het kader van de 'Bouwexpo', de eerste wijk gereed waar geprobeerd is dit idee te toetsen op zijn haal-baarheid en te onderzoeken op zijn potenties. Daartoe is allereerst een accentverschuiving aangebracht: 'wild wonen' werd 'gewild wonen'. Niet de anarchie werd benadrukt, maar de consument-vriendelijkheid. Verder werd het hele 'continuüm aan vormen van opdrachtgeverschap' uitgeprobeerd, ondanks het feit dat gekozen is voor projectmatige aanpak. In dit jaarboek zijn voorbeelden te vinden van consumentgerichte projectontwikkeling, waar bij aan-schaf van de woning gekozen kan worden uit een aantal opties

against 'state architecture'! How many ironies are tumbling over one another here?

Designing the Netherlands, a four-ministry memorandum issued in 2001, signals the intention to encourage people to build their own homes. It explains that there is a 'continuum of forms of architectural patronage' whereby individual citizens exercise varying degrees of influence on the building programme and the design of their home. One effect of this policy is the earmarking of ever larger portions of housing development sites for private patronage (the 'golden rims' as they are known), but it finds its apotheosis in *Wilde Wonen* where aesthetic requirements and other regulations are supposed to be eased and where the residents are allowed to decide for themselves what to build or have built. Many people are enthusiastic about the new possibilities this offers. Henk Hofland, a commentator on Dutch affairs, even goes so far as to call it a 'revolu-tion'.[12]

In 2001, the first housing estate dedicated to testing the feasibility and exploring the potential of this idea was completed as part of a Building Expo in Almere. At the very beginning there was a shift of accent whereby 'wild wonen' (untrammelled housing) became 'gewild wonen' (sought-after housing). The emphasis was no longer on anarchy but on consumer-friendliness. In addition, the whole 'continuum of forms of architectural patronage' was tried out, notwithstanding the project-style approach. This Yearbook features examples of consumer-oriented project develop-ment that offer prospective buyers a choice of options at the time of

purchase (Marlies Rohmer), a house that anticipates future extensions (Laura Weeber), shells they must finish building themselves (Verheijen|Verkoren|Knappers|De Haan) and catalogue homes (Carel Weeber). While the merits of the first three types are clear for all to see, this is much less obvious in the case of the catalogue dwellings. Which is all the more sur-prising given the fact that they sprang from the brain of the spiritual father of *Wilde Wonen*.

In 1998 Weeber published a book entitled *Het Wilde Wonen*. That ode to informal living arrangements such as mobile homes, holiday bungalows and houseboats laid the ground for the presentation of an alternative: the concept of 'Personal Housing' that Weeber has developed in collab-oration with ERA Bouw, a construction company. 'Personal Housing' in Weeber's words 'gives occupants a great degree of freedom in deter-mining their own home'.[13] Thanks to modern technology you can see how this works in practice by surfing to www.personalhousing.nl where a standard house awaits you. You then have a choice of four types of roof (flat roof, low pitched roof, high pitched roof, high pitched roof with dormer), four kinds of extension (veranda, bay, conservatory, balcony), four materials (brick – choice of three colours, wood – choice of four colours, metal – aluminium colour only, stucco - choice of three colours) and five colours for the framework (dark blue, dark green, ivory, grey and white). Finally you can view a 'photo-realistic' picture of your 'design'. What you see looks exactly like the row of seven houses built in Almere. The project demonstrates convincingly that the only thing this kind of

(Marlies Rohmer), van woningen die anticiperen op toekomstige uitbreidingen (Laura Weeber), van casco's die door zelfbouw moeten worden afgemaakt (Verheijen|Verkoren|Knappers|De Haan) en van cataloguswoningen (Carel Weeber). Waar de eerste drie typen beslist hun kwaliteiten tonen, ligt dat voor deze cataloguswoningen problematischer. Dat is op zijn zachtst gezegd vreemd, gezien het feit dat ze zijn ontsproten aan het brein van de geestelijk vader van het Wilde Wonen.

Weeber publiceerde in 1998 een boek met de titel *Het Wilde Wonen*. Die lofzang op informele woonvormen als stacaravans, recreatiewoningen en woonboten werkte toe naar de presentatie van een alternatief: het concept 'Personal Housing', dat Weeber in samenwerking met ERA Bouw ontwikkelde. Weeber: Personal Housing' geeft bewoners in zeer ruime mate de gelegenheid hun eigen woning te bepalen'.13 Hoe dat werkt kunt u dankzij de moderne techniek zelf ervaren als u surft naar *www.personalhousing.nl*. Een standaardhuis staat op u te wachten. U kunt vervolgens kiezen uit vier dakvormen (plat dak, lage kap, hoge kap, hoge kap met dakkapel), vier soorten aanbouw (veranda, erker, serre, balkon), vier materialen (baksteen – in drie kleuropties, hout – in vier kleuropties, metaal – uitsluitend in aluminiumkleur, stucwerk – in drie kleuropties) en vijf kleuren voor de kozijnen (donkerblauw, donkergroen, ivoor, grijs en wit). Tot slot kunt u een 'fotorealistische' afbeelding van uw 'ontwerp' bekijken. Wat u ziet lijkt precies op het rijtje van

zeven woningen dat in Almere is gebouwd. Het project bewijst op overtuigende wijze dat dit soort keuzemogelijkheden alleen goed is voor de ontwikkeling van de lachspieren. Hoewel elke ontwikkelaar inmiddels een vergelijkbaar bouwsysteem paraat heeft, zal de woningbouw meer gebaat zijn bij doorontwikkeling van andere experimenten op het Almeerse bouwexpoterrein. Het project staat er op een hoekje van het terrein als een waarschuwing bij: zo moet het in ieder geval niet.

De beslissingsvrijheid van het individu is ook bij het Wilde (of 'gewilde') Wonen nog steeds beperkt. Bouwbesluit, bestemmingsplan en welstandstoezicht staan in Nederland deze nieuwe woonfilosofie in de weg. In Almere is de oplossing gevonden in geschipper. Er is 'in grote lijnen' gevolg gegeven aan het Bouwbesluit, er is een globaal bestemmingsplan opgesteld waarin een maximale bebouwingshoogte (drie lagen) en een maximaal bebouwingspercentage (70 procent) per kavel is voorgeschreven en de welstandscommissie heeft, zoals dat heet, een 'terughoudend beleid' gevoerd.14 Met dergelijke ad-hocoplossingen zal het Wilde Wonen voorlopig marginaal en tam blijven. Maar het grootste struikelblok van het individueel opdrachtgeverschap, of het nu wild is of niet, ligt nog ergens anders en kwam fraai tot uitdrukking op de drukbezochte 'woonmarkt' die het NAi in september 2001 in Rotterdam organiseerde. Drommen bouwlustige opdrachtgevers bezochten de kraampjes van ontwerpgrage architecten, maar er was één

---

'pick and choose' house design is good for is for exercising the laughter muscles. Although every developer now has a similar system at the ready, housing has more to gain from further development of the other experiments on the building expo site. The project stands there on a corner of the site as a warning: this, at any rate, is how not to do it.

The individual's freedom of choice is limited even under *Wilde* (or *gewild*) *Wonen*. In the Netherlands, the Buildings Decree, development plans and aesthetic controls all conspire to thwart this new philosophy. In Almere the solution was sought – as so often in the Netherlands – in compromise. The Buildings Decree was 'broadly' adhered to, a rough development plan was drawn up in which a maximum building height (three storeys) and a maximum building percentage (70 per cent) for each plot was laid down and the design review board took a 'low-key approach'.14 With such ad hoc solutions *Wilde Wonen* is destined for the time being to remain marginal and tame. But the greatest obstacle to individual patronage, anarchic or otherwise, lies elsewhere and was beautifully illustrated at the well-attended 'housing market' organized by the NAI in Rotterdam in September 2001. Droves of eager-to-build clients descended on the stands of keen-to-design architects. There was only one problem: no one had a plot of land! Building land in the Netherlands is all in the hands of property developers...

Without land it is impossible to build and if nothing is built, people will not have a place to live. These are two of the major problems plaguing Dutch housing construction. 'The most important driving force behind

growing consumer influence is undoubtedly the easing of the housing market', was one of the conclusions of the aforementioned study *The city in extremes*.15 Regrettably, there is no question of any easing and that is also precisely the aspect on which the consumer has absolutely no influence. What *can* the consumer do? Dream of a revolution?

AW

probleem: niemand had een kavel! De bouwgrond in Nederland is immers in bezit van de ontwikkelaars…

Zonder grond kan er niet worden gebouwd en als er niet gebouwd wordt, kan er niet worden gewoond. Dat zijn twee van de grote problemen die de Nederlandse woningbouw in hun greep hebben genomen. 'De belangrijkste motor achter de toename van de invloed van de consument, is zonder twijfel de ontspanning op de woningmarkt', zo luidde een van de conclusies in de eerdergenoemde studie *De stad in uitersten*.[15] Helaas is er van ontspanning geen sprake en is dat bovendien precies het aspect waar de consument geen invloed op heeft. Wat kan de consument wel? Dromen van een revolutie?

AW

1 De overheid begint door de cijfers inmiddels ook in paniek te raken. In allerijl is er op initiatief van de staatssecretaris van VROM een Taskforce Woningbouwproductie opgericht die eind januari 2002 met een lijst van dertig maatregelen kwam. Omdat die het allemaal moeten hebben van goede bedoelingen lijkt de slagkracht ervan niet gegarandeerd.
2 Aldus de 'onafhankelijke woonsite' Digimmo: *www.digimmo.nl*.
3 Mijntje Klipp, 'Woningbouwproductie lijdt onder strenge eisen stad', *Het Parool*, 23 november 2001.
4 *Cobouw*, 1 maart 2001.
5 De overeenkomstige percentages in de huursector zijn 19,7% in 1990 en 23,8% in 1999. De gemiddelde maandelijkse woonuitgaven bedroegen hier ƒ 900,- (€ 408) in 1998. Bron: CBS.
6 'Te Amsterdam was de Jordaan berucht om zijn holen, waarin duizenden voortvegeteerden in stompzinnige berusting', zo wordt Henriette Roland Holst geciteerd in *Wonen. Woning. Wet. Wij wonen – 100 jaar Woningwet*, Stedelijke Woningdienst Amsterdam, 2001, p.18.
7 Geciteerd in *Wonen. Woning. Wet* (zie noot 6), p. 123.
8 Adri Duivesteijn, 'Vinex, architectuur van het aanbod', in: Hans Ibelings et al., *Architectuur in Nederland, Jaarboek 1998-1999*, NAi Uitgevers, Rotterdam 1999, p. 24-32.
9 Eveline C.C. Blitz, 'Rijk misbruikt hoge huizenprijs', *NRC Handelsblad*, 1 november 2001.
10 Hans van Rossum, Frank van Wijk en Lodewijk Baljon, *De stad in uitersten. Verkenningstocht naar Vinex-land*, NAi Uitgevers, Rotterdam 2001, p. 52-53.
11 Zie de analyse van Hans van Dijk, 'De wilde wooconsument', in: Hans Ibelings et al., *Architectuur in Nederland, Jaarboek 1998-1999*, NAi Uitgevers, Rotterdam 1999, p. 14-23.
12 Henk Hofland, 'Het laatste taboe', in: Jacqueline Tellinga, *Heilige huisjes. Bewoners als opdrachtgevers*, NAi Uitgevers, Rotterdam 2001, p. 27.
13 Carel Weeber, *Het Wilde Wonen*, Uitgeverij 010, Rotterdam 1998, p. 59. Zeer informatief is ook de door Weeber geïnitieerde site *www.hetwildewonen.nl*.
14 Hans Laumanns, Freek Riem, 'De voorlopige resultaten', in: *Gewild wonen. Bouwexpo Almere 2001*, Gemeente Almere, 2001, p. 15-18.
15 Zie noot 10, p. 188.

1 The government, too, is starting to be panicked by the figures. A special housing production task force hastily called into being by the state secretary of VROM produced a list of thirty measures at the end of January 2002. Since they all depend on good intentions their chances of success do not seem assured.
2 According to the 'independent housing site' at *www.digimmo.nl*.
3 Mijntje Klipp, 'Woningbouwproductie lijdt onder strenge eisen stad', *Het Parool*, 23 November 2001.
4 *Cobouw*, 1 March 2001.
5 Comparable percentages in the rental sector are 19.7 % in 1990 and 23.8 % in 1999. The average monthly expenditure on housing was NLG 900 (EUR 408) in 1998. Source: CBS.
6 'In Amsterdam the Jordaan was notorious for its rookeries where thousands languished in dumb acquiescence': Henriette Roland Holst quoted in *Wonen. Woning. Wet. Wij wonen – 100 jaar Woningwet*, Stedelijke Woningdienst Amsterdam, 2001, p.18.
7 Quoted in *Wonen. Woning. Wet* (see note 6), p. 123.
8 Adri Duivesteijn, 'Vinex, architectuur van het aanbod', in: Hans Ibelings et al., *Architecture in the Netherlands, Yearbook 1998-1999*, NAi Publishers, Rotterdam 1999, pp. 24-32.
9 Eveline C.C. Blitz, 'Rijk misbruikt hoge huizenprijs', *NRC Handelsblad*, 1 November 2001.
10 Hans van Rossum, Frank van Wijk and Lodewijk Baljon, *De stad in uitersten. Verkenningstocht naar Vinex-land*, NAi Publishers, Rotterdam 2001, pp. 52-53.
11 See the analysis by Hans van Dijk, 'De wilde wooconsument', in: Hans Ibelings et al., *Architectuur in the Netherlands, Yearbook 1998-1999*, NAi Publishers, Rotterdam 1999, pp. 14-23.
12 Henk Hofland, 'Het laatste taboe', in: Jacqueline Tellinga, *Heilige huisjes. Bewoners als opdrachtgevers*, NAi Publishers, Rotterdam 2001, p. 27.
13 Carel Weeber, *Het Wilde Wonen*, 010 Publishers, Rotterdam 1998, p. 59. Also very informative is the web site initiated by Weeber: *www.hetwildewonen.nl*.
14 Hans Laumanns, Freek Riem, 'De voorlopige resultaten', in: *Gewild wonen. Bouwexpo Almere 2001*, Almere City Council, 2001, pp. 15-18.
15 Op. cit. note 10, p. 188.

← **Situatie** Situation
A Hengelostraat
B Almere Stad-centrum

↙ **Parkeren** Parking

↓ **Elfde, dertiende,
vijftiende verdieping**
Eleventh, thirteenth,
fifteenth floor
Begane grond
Ground floor

↘ **Doorsnede** Section
↘↘ **Twaalfde, veertiende,
zestiende verdieping**
Twelfth, fourteenth,
sixteenth floor
Tweede - zesde

verdieping Second -
Sixth floor

**Hengelostraat 101-158
Almere**

Architect: Claus en Kaan
Architecten,
Amsterdam/Rotterdam
Projectarchitect/Project
Architect: Felix Claus
Medewerkers/Contrib-

utors: Anja Lübke, Ronald
Jansen
Ontwerp – Oplevering/
Design – Completion:
1998-2001
Opdrachtgever/Client:
Eurowoningen, Rotterdam
Aannemer/Contractor:
Moes Bouwbedrijf BV,

Almere
Constructeur/Structural
Engineer: Pieters Bouw-
techniek, Delft
Landschapsarchitect/
Landscape Architect:
William Jans

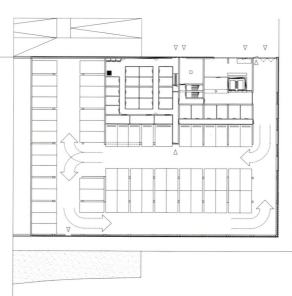

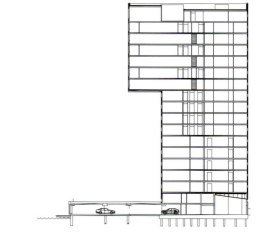

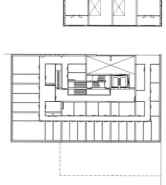

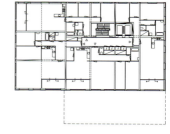

Foto's Photos Luuk Kramer

Vijfentwintig jaar geleden werd de geheel nieuwe stad Almere gebouwd. Tot op heden ontbreekt het de groene slaapstad aan stedelijkheid. Het Office for Metropolitan Architecture heeft een stedenbouwkundig plan ontwikkeld om Almere stedelijke allure te geven. Aan de rand van een nieuw te ontwikkelen stadscentrum, het Stadshart, zijn verschillende torens gepland. Als onderdeel van OMA's verdichtingsprogramma werd de Silverline Tower van Claus en Kaan als eerste gerealiseerd. Deze 18 verdiepingen tellende woontoren, die boven op een parkeergarage staat, bevat 58 appartementen en ligt pal aan het Weerwater, de waterpartij die het lege hart vormt van deze polinucleaire polderstad die hoofdzakelijk bestaat uit suburbane laagbouw. Het was de bedoeling van de architecten om de woontoren een objectachtig karakter te geven. De meandervorm versterkt de beeldmerkachtige eigenzinnigheid van het bouwwerk en komt tegemoet aan de praktische wensen van de markt: mensen wonen graag boven of onder in een toren, het middendeel is het minst interessant. Daarom is het middendeel geminimaliseerd en zijn de top en voet gemaximaliseerd. De gevelbekleding is van aluminium, dat als een strakke huid over het gebouw is getrokken. De glasoppervlakte van de ramen is gerelateerd aan de oppervlaktegrootte van de vertrekken die erachter liggen.

The city of Almere was founded just twenty-five years ago on reclaimed land north of Amsterdam. To date, the green dormitory town has always lacked urbanity. Now the Office for Metropolitan Architecture has produced an urban development plan that is set to change all that and give Almere the urban ambience to which it aspires. A new city core (Stadshart) is in the process of being developed and along its edge a number of tower blocks are planned as part of OMA's densification programme; the first to be realized is the Silverline Tower by Claus en Kaan. This 18-storey residential tower with underground car park contains 58 apartments and stands right on Weerwater, the artificial lake that is the empty heart of this polynuclear polder town which for the most part consists of suburban low-rise. The architects deliberately designed an object building for this prominent site. The 'meander' shape reinforces the emblematic singularity of the structure while at the same time catering to the practical demands of the housing market where there are always plenty of takers for apartments at the top and bottom but far fewer for those in the middle. The middle section has accordingly been reduced to a minimum and the top and the foot maximized. The whole building is clad in a tight-fitting aluminium skin. The area of glass in the various windows is precisely correlated with the surface area of the room behind.

← **Situatie** Situation
A **Aruba-Pier**

↙ **Begane grond, eerste en tweede verdieping**
Ground, first and second floor
Doorsnede Section

↓ **Doorsnede** Section
Aruba-Pier
↓↓ **Verhoogd dek**
Raised deck Aruba-Pier

↓ **Foto** Photo
Angie Abbink

Aruba-Pier Almere

Architect: Verheijen|Verkoren|Knappers|De Haan, Leiden
Projectarchitect/Project Architect: Fons Verheijen
Medewerkers/Contrib-utors: Angie Abbink, Sjoerd Betten
Ontwerp – Oplevering/Design – Completion: 1999-2001
Opdrachtgever/Client: Proper Stok, Rotterdam
Aannemer/Contractor: Joustra, Lelystad (wonin-gen/houses), Van Mourik, Groot-Ammers (water-bouw en voetgangers-dek/hydraulic engineering and pedestrians deck)
Constructeur/Structural Engineer: Ingenieursbureau Zonneveld b.v., Rotterdam

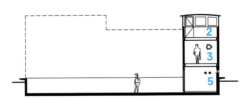

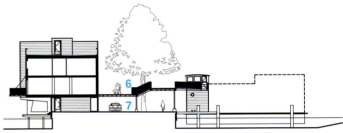

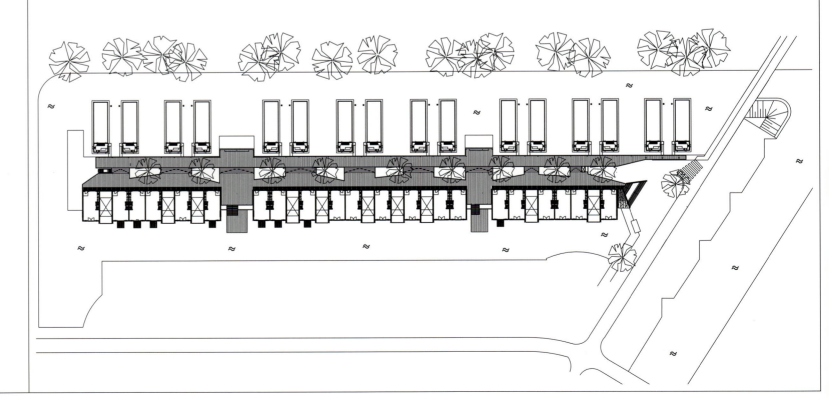

1 **ingang** entrance
2 **woonkamer** living room
3 **slaapkamer** bedroom
4 **keuken** kitchen
5 **garage/berging**
   storage

6 **verhoogd dek**
   raised deck
7 **parkeren** parking

↓ **Foto** Photo
   Jeroen Musch

Inzet van deze experimentele wijk met 600 woningen is om opdracht-gevers meer kansen te bieden om te bouwen wat ze willen. Omdat projectmatige ontwikkeling echter onvermijdelijk is in de Neder-landse bouwmarkt, is gekozen voor een opzet waarin serieproduc-tie en maatwerk worden gecombineerd.
De vijftien architecten die ontwerpen voor de wijk maakten, kwamen met verschillende soorten van oplossingen. In de vier hier gepre-senteerde projecten wordt ingezet op respectievelijk zelfbouw, uitbreidbaarheid, keuzevrijheid bij aanschaf en het werken met een catalogus.

Verheijen|Verkoren|Knappers|De Haan stellen dat de sleutel tot een project met een waarachtige bewonersinvloed schuilt in het perceelsgewijs bouwen. Vandaar dat ze kozen voor het seriematig bouwen van casco's, waarna de woningen afgebouwd moeten worden door zelfbouw of de hulp van een klein gespecialiseerde aannemer. Het duidelijkst blijkt deze filosofie uit het deelproject bestaande uit zestien woonarken: drijvende betonnen bakken met een 'starttoren' die als bouwkeet dient zolang de bouw niet af is. Gevraagd wordt 'kubistisch' te bouwen en in hout, dit om te voor-komen dat er pannendaken en stenen muren ontstaan die het nautische karakter zouden schaden. De pier waaraan de boten gelegen zijn, heeft een benedendek met parkeerplaatsen en infor-mele ontsluiting, en een verhoogd houten dek met loopplanken naar de starttorens.

The idea behind this experimental estate of 600 dwellings is to give clients greater freedom to build the kind of house they really want. Since project-type development is unavoidable in the Dutch construction mar-ket, however, the organizers opted for a set-up in which factory and bespoke production are combined.
The fifteen architects who made designs for the estate came up with a variety of different solutions. The four projects reviewed here focused respectively on working from a catalogue, freedom of choice at the time of purchase, extendability and DIY construction.

Verheijen|Verkoren|Knappers|De Haan maintain that the key to a project with genuine occupant input lies in plot-wise construction. Accordingly, they opted for mass-produced shells that are intended to be turned into finished homes by the occupants themselves or with the help of a small, specialized contractor. This philosophy finds its clearest expression in a sub-project of sixteen houseboats: floating concrete trays with a 'starter tower' that functions as site hut until the building is finished. The one proviso – that clients should build 'cubist' structures and in wood – is intended to preclude tiled roofs and stone walls that would detract from the nautical character. The pier to which the boats are moored has a lower deck with parking slots and informal access, and a raised timber deck with gangplanks to the starter towers.

58

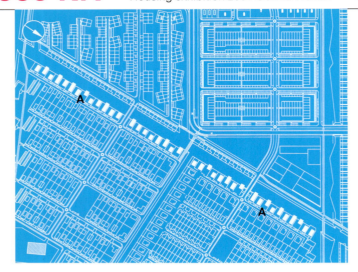

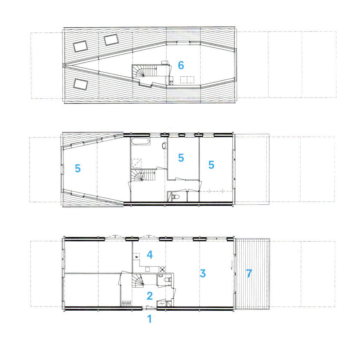

←	**Situatie** Situation	↙	**Model 4-2, tweede**	1	**ingang** entrance
A	**Jamaicastraat**		**en eerste verdieping,**	2	**hal** hall
			begane grond	3	**woonkamer** living
			Model 4-2, second,		room
			first and ground floor	4	**keuken** kitchen
				5	**slaapkamer** bedroom

Jamaicastraat,	**Medewerker**/Contributor:	**Constructeur**/Structural
Almere	René Berbee	Engineer: Broersma Den
	Ontwerp – Oplevering/	Haag BV
Architect: MADE archi-	Design – Completion:	
tecten, Rotterdam	1999-2002	
Projectarchitecten/	**Opdrachtgever**/Client:	
Project Architects:	ABB Bouw, Sliedrecht	
Laura Weeber, Hortense	**Aannemer**/Contractor:	
Heerema	ABB Bouw, Sliedrecht	

Uitgangspunt van de 21 uitbreidbare woningen van Laura Weeber is de universele doorsneewoning met begane grond, verdieping, vliering en kap. De groeiwoning begint met een kern van 138 vierkante meter, bestaande uit drie basissegmenten van drie bij zes meter met een constructie van stalen spanten. Groei is mogelijk door aan de voor- en achterzijde extra segmenten van telkens drie meter toe te voegen. Aangezien de spanten daarbij steeds langer worden, zijn de groeimogelijkheden eindig: bij negen spanten en een lengte van 27 meter is het afgelopen. De extra segmenten kunnen worden gebruikt als aanleunwoning, carport, terras, serre of praktijkruimte. De houten pui op de kop is demontabel en het materiaal kan desgewenst worden hergebruikt op het nieuwe segment.

The starting point for the 21 extendable dwellings by Laura Weeber is the universal 'house' comprising ground floor, upper floor, attic and roof. The 'growth home' begins with a 138 square metre core consisting of three basic segments of three by six metres in a steel truss construction. Growth takes the form of tacking additional three-metre segments onto the front and/or back. Since this results in ever longer trusses, the capacity for growth is finite: with nine trusses and a total length of 27 metres you've reached the limit. The extra segments can be turned into a granny flat, carport, terrace, conservatory or surgery. The timber siding on the end facade can be dismantled and the materials used on the new segment.

59

6	**berging** storage	↓ **Schema groei-**	**Foto's** Photos	
7	**terras** terrace	**mogelijkheid**	Jeroen Musch	
		Scheme capacity		
		for growth		

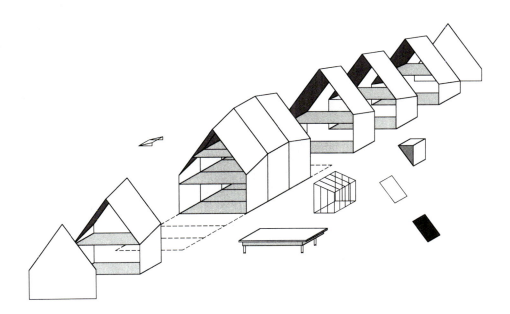

60

↓ **Foto** Photo
Luuk Kramer

↓ **Begane grond** Ground
floor **Virginia**
Begane grond Ground
floor **Georgia**
Begane grond Ground
floor **Louisiana**

↘ **Variaties standaard-
accesoires** Different
styles standard
accessories **Georgia**

→ **Situatie** Situation
A **Isla Magaritastraat**

Isla Margaritastraat 1-13
Almere

Architect: Carel Weeber,
Amsterdam
Projectarchitect/Project
Architect: Carel Weeber
Ontwerp – Oplevering/
Design – Completion:

2000-2001

Opdrachtgever/Client:
ERA Bouw, Zoetermeer
Aannemer/Contractor:
ERA Bouw, Zoetermeer
Constructeur/Structural
Engineer: ERA Bouw,
Zoetermeer

↓ **Foto** Photo
René Benoist

Carel Weeber realiseerde zeven woningen die tot stand zijn gebracht met behulp van het concept 'personal housing' van ontwikkelaar ERA Bouw. Op basis van trendwatchonderzoek worden keuzemogelijkheden aan de woonconsument voorgelegd. Zo zijn er enkele variaties mogelijk wat betreft gevelafwerking, dakvorm en kleur van de kozijnen. Ook kan gekozen worden uit standaardaccessoires als serre, veranda, erker en balkon.

The seven dwellings designed by Carel Weeber were realized with the help of the 'personal housing' concept of property developer ERA Bouw. This entailed offering prospective home buyers a range of choices based on trendwatching research. For example, there were several different styles of facade finishing, roof shape and frame colour on offer and clients were able to pick and choose from such standard accessories as conservatory, veranda, bay window and balcony.

Woningbouwexpo 2001 Gewild Wonen
Housing exhibition 2001 Gewild Wonen

Marlies Rohmer

← **Situatie** Situation
A **Tahitistraat**
B **Samoastraat**

Foto's Photos
Roos Aldershoff

**Tahitistraat,
Samoastraat
Almere**

Architect: Architectenbureau Marlies Rohmer,
Amsterdam

Projectarchitect/Project
Architect: Marlies Rohmer

Medewerkers/Contrib-
utors: Martin Koster,
Gerben Mienis, Jan van
Erven Dorens, Rob Hulst

Ontwerp – Oplevering/
Design – Completion:
1999-2001

Opdrachtgever/Client:
Groene Stad, Almere

Aannemer/Contractor:
Kingma Bouw, Lelystad
Constructeur/Structural
Engineer: Ingenieursgroep
Van Rossum, Amsterdam

Marlies Rohmer ontwierp achtien geschakelde woningen. Een gestandaardiseerde kern waarin alle voorzieningen zijn opgenomen (trappen, gangen, sanitair,
berging, installaties en eventueel een keuken) is een
programmatisch, ruimtelijk en financieel structurerend
element. Tussen deze elementen zijn hallen geplaatst:
grote ruimtelijk vrij indeelbare volumes. De bewoner
kan kiezen uit een groot aantal verschillende lengtes,
breedtes en hoogtes. Het is natuurlijk ook mogelijk
om de hal achterwege te laten en een flinke camper
naast de kern te zetten, zodat je af en toe nog eens
elders 'wild' kunt gaan staan.

Marlies Rohmer designed eighteen interlinked dwellings in
which a standard core containing all basic amenities (stairs,
hallways, sanitation, storage, services and, if desired, a
kitchen) formed the programmatic, spatial and financial
structuring element. These core units are separated by halls:
large empty volumes that clients can subdivide according
to will and which also come in a variety of different lengths,
widths and heights. Occupants may, of course, choose to
dispense with the hall altogether and simply park a sizeable
mobile home next to the core, so that they can take off
every now and then and park it 'at will' somewhere else.

↓ **Begane grond**	1	**ingang** entrance	7 **berging** storage
Ground floor	2	**hal** hall	
Eerste verdieping	3	**woonkamer** living room	
First floor	4	**keuken** kitchen	
Tweede verdieping	5	**slaapkamer** bedroom	
Second floor	6	**vide** void	

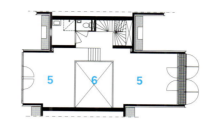

Logiesgebouw voor officieren van de Koninklijke Marine
Royal Navy Officers' Quarters

Van Herk & De Kleijn

← **Situatie** Situation
A **Den Helder**
B **Marinebasis**
 Willemsoord

↙ **Begane grond**
 Ground floor
↓ **Zesde - twaalfde**
 verdieping
 Sixth - twelfth floor

1 **ingang** entrance
2 **hal** hall
3 **slaapvertrek** bedroom
4 **longroom**
5 **terras** terrace
6 **entresol**

Foto's Photos
Luuk Kramer

Willemsoord
Den Helder

Architect: Van Herk &
De Kleijn Architecten,
Amsterdam
Projectarchitect/Project
architect: Arne van Herk
Projectleiders/Project

Leaders: Willy Houwen,
Ruben van den Boogaard
Medewerkers/Contrib-
utors: Robert van Lipzig,
Hanke Lumens, Loes van
Hooff
Ontwerp – Oplevering/
Design – Completion:
1997-2001

Opdrachtgever/Client:
Directie Materieel Konink-
lijke Marine, Den Haag
Aannemer/Contractor:
Bot Bouw, Heerhugowaard
Constructeur/Structural
Engineer: D3BN, Amster-
dam
Interieurarchitect/Interior

Designer: Arne van Herk

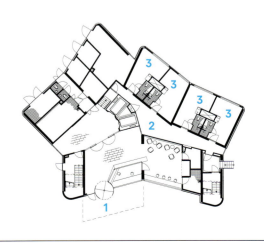

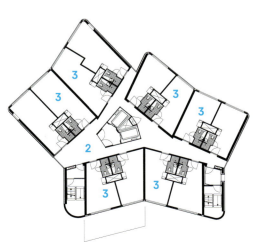

De marinebasis Willemsoord in Den Helder is een van de locaties in ons land die voor de burger moeilijk toegankelijk zijn. Tot voor kort maakte de bebouwing, met overwegend neutrale laagbouw in grijs- en wittinten, de burger ook nauwelijks nieuwsgierig. Het logiesgebouw voor officieren heeft hierin verandering gebracht. Met zijn ronde contouren en roodkoperen plaatgevel torent het als een markant baken boven de grijze massa uit. Het heeft het terrein een nieuwe identiteit gegeven, die beter past bij de 'avontuurlijke wereld' van de Marine.
De toren is opgebouwd rond een driepotige kern. Hierin bevinden zich de verkeersruimtes en een liftschacht. Om de kern zijn drie volumes geplooid, met elk vier slaapvertrekken per laag. De 157 kamers zijn betrekkelijk klein en sober van inrichting. Het verplaatsbare meubilair werd door Van Herk & De Kleijn speciaal ontworpen. De ramen zijn als horizontale stroken op zit- en stahoogte in de gevel aangebracht, waardoor het licht tot ver in de kamer doordringt. Door de driepootvorm is een alzijdige oriëntatie gecreëerd: alle kamers hebben vrij uitzicht, waarvan die op de kust met het Marsdiep en de Noordzee het spectaculairst is. Boven in het gebouw, op de veertiende en vijftiende verdieping, bevinden zich een 'longroom' en een dakterras met uitzicht naar alle windstreken.

The Willemsoord naval base in Den Helder is one of those locations in the Netherlands rarely penetrated by ordinary citizens. And until recently the predominantly impersonal, low-rise buildings painted in shades of neutral grey and white did little to arouse the curiosity of the civilian population. The new officers' quarters building looks set to change that. With its rounded contours and copper-coloured facade panelling it towers above the grey mass, an eye-catching beacon. It has lent the base a new identity, one more in keeping with the 'adventurous world' of the Navy.
The tower is built around a tripartite core containing the circulation areas and a lift shaft. Three volumes have been arranged around this core, each with four bedrooms per floor. The 157 rooms are fairly small and plainly furnished. The movable furniture was specially designed by Van Herk & De Kleijn. The windows, horizontal strips inserted into the facade at seated and standing eye level, deliver light deep into the room. The tripartite form results in an omni-sided orientation: all rooms have unimpeded views, the most spectacular being that of the coast with Marsdiep and the North Sea. At the top of the building, on the fourteenth and fifteenth floors respectively, are a longroom and a roof terrace with views to all points of the compass.

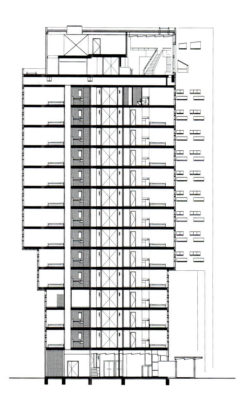

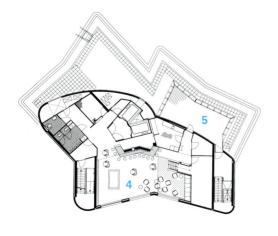

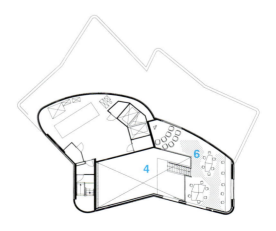

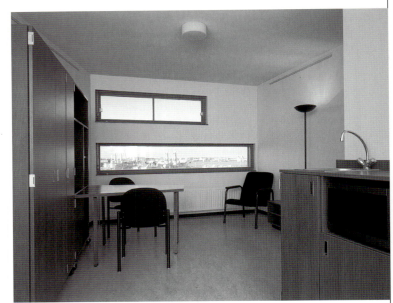

← **Situatie** Situation
A **Middenweg**
B **Sportlaan**
C **School**

Foto's Photos
Christian Richters

Middenweg 2
Den Helder

Architect: de architectengroep. rijnboutt ruijsse-
naars hendriks van
gameren mastenbroek bv,
Amsterdam
Projectarchitecten/
Project Architects: Van

Gameren & Mastenbroek
Projectteam/Project
Team: Bjarne Masten-
broek met/ with Willmar
Groenendijk, Matteo
Fosso, Jacquo Booij,
Alexandra Bonazzi,
Mark Sloof, Emma Rees
Ontwerp – Oplevering/
Design – Completion:

1998-2001

Opdrachtgever/Client:
Stichting Triade
Aannemer/Contractor:
Bouwbedrijf M.J. de Nijs
& Zonen, Warmenhuizen
Constructeur/Structural
Engineer: ABT, Velp

Om onderdak te bieden aan een cultureel opleidingscentrum is een bestaand schoolgebouw verbouwd en uitgebreid. Van het bestaande gebouw zijn de onbruikbare delen (een zijvleugel en een door de tijd gegroeide reeks noodvoorzieningen) gesloopt en is het bruikbare deel behouden: een langgerekt traditioneel schoolvolume in twee lagen met lokalen en een brede trappartij langs een gang, voorzien van een zadeldak. Het oude deel is langs de bestaande gang uitgebreid met de grotere nieuwe programmaonderdelen, zoals een auditorium, muziek- en danslokalen, ateliers en een dubbelhoge entreehal. In het interieur zijn de bestaande ruimten door een smalle spleet gescheiden van de nieuwe. Het vloerniveau van de verdieping is doorgezet in het nieuwe gedeelte. Op deze verdiepingsvloer zijn programmaonderdelen met een grotere, onderling wisselende hoogte geplaatst. In het exterieur is deze hoogtewisseling zichtbaar gemaakt door een stelsel van schuine wanden en dakvlakken. Dit nieuwe dakvolume is bekleed met houten delen en 'willekeurig' geperforeerd met grotere en kleinere ramen. Het golvende dakvolume rust op een transparante onderbouw die aan de kopgevel tot aan de dakrand is doorgezet. Oud en nieuw, in het interieur door materiaalgebruik en ruimtevorm uitdrukkelijk gescheiden, worden in het exterieur door het glazen vlies van de kopgevel met elkaar verbonden.

An existing school building has been remodelled and enlarged to house a cultural training centre. The unusable bits of the existing building (a side wing and an accretion of emergency accommodation) were demolished and the usable part retained. This consisted of a long, two-storey traditional school building with classrooms and a wide staircase lining a corridor and a saddle roof. The old section was built out along the existing corridor with the larger elements of the programme: an auditorium, music and dance rooms, studios and a double-height entrance hall. Inside, the old rooms are separated from the new by a narrow gap. The floor level of the upper storey is carried through into the new section where it accommodates those elements of the programme with a greater and variable height requirement. On the outside, this variation in height is expressed in a series of sloping walls and roof planes. The new roof volume is clad with timber siding and 'randomly' perforated by larger and smaller windows. The undulating roof volume rests on a transparent base that continues to the roof edge on the end elevation. Old and new, explicitly divorced on the inside by means of materials and spatial form, are conjoined on the outside by the glazed skin of the end elevation.

↙ **Dwarsdoorsnede**
Cross section

↓ **Lengtedoorsnede**
Longitudinal section

↓↓ **Eerste verdieping**
First floor

Begane grond
Ground floor

1 **ingang** entrance
2 **pantry**
3 **auditorium**
4 **administratie**
administration

5 **danslokaal** cance
room
6 **lokalen** classrooms

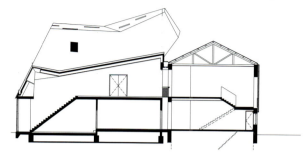

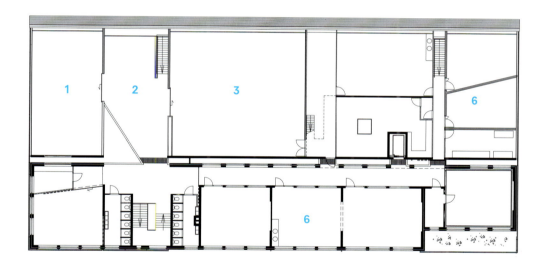

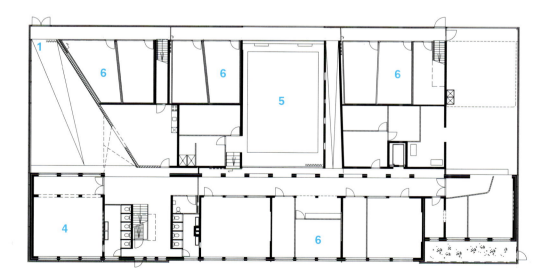

Woningbouw Hageneiland
Hageneiland Housing

MVRDV

← **Situatie** Situation
A **Stiemensvaart**

↓ **Foto** Photo
Jeroen Musch

**Stiemensvaart
Ypenburg, Rijswijk**

Architect: MVRDV,
Rotterdam
Projectarchitect/Project
Architect: Winy Maas,
Jacob van Rijs, Nathalie
de Vries

Medewerkers/Contrib-
utors: Renske van der
Stoep, Bart Spee, Tom
Mossel, Frans de Witte
Ontwerp – Oplevering/
Design – Completion:
1998-2001
Opdrachtgever/Client:
AMVEST, Amsterdam

Aannemer/Contractor:
Ballast Nedam Woning-
bouw, Capelle aan den
IJssel

Een woonwijk zonder thematisering is in Nederland ondenkbaar geworden. **Frits Palmboom en Els Bet maakten voor Vinex-locatie Ypenburg een stedenbouwkundig plan rondom het thema water. In een matrix van water en verbindingswegen vinden we verschillende raamwerken voor experiment, uiteenlopende woonmilieus en typologieën op de schaal van de woonwijk. Waterwijk, deelplan 10 van Buitenplaats Ypenburg, bestaat uit een aantal appartementengebouwen en vijf eilanden, elk met een eigen thema, die door verschillende architecten zijn uitgewerkt. Er is Patio-eiland, met de sterrenhemel als plafond. Er is Rietvelden, waar men woont op een eiland in zacht kabbelend water. Wonen aan een brede laan met bomen is ook mogelijk, evenals op een 'waterhoeve'. Hageneiland, waar men kan tuinieren achter een haag, is in 2001 gereedgekomen. Het plan is opgezet voor huishoudens met kinderen om in alle rust en veiligheid te genieten van de tuin. De auto kan het plan niet binnendringen. De 119 koop- en huurwoningen die MVRDV hier ontwierp, zijn aan de voor- en achterzijde alleen bereikbaar via een autovrij padenstelsel. De overbekende straten van betonklinkers zijn vervangen door woonpaden van grind en houtsplinters.**
Door de plaatsing van de woonblokken te variëren, zijn huizen ontstaan met een grote voortuin, met alleen een grote achtertuin, of met een voor- en achtertuin van gelijke grootte. De tuingrenzen worden gevormd door hagen. De archetypische vorm van de woningen, met twee onder een kap of in langere rijen, is in z'n geheel bekleed met één materiaal. Ieder afzonderlijk blok heeft een andere huid gekregen, waardoor een afwisselend patroon is ontstaan van huizen bekleed met natuurrode dakpannen, aluminiumplaten, blauwe polyurethaan platen en groene klimop. De woningen, met drie lagen en een nuttig woonoppervlak van 130 m² of 121 m², hebben extra hoge verdiepingen van 2,55 meter, ankerloze scheidende wanden en raampartijen die doorlopen tot aan de vloer. Als bergruimte was er de keuze tussen een glazen kas of gesloten huisje.

A housing scheme without a theme would be unthinkable nowadays in the Netherlands. The theme chosen by Frits Palmboom and Els Bet in drawing up the spatial masterplan for the Vinex development at Ypenburg was water. Within a matrix of water and connecting roads are various frameworks for experiment, a variety of residential environments and typologies at the scale of the neighbourhood. Waterwijk, sub-plan 10 of Ypenburg, consists of several apartment buildings and five islands, each with its own sub-theme and each designed by different architects. For example, there is Patio Island, with the starry sky for ceiling, and Reedbeds where people live on an island of gently rippling water. It is also possible to live on a wide avenue with trees, or on a 'water homestead'. Hageneiland (Hedgerow Island), where residents can tend their gardens behind a hedge, was completed in 2001. It was designed to allow families with children to enjoy their gardens in peace and safety. Cars are taboo here. The 119 privately owned and rented houses designed by MVRDV are accessible back and front solely via a network of pedestrian pathways. The customary concrete brick-paved roads have been replaced here by gravel and wood chip paths.
The varied disposition of the housing blocks has generated houses with a large front garden, with a large back garden only, or with back and front gardens of equal size. The garden boundaries are formed by hedges. The archetypical form of the dwellings, semi-detached or terraces, is entirely clad in a single material. Each individual block has a different skin, resulting in an alternating pattern of houses clad with ochre roof tiles, aluminium sheeting, blue polyurethane panels and green ivy. The houses, with three floors and an effective living area of 130 m² or 121 m², have extra high storeys of 2.55 metres, anchorless dividing walls and windows that continue down to the floor. For storage there was a choice between a glazed greenhouse or closed shed.

2289 AC

Woningbouw Hageneiland
Hageneiland Housing

MVRDV

↙ **Begane grond**
Ground floor

Eerste verdieping
First floor

Tweede verdieping
Second floor

↓ **Dwarsdoorsnede**
cross section

↘ **Lengtedoorsnede**
Longitudinal section

1 **ingang** entrance
2 **woonkamer** living
room
3 **keuken** kitchen
4 **slaapkamer** bedroom

Foto's Photos
Nicholas Kane

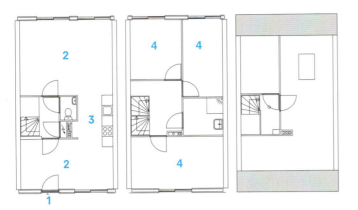
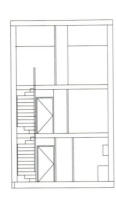
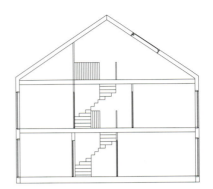

2548 RC

Scholencomplex
Multi-school complex

Marlies Rohmer

→ **Situatie** Situation
A **Kikkerbeetlaan**
B **Rietkeverstraat**

Foto's Photos
Christian Richters

Kikkerbeetlaan **Wateringseveld** **Den Haag** **Architect**: Architecten- bureau Marlies Rohmer, Amsterdam **Projectarchitect**/Project Architect: Marlies Rohmer	**Medewerkers**/Contrib- utors: Rob Hulst, Floris Hund, Holger Buttner, Sander Hazevoet, Jan van Erven Dorens, Martin Koster **Ontwerp – Oplevering**/ Design – Completion: 1998-2001	**Opdrachtgevers**/Clients: Dienst OC&W, Den Haag (Basisschool/Primary school), Compaan, Den Haag (School voor meer- voudig complex gehandi- capte kinderen/ School for multiple handicapped children)	**Aannemer**/Contractor: Schouten, Leidschendam **Constructeur**/Structural Engineer: Ingenieursgroep Van Rossum, Amsterdam **Inrichting schoolplein**/ Design schoolyard: Wim Poppinga, Public Design

De taps toelopende H-vorm van dit gecombineerde schoolgebouw volgt direct uit de radiale strokenverkaveling van
de wijk Vijvers in Wateringseveld. Twee lokalenblokken van
elk twee verdiepingen volgen daarbij de rooilijn van de aan-
liggende straten. Het middendeel van de H-vorm bestaat uit
een toren met gym- en spelvoorzieningen die wordt afgesloten door een basketbalveld met metalen gaaswanden op
het dak. Door de tapse H-vorm worden twee speelpleinen
omsloten. Het kleinere speelplein dient als entree voor een
dagverblijf voor meervoudig complex gehandicapte kinderen. Het grotere plein ontsluit een basisschool met 28 groepen. Dit plein is voorzien van een tribune die toegang biedt
tot een verhoogd speelplein en die dient als entree voor
de bovenbouwlokalen op de verdieping. De hoofdentree is
gelegen op de begane grond van het middendeel tussen
twee verdiept gelegen speellokalen. Deze speellokalen zijn
afgeschermd met netten, maar kunnen eenvoudig worden
samengevoegd met de gang, om zo een aula met een verhoogd toneel te vormen. De lokalen liggen langs taps toelopende gangen die zijn voorzien van nissen. Deze nissen
dienen als aparte zelfstandige werk- en speelplekken,
behorende bij het daltononderwijs. In het interieur over-
heersen de roodtinten van de marmoleum vloerbedekking
en verschillende transparant gelakte houtsoorten.

The tapered 'H' of this multi-school complex is a direct consequence of the radial open row layout of the district in which it is
located. Two, two-storey classroom blocks follow the building
line of the adjacent streets. The cross bar of the H consists of a
block containing gym and games facilities topped by a rooftop
basketball court surrounded by wire mesh walls. The tapered
H encloses two playgrounds. The smaller of the two serves as
the entrance to a day centre for multiple handicapped children.
The larger playground gives access to a primary school with
28 groups. This area has a platform that leads to a raised playground and acts as the entrance to the sixth form classrooms on
the upper floor. The main entrance is located on the ground floor
level of the middle section between the two sunken games rooms.
The latter are screened off with nets but can easily be merged
with the corridor so as to create an auditorium with a raised
stage. The rooms are located along tapering corridors that also
contain niches that function as independent work and play areas
appropriate to Dalton education. The interior is dominated by
the red tints of the marmoleum floor covering and various clear
lacquered woods.

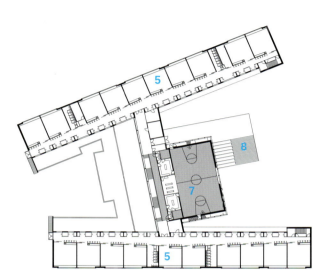

← **Doorsnede** Section

↙ **Begane grond**
Ground floor

↘ **Eerste verdieping**
First floor

1 **ingang** entrance
2 **groepsruimten**
grouprooms
3 **zwembad** swimming-
pool
4 **kantoor** office

5 **lokalen** classrooms
6 **speellokalen** game-
facilities
7 **gym**
8 **tribune** platform

9 **fietsenstalling** bicycle
shed
10 **basketballveld**
basketball court

78   Foto's Photos
     Theo Krijgsman

79 ↓ **Foto** Photo
Christian Richters

Atelier Kempe Thill

← **Situatie** Situation   **Foto's** Photos
A **Light Building**   Bastiaan IngenHousz

Museumpark Rotterdam	**Medewerker**/Contributor: Ascen Barranco	Hakla, Weesp
	Ontwerp –	**Constructeur**/Structural Engineer: ABT, Delft –
Architect: Atelier Kempe Thill architects and planners, Rotterdam	**Oplevering**/Design – Completion: 2000-2001	Walter Spangenberg, Jan-Pieter den Hollander
Projectarchitecten/ Project Architects: André Kempe, Oliver Thill	**Opdrachtgever**/Client: De Parade, Mobile Arts, Amersfoort	**Interieurarchitect**/Interior Designer: Atelier Kempe Thill
	Aannemer/Contractor:	

Het ontwerp Light Building werd beloond met een tweede prijs in een door de BNA in 2000 georganiseerde prijsvraag. Het reizende theaterfestival De Parade adopteerde het plan voor deze verplaatsbare tentoonstellingsruimte en voerde het uit tijdens de reizende zomertournee van 2001. De ontwerpers realiseerden een maximaal volume met een minimaal budget. Het vijftien meter lange, vier meter brede en zes meter hoge blok is opgebouwd uit circa 3000 standaardbierkratten. Een middenwand verdeelt het blok in twee gelijke ruimten. Circulatie vindt plaats via deuren in de kopgevels. Stijfheid van de wanden wordt verkregen door het lichte stalen dak door middel van stalen spankabels tegen de tijdelijke fundering te trekken. Opbouwen, afbreken en vervoeren is door de stapelstructuur eenvoudig te realiseren. Het paviljoen is licht in een dubbele betekenis. Het weegt haast niets – zoals bleek toen het tijdens de montage in Den Haag omwaaide – en het is lichtdoorlatend. Door de kunststof kratten zonder kleurstof uit te voeren, laten zij een prachtig gefilterd daglicht door en verandert het paviljoen 's avonds van een opaak blok in een roomwitte lantaarn. Light Building is daardoor zowel een no-nonsense lichtgewichtconstructie in de traditie van Buckminster Fullers adagium 'more with less', als een referentie aan Peter Zumthors minimalistische architectuur van volumes en licht.

The Light Building design was awarded second prize in a competition organized by the Royal Institute of Dutch Architects in 2000. De Parade, a travelling theatre festival, adopted the plan for this portable exhibition space and put it into practice during its 2001 summer season. The designers realized a maximum volume on a minimum budget. The fifteen-metre-long, four-metre-wide and six-metre-high block is made up of some 3,000 standard beer crates. A central wall divides the block into two equal spaces. Circulation is via doors in the end elevations. Wall rigidity is achieved by pulling the light-weight steel roof against the temporary foundation using steel tensioning cables. Assembly, dismantling and transport is simplified by the stacked structure. The pavilion is light in both senses of the word: it weighs next to nothing (as transpired when it blew over during the setting up in The Hague) and it is translucent. The uncoloured plastic crates admit a wonderful filtered light during the day while at night, lit from within, the pavilion changes from an opaque block into a creamy white lantern. As such, Light Building is both a no-nonsense, lightweight construction in the tradition of Buckminster Fuller's 'more with less' maxim, and a reference to Peter Zumthor's minimalist architecture of volumes and light.

↓ **Doorsnede construc-
tie muur** Section
construction wall

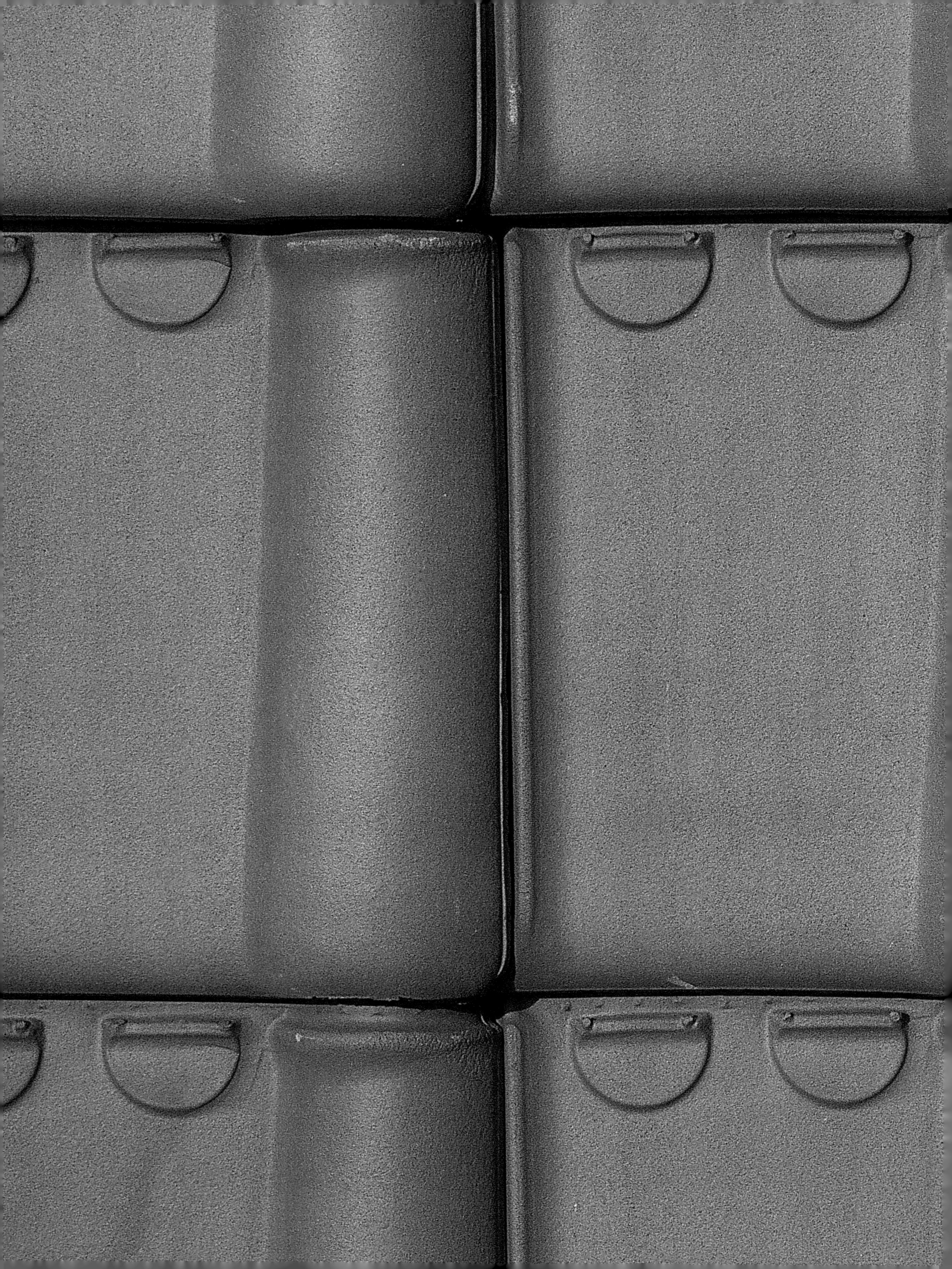

Een huis dat smoelt!

Het materiaal is de boodschap

EACH MATERIAL HAS ITS SPECIFIC CHARACTERISTICS WHICH WE MUST UNDER-
STAND IF WE WANT TO USE IT. (...) WE MUST REMEMBER THAT EVERYTHING
DEPENDS ON HOW WE USE THE MATERIAL, NOT ON THE MATERIAL ITSELF.
      Mies van der Rohe, inaugurale rede IIT, Chicago 1938

EEN HUIS DAT SMOELT!
JE ZIET ZE ZELDEN IN NEDERLAND: HUIZEN WAARVAN HET DAK EN DE GEVEL
UIT ÉÉN MATERIAAL ZIJN GEMAAKT. DAAR WAAR ZE WEL STAAN, (VAAK
DATEREN ZE UIT HET BEGIN VAN DEZE EEUW) BEHOREN ZE TOT DE ABSOLUTE
TOP VAN HET WONINGBESTAND. (...) WONINGEN MET GEVELS EN DAKEN VAN
HOUTEN SHINGLES, KERAMISCHE DAKPANNEN, GEWELFDE GEVELBEPLATING,
POLYURETHAAN EN ALUMINIUM. KRACHTIGE MATERIALEN DIE AL SINDS JAAR
EN DAG IN DE BOUW WORDEN GEBRUIKT EN QUA LEVENSDUUR NIET ONDER-
DOEN VOOR CONVENTIONELE BAKSTEEN.
      Introductietekst op de verkoopwebsite van het project Hageneiland,
      Ypenburg 2001, www.deelplan10.nl/ypenburg.htm

Het zijn mooie jaren voor de bouwmaterialenhandel. Op welke
nieuwbouwlocatie men ook komt, overal staat de bezoeker paf van
het uitgebreide scala aan toegepaste materialen, soms op de meest
onverwachte plaatsen en voor de meest onverwachte functies.
Materiaal scoort en de trendgevoelige architect springt daarop in.
Na de vorm nu ook de materiaaltoepassing als 'unique selling point'.[1]

Is het werkelijk zo plat? Is deze materiaalexplosie inderdaad niet
veel meer dan een onmachtige poging om op te vallen, om anders
te zijn, zodat de architect en de opdrachtgever zich gemakkelijk
kunnen onderscheiden op de markt? Het lijkt er in veel gevallen sterk
op. Dit roept de vraag op of het nog mogelijk is om te ontsnappen
aan deze promotionele materialenkermis. De architect heeft zichzelf
ooit opgescheept met de eis tot verantwoording van de aard, de toepassing en de expressie van materiaal en techniek. Als deze verantwoording niet meer vanzelfsprekend uit de eigenheid van de
verhouding tussen functie en materiaaleigenschappen kan worden
gehaald, als het geloof in deze vorm van authenticiteit verloren is
gegaan, welke wegen zijn dan er nog open, buiten het schaapachtig
trendvolgen, als het gaat om de legitimatie van het materiaal en zijn
toepassing in het ontwerp?

Echt of onecht
De keuze en de toepassing van het materiaal (en de vorm, de ruimte-
orde, de draagconstructie, kortom het totale ontwerp, maar laten
we ons beperken tot het materiaal) werden lange tijd gelegitimeerd

A knock 'em dead house!

The material is the message

EACH MATERIAL HAS ITS SPECIFIC CHARACTERISTICS WHICH WE MUST UNDER-
STAND IF WE WANT TO USE IT. ... WE MUST REMEMBER THAT EVERYTHING
DEPENDS ON HOW WE USE THE MATERIAL, NOT ON THE MATERIAL ITSELF.
      Mies van der Rohe, Inaugural address, IIT, Chicago 1938

A KNOCK 'EM DEAD HOUSE!
YOU DON'T OFTEN SEE IT IN THE NETHERLANDS: HOUSES IN WHICH THE ROOF
AND FACADE ARE MADE OUT OF THE SAME MATERIAL. WHEN YOU DO COME
ACROSS ONE (OFTEN DATING FROM THE BEGINNING OF THE TWENTIETH CEN-
TURY) IT BELONGS TO THE CRÈME DE LA CRÈME OF THE HOUSING STOCK. ...
HOUSES WITH FACADES AND ROOFS OF WOODEN SHINGLES, CERAMIC ROOF
TILES, CURVED FACADE CLADDING, POLYURETHANE AND ALUMINIUM. POWER-
FUL MATERIALS THAT HAVE A LONG HISTORY IN THE CONSTRUCTION INDUSTRY
AND THAT ARE IN NO WAY INFERIOR TO CONVENTIONAL BRICK IN TERMS OF
LONGEVITY.
      Introductory text on the sales web site of the Hageneiland project, Ypenburg 2001,
      www.deelplan10.nl/ypenburg.htm)

These are good times for the building materials business. No matter what
new-build site you choose to visit, you are sure to be bowled over by the
wide array of materials being used, sometimes in the most unexpected
places and for the most unexpected functions. Material is 'in' and trend-
conscious architects are getting into the act in a big way. After form, it is
material's turn to be touted as a 'unique selling point'.[1]

Is it really this crass? Is the materials boom really not much more than
a puerile attempt on the part of architect and client to stand out, to be
different, to make their mark on the construction market? In many cases
it certainly looks that way. Which prompts one to wonder whether it is
possible to escape the current materials hype. Architects once saddled
themselves with the obligation to justify the nature, application and
expression of material and technique. If this justification no longer arises
naturally from the unique relationship between function and material
properties, if faith in this form of authenticity has been lost, what options
– apart from sheeplike adoption of the latest trend – remains open when
it comes to the legitimization of the material and its application in the
design?

Honest or dishonest
For a long while, the choice and application of the material (and of the
form, the spatial order, the support structure, in short the whole design,
but let us confine ourselves to the material) were justified on the basis of
the imperative of authenticity. Since the advent of modernism architects

vanuit de noodzaak tot authenticiteit. Sinds het modernisme hebben architecten en hun beschouwers met deze noodzaak geworsteld. De discussie veronderstelt een goede, want 'authentieke', natuurlijke, 'echte' en 'waarachtige' manier van bouwen en architectuur bedrijven, en (dus) ook een foute, 'gecultiveerde', 'onechte' en 'leugenachtige' kitsch. De kwestie kwam aan de orde omdat een van de belangrijke agendapunten van het modernisme de radicale breuk met het verleden was. Voorheen konden materiaal en techniek min of meer vanzelfsprekend worden afgeleid uit de bouwtraditie. Alleen al door de beschikbaarheid van nieuwe materialen en de vraag naar nieuwe gebouwtypen was deze vorm van verantwoording problematisch geworden. Het nieuwe adagium, in het citaat boven dit artikel verwoord door Mies van der Rohe, ging uit van een enig juiste manier: de voor de combinatie van functie én materiaal technisch geëigende manier. Wat volgde was vanzelfsprekende schoonheid. De enige andere weg was materiaal als middel voor kunstzinnige expressie. De kwestie wordt op bijna karikaturale manier verbeeld door de tegenstelling tussen de Amsterdamse School en het functionalisme.[2]

Zo eenvoudig liggen de zaken tegenwoordig niet meer. Met de teloorgang van het geloof in de eenduidige oplossingen die het modernisme bood, is de wens van een 'eerlijke' materiaaltoepassing en van authenticiteit in het algemeen – een wens die bij ons is blijven hangen en waar we maar moeilijk afscheid van kunnen nemen – op z'n minst in een crisis geraakt. In de reclame is de 'leugen' een middel om de consument tot aankoop te verleiden. Het gaat er niet om dat het product authentiek ís, het gaat erom dat de consument het product als authentiek erváart, de middelen die daartoe leiden, echt of onecht, doen niet ter zake. Als het materiaal een vergelijkbare rol gaat spelen in de architectuur, dan raakt het vervreemd van zijn oorspronkelijke bouwtechnische eigenschappen, dan is het opeens niet gek meer dat de dakpan op de gevel wordt geplakt en de baksteen op het dak.

Op deze situatie valt op drie verschillende manieren te reageren: de situatie accepteren en er zo intelligent mogelijk in meegaan, haar negeren en blijven werken aan een zingeving vanuit de architectuur zelf, of weerstand bieden door de situatie te ondermijnen en ter discussie te stellen.

Meegaan: aluminium en glas
In het afgelopen jaar werden twee projecten opgeleverd met als belangrijkste karakteristiek het toegepaste bouwmateriaal: Het aluminium bos in Houten van Micha de Haas en Laminata, Huis van glas in Leerdam van Kruunenberg Van der Erve Architecten. Het materiaal is in deze gevallen duidelijk de boodschap. Vreemd is dat niet, omdat beide gebouwen dienen ter promotie van respectievelijk aluminium en glas. Het ging in beide gevallen om een materiaalkeuze a priori, die vanuit de primaire functie van verkoopbevordering verklaarbaar is. Dat neemt echter niet weg dat er over de manier waarop het materiaal is toegepast nog wel iets te zeggen valt. Niet dat alumi-

and their commentators have wrestled with this imperative. The debate presupposes a right – in the sense of 'authentic',' natural', 'genuine' and 'honest' – approach to building and architecture, and (consequently) also a wrong, 'artificial', 'false' and 'dishonest' kitsch approach. The issue arose because one of modernism's main agenda items was a radical break with the past. Once upon a time it had been possible to deduce material and technique more or less automatically from architectural tradition. The very availability of new materials and the demand for new building types called this form of justification into question. The new maxim, articulated by Mies van der Rohe in the quotation that heads this essay, presupposed a single correct approach: the technically appropriate approach for the given combination of function and material. The outcome was self-evident beauty. The only alternative was material as a means of artistic expression. The argument is represented almost to the point of caricature in the contrast between Dutch Functionalism and the Amsterdam School.[2]

Nowadays things are no longer so clear-cut. With the demise of faith in the categorical solutions provided by modernism, the desire for an 'honest' use of materials and for authenticity in general – a desire we are loath to relinquish in the Netherlands – has reached a crisis point, to say the least. In advertising, the 'lie' is a means of persuading the consumer to buy. The point is not that the product should be authentic, but that the consumer should *perceive* it to be authentic; the means by which this is achieved, honest or dishonest, are irrelevant. When materials start to play a similar role in architecture, they become estranged from their original structural properties and there is no longer anything odd about using roof tiles on the facade and bricks on the roof.

There are three different possible ways of reacting to this situation: accept it and go along with it as intelligently as possible, ignore it and continue to work at investing a building with meaning from the perspective of architecture itself, or resist it by deliberately subverting the situation and so calling it into question.

Acceptance: aluminium and glass
Last year saw the completion of two projects whose main feature was the material used: The Aluminium Forest in Houten by Micha de Haas, and Laminata, House of Glass in Leerdam by Kruunenberg Van der Erve Architecten. The material is in these instances quite obviously the message. Which is hardly surprising since both buildings are intended to promote the use of their respective materials, aluminium and glass; the choice of material came first, the design second. This does not mean, however, that there is nothing to be said about the way in which the material has been used. It is not the fact that aluminium and glass were chosen, but *how* the material was used that is at issue, at least according to the aforementioned quotation from Mies van der Rohe.

How 'intrinsic' and 'authentic' is the use of material in these promobuildings? Here at least the emphasis will surely be on the unique structural properties of the material concerned. Here the question of how to

nium en glas zijn gekozen, maar hóe het materiaal is toegepast, is de kwestie, in elk geval volgens de hierboven geciteerde Mies van der Rohe.

Hoe 'eigen' en 'authentiek' is de materiaaltoepassing in deze promo-gebouwen? Hier zal ongetwijfeld juist wél de nadruk liggen op de specifieke bouwtechnische eigenschappen. Hier zal de vraag hoe het materiaal zo authentiek en logisch mogelijk kan worden verwerkt in de architectuur van belang zijn geweest. Hier zal Mies van der Rohes uitspraak 'everything depends on how we use the material, not on the material itself' bij uitstek van toepassing zijn. Het materiaal is min of meer willekeurig gekozen, maar de manier waaróp het vervolgens wordt gebruikt, dáárin zullen de ware eigenschappen van respectievelijk aluminium en glas naar voren komen.

Je zou het denken, maar het valt tegen.

In eerste instantie lijkt er wat betreft Het aluminium bos nog niets aan de hand. Het is een ontegenzeglijk fraai gedetailleerd en zorgvuldig gecomponeerd gebouw, hightech, dus vanzelf 'eerlijk'. Het gebouw voldoet tevens aan zijn primaire functie: het bieden van een staalkaart van aluminiumtoepassingen in de bouw. Het opvallendste onderdeel van het ontwerp is het bos aluminium kolommen waarop het feitelijke kantoor rust. Dat voor een gebouw voor de aluminiumindustrie zo veel mogelijk aluminium wordt gebruikt, is duidelijk en in veel gevallen zelfs logisch. Maar om het nu ook te gebruiken voor dragende elementen en dan nog op zo'n manier dat het direct helder is dat de keuze voor aluminium als materiaal voor de draagconstructie in elk geval geen economisch voor de hand liggende is, dát is op z'n minst vreemd en voor wie enige kennis van de technische eigenschappen van aluminium heeft ronduit vervreemdend. Het is kennelijk niet de waarheid (het 'eerlijke', authentieke materiaalgebruik) dat hier aan de orde is, maar de ervaring van het andere, het afwijkende, het unieke. Dat deze vervreemding slim is toegepast, blijkt uit het feit dat er in de vele artikelen die over dit gebouw zijn geschreven, ook in de bouwtechnische bladen, eigenlijk nauwelijks is gemopperd over deze vreemde oneconomische toepassing van aluminium.

De vervreemding is zo mogelijk nog groter in Laminata, Huis van glas in Leerdam. Het huis is het resultaat van een prijsvraag voor een spraakmakend woningontwerp waarmee Leerdam als 'glasstad op de kaart zou worden gezet'. Waar het maar mogelijk is, is dus glas toegepast. Maar ook hier lijkt het de bedoeling van de ontwerper te zijn geweest het materiaal vooral ánders toe te passen. Niet de meest voor de hand liggende karakteristiek, de doorzichtigheid met alle mogelijkheden van transparantie die tot in het uiterste in de recente architectuurgeschiedenis onderzocht is geweest, is hier aan de orde. Niet de mogelijkheid die juist glas biedt om 'bijna niets' te zijn wordt hier uitgebuit. Nee, het tegenovergestelde is het geval. Glas wordt hier verlijmd tot brede, massieve muren. Waar glas van nature wordt toegepast om de ijle sferen van het uitspansel te benaderen, wordt hier de ervaring van een onderzeese grot gecreëerd. Zelfs het feit dat glas wel degelijk als materiaal voor een draagconstructie kan worden toegepast, wordt geperverteerd. Als dragende

incorporate the material as authentically and logically as possible into the architecture will be of prime importance. Here Mies van der Rohe's dictum that 'everything depends on how we use the material, not on the material itself' will be particularly apposite. The material may have been a more or less arbitrary choice, but the way in which it was subsequently used is where the true properties of aluminium and glass respectively can be expected to come to the fore.

You would think so, but reality is disappointing.

At first glance the logical use of material does appear to be in order in The Aluminium Forest. It is an undeniably beautifully detailed and carefully composed building, high-tech and thus automatically 'honest'. The building also fulfils its primary function as a showcase of the use of aluminium in construction. The most striking element of the design is the forest of aluminium columns on which the actual office rests. That a building for the aluminium industry should contain as much aluminium as possible is only to be expected and in many instances even logical. But to use it for structural elements as well, and in such a manner that it is immediately apparent that whatever else it may be, the choice of aluminium for this purpose was not economically logical, is strange to say the least and for anyone with any knowledge of the technical properties of aluminium decidedly estranging. It is evidently not the truth (the 'honest', authentic use of material) that is at stake here, but the experience of the other, the abnormal, the unique. That this estrangement has been cleverly applied is evidenced by the fact that in the many articles written about this build-ing, including in construction magazines, there are few complaints about this unusual, uneconomic application of aluminium.

The estrangement is if possible even greater in Laminata, House of Glass in Leerdam. The house is the outcome of a competition for an arresting house design that would put Leerdam 'on the map as the city of glass'. Wherever possible, therefore, glass has been used. But here, too, it seems as if the designers were above all intent on using glass *differently*. It is not glass's defining feature – transparency – and its exhaustively explored architectural possibilities that are on display here. It is not the possibility that glass in particular offers of being 'almost nothing' that is being exploited here. Quite the opposite in fact. Glass has been glued together here into thick, massive walls. Whereas glass is a natural choice for approximating the rarefied atmospheres of the firmament, here the architects have created the experience of an underwater cave. Even the fact that glass can perfectly well be used for a supporting structure has been perverted: the thickness of the load-bearing walls in this house is grossly exaggerated. The atmosphere of the rooms and the experience of the light seeping through the sea-green walls are undeniably unique. But once again there is no question of authenticity in the sense of an 'honest' use of materials.

In both cases, the fact that the design is unique, that it possesses a 'knock 'em dead' quality, obviously cut more ice than the question of whether the appropriate, unique properties of the material were made visible.

muren zijn de dikke glaswanden van het huis namelijk zwaar over-gedimensioneerd. De atmosfeer van de ruimten en de ervaring van het licht dat door de zeegroene wanden sijpelt, zijn onmiskenbaar uniek. Maar opnieuw is er geen sprake van authenticiteit in de zin van 'eerlijk' materiaalgebruik.

Het feit dat het ontwerp uniek is, dat het 'smoel heeft', is kennelijk in beide gevallen doorslaggevender geweest dan de vraag of de geëigende, unieke eigenschappen van het materiaal zichtbaar zijn gemaakt.

Negeren: rauw of tektonisch
De laatste stuiptrekking van het 'eerlijke' materiaalgebruik lijkt de grotendeels tot de Nederlandse architectuur beperkt gebleven trend van rauw en 'recht voor je raap' detailleren en materialiseren te zijn. Gelegitimeerd vanuit de beperkte bouwbudgetten werd gedurende de jaren negentig bewust gekozen voor goedkope, aan de conven-tionele bouwtraditie vreemde materialen, zoals plastic golfplaat, de goedkoopste soorten multiplex (blank gelakt en niet geschilderd, zodat *cheapness* onmiskenbaar was), glazen U-profielen, lichtdoor-latende kunststof isolatiepanelen en natuurlijk ruw en zo mogelijk onbehandeld hout, materialen die daarvoor eigenlijk hun belang-rijkste toepassing in de varkensschuur kenden. Om de goedkoopte verder 'zo eerlijk mogelijk' te etaleren, werd een even rauwe vorm van detailleren toegepast, koud op elkaar en vóoral zonder subtiele tussendelen, vervlechtingen of verhullingen. 'No money, no details',

verwoordde Rem Koolhaas, die op dat moment werkte aan de laag-gebudgetteerde Kunsthal in Rotterdam en het Congrexpo in Lille, deze gedachtegang. Analoog aan het Dirty Realism uit de contem-poraine Amerikaanse literatuur, leek de Nederlandse architectuur een eigen verbeelding te hebben geformuleerd van de harde, alle-daagse werkelijkheid. Sporen van deze 'architettura povera' zijn nog wel te vinden in de hedendaagse bouwproductie, met name in de scholenprojecten van de architectengroep (Van Gameren & Mastenbroek) en van Snelder+Snelder+Snelder en in Triade, cen-trum voor kunsteducatie in Den Helder, eveneens van de architecten-groep, maar dat zijn dan ook opgaven met traditioneel lage budget-ten, die bovendien, gelet op het gebruik en de gebruikers, *hufter-proof* dienen te worden uitgevoerd. De schwung lijkt er echter uit. De boodschap die dit Dirty Realism verkondigt, is kennelijk té waar en verhoudt zich absoluut niet tot de wetten van de markt. Het is weliswaar goedkoop, maar het verkoopt niet.

De aanstichter van het gebruik van banale, alledaagse materialen was overigens niet Rem Koolhaas, maar Koen van Velsen, die gedu-rende de tweede helft van de jaren tachtig werkte aan het interieur van Total Design in Amsterdam en aan de bibliotheek in Zeewolde. In de zelfde periode was OMA nog volop bezig met de realisatie van onvervalst neomoderne projecten als Byzantium in Amsterdam en de patiovilla's in Rotterdam. Van Velsen gebruikte ruw hout, kunststof golfplaat en zichtbeton, maar het was vooral de manier van detailleren die afweek van de architectuurproductie van die

Ignore: rough or tectonic
The final convulsion of the 'honest' use of materials seems to be the trend – largely confined to Dutch architecture – for rough, 'down to earth' detail-ing and materialization. During the 1990s, tight building budgets were used to justify the deliberate choice of cheap materials that were completely foreign to the conventional building tradition: corrugated plastic sheeting, the cheapest kind of plywood (clear varnished and unpainted so that its cheapness was unmistakable), glass U-sections, translucent plastic insu-lation panels and naturally rough, and where possible untreated, wood – materials previously associated with pig pens. In order to proclaim the cheapness 'as honestly as possible', an equally rough form of detailing was employed, plain joints and above all no subtle intermediate elements, interweavings or concealments. 'No money, no details,' was how Rem Koolhaas, who was working concurrently on two low-budget projects, the Kunsthal in Rotterdam and the Congrexpo in Lille, expressed this way of thinking. Just as contemporary American literature had spawned Dirty Realism, Dutch architecture appeared to have come up with its own reflec-tion on hard, everyday reality. Traces of this 'architettura povera' are still to be found in contemporary building production, specifically in the school complexes by de architectengroep (Van Gameren & Mastenbroek) and Snelder+Snelder+Snelder, and in Triade, the centre for art education in Den Helder, also by de architectengroep, although it must be said that these are traditionally low budget projects, which must also, given the function and the users, be made lout-proof. On the whole, though, the

momentum seems to have dissipated. The message this Dirty Realism proclaims is evidently too close to the bone and as such completely out of step with the laws of the marketplace. It may be cheap, but it doesn't sell.

The instigator of the use of banal, everyday materials was not, in fact, Rem Koolhaas but Koen van Velsen. During the second half of the 1980s, while OMA was still fully occupied with the realization of thoroughly neo-modern projects like Byzantium in Amsterdam and patio villas in Rotterdam, Van Velsen was working on the interior of Total Design in Amsterdam and on a library at Zeewolde. Van Velsen used undressed timber, corrugated plastic sheeting and exposed concrete, but the greatest deviation from contemporary architectural production was his no-nonsense approach to detailing. Yet it was not roughness as such that interested Van Velsen. He made no attempt to justify either the choice of 'cheap' materials or the plain detailing on the grounds of low building budgets. Lack of money is no excuse, it simply means that you must make an even greater effort, would seem to be Van Velsen's credo.

Van Velsen's approach to materialization and detailing is much more in the tradition that Kenneth Frampton has dubbed 'tectonic, the poetics of structure and construction'.[3] Frampton traces an alternative modern tradition that is concerned not so much with the development of space or a formal rationalism as with the material character, with the phenom-enology of the cladding and the material used for this (in particular its tactile qualities), with the expression and poetry of the construction and

tijd. Toch ging het Van Velsen niet in de eerste plaats om rauwheid. De keuze voor 'goedkope' materialen werd niet gelegitimeerd door lage bouwbudgetten, en de methode van koud op elkaar detailleren evenmin. Geen geld is geen excuus, dan moet je domweg extra hard je best doen, lijkt eerder Van Velsens credo.

Van Velsen materialiseert en detailleert veel meer in de traditie die Kenneth Frampton 'tektonisch, de poëtica van structuur en constructie', noemt.[3] Frampton traceert een alternatieve moderne traditie die zich niet zozeer met ruimteontwikkeling of een formeel rationalisme bezighoudt, maar die zich veel meer richt op het materiële karakter, op de fenomenologie van de bekleding en het daarvoor toegepaste materiaal (en dan vooral de tactiele eigenschappen), op de expressie en poëzie van de constructie en op de logisch vanuit de bouwmethode volgende bouworde die zich uitstrekt tot het detail.

Van Velsens kantoor voor het Commissariaat voor de Media lijkt door zijn gladde materiaalgebruik en detaillering weliswaar ver af te staan van de bibliotheek van Zeewolde, maar het is wél een ontwerp in de voortgaande tektonische lijn. De ervaring van de ruimten wordt voor een groot deel gestuurd door de zorgvuldige en afwisselende enscenering van de materialen en de nadruk op hun tactiele kwaliteiten. Zelfs de natuur en de aanwezige bomen spelen een rol. De poëzie van de constructie komt tot uiting in het enorme vrij uitkragende dak. Deze constructie valt niet meer vanuit efficiency of vanuit een functionele vraag te legitimeren, maar volgt wél uit de poëtica van het geheel. De tektoniek van de knoop uit eerdere projecten heeft

in dit project plaatsgemaakt voor een grotere nadruk op de huid. De inrichting van de vloeren van de patio's zijn met een welhaast Scarpa-achtige aandacht ontworpen. En geheel in de lijn van Sempers 'Bekleidung' zijn de wanden van de patio's bekleed met kleurvlakken – voor het eerst gebruikt Van Velsen kleur als materiaal.

Ondermijnen: Hageneiland

Wat nu te denken van de authenticiteit van de materiaalkeuze en -toepassing van project Hageneiland van MVRDV? In dit project zijn maar liefst vijf verschillende materialen (hout, dakpannen, metalen golfplaat, polyurethaan en aluminium) toegepast voor zowel de schuine daken als voor de gevels. Geredeneerd vanuit de karikaturale tegenstelling tussen expressionistische vormwil enerzijds en rationele materiaalkeuze en -toepassing anderzijds – zeg maar tussen Amsterdamse School en Functionalisme – lijkt het antwoord duidelijk: hier is sprake van vérgaande expressionistische vormwil. Alleen al het feit dat er vijf verschillende materialen voor één functie zijn toegepast geeft te denken, er kan er maar één de beste zijn. Daarbij wordt het onmiskenbare verschil in bouwkundige eisen tussen een verticaal vlak (de gevel) en een hellend vlak (het dak) ontkent; beide zijn met hetzelfde materiaal bekleed. Zelfs het traditionele tussendeel, de dakgoot, ontbreekt.

Er is echter evengoed sprake van rationeel denken en ontwerpen. De opvallend minimalistische vorm van de huisjes zou kunnen verwijzen naar de authentieke typologie van het oerhuis. In elk geval is

with a building order that follows logically from the building method and which also extends to the detailing.

Van Velsen's office building for the Dutch Media Authority may appear, with its smooth materialization and detailing, to be a far cry from the Zeewolde library, but it is in fact a design in the same tectonic line. The experience of the spaces is to a large degree controlled by the meticulous and varied arrangement of the materials and the emphasis on their tactile qualities. Even nature and the pre-existing trees play a role. The poetry of the construction is manifested in the enormous cantilevered roof. This structure cannot be justified on the grounds of efficiency or function, but it does follow from the poetics of the whole. The tectonic of the joint from earlier projects has made way here for a greater emphasis on the skin. The layout of the patio floors has been designed with almost Scarpa-like care. And wholly in keeping with Semper's 'Bekleidung', the patio walls are clad with areas of colour – the first time that Van Velsen has used colour as a material.

Subversion: Hageneiland

So what is one to make of the authenticity of the materialization in MVRDV's Hageneiland project, where no fewer than five different materials (wood, roof tiles, corrugated metal, polyurethane and aluminium) are used for both the pitched roofs and the facades? Seen from the perspective of the caricatural contrast between expressionistic concern with form on the one hand and rational choice and application of material on the other (Amsterdam School versus Functionalism) the answer seems

clear: what we have here is far-reaching expressionistic concern with form. The mere fact that five different materials are used for a single function makes one think – after all, only one can be the best for the job in hand. In addition, the indisputable difference in structural requirements between the vertical surface (the facade) and the sloping surface (the roof) is disavowed in that both are clad in the same material. Even the traditional intermediate element, the roof gutter, is missing.

By the same token there is evidence of rational thinking and design. The strikingly minimalist shape of the little houses could be seen as referring to the authentic typology of the archetypical house. At any rate, there is certainly a reference to the perfectly ordinary terraced house and thus to tradition. The prefab greenhouses that serve as garden sheds appear to refer to the nearby greenhouse area. In that respect the plan itself could be seen as a nod in the direction of critical regionalism.[4]

The use of material can, because of the extreme reduction to the minimum, likewise be declared rational. After all, it is extremely 'economically' deployed: one material per block, for both roof and facade, and one building product for the facade openings: an aluminium sliding door that is both door and window (in the form of a French balcony). Finally, the detailing of the corners and edges and of the joins between the facade materials and the facade openings and the 'cheapness' of the chosen materials is of such a guilelessness that it could even be seen as a late form of rough detailing and thus 'honest' – couldn't it?

Clearly Hageneiland eludes the simplistic division into honest or dishonest

er sprake van een referentie aan het doodgewone rijtjeshuis en dus aan de traditie. De prefab Gamma-kassen die als tuinbergingen dienstdoen, lijken te verwijzen naar het nabijgelegen kassengebied. In dat opzicht zou het plan zelfs kunnen worden gezien als knipoog naar het kritisch regionalisme.[4]

Het materiaalgebruik kan, door de uiterste reductie tot het minimum, eveneens rationeel worden verklaard. Het is immers uiterst 'economisch' toegepast: één materiaal per blok, zowel voor dak als gevel en één bouwproduct voor de gevelopeningen: een aluminium schuifpui die toegepast wordt als deur en als raam (in de vorm van een Frans balkon). De detaillering van de hoeken en randen en van de aansluitingen van de gevelmaterialen op de gevelopeningen en de 'goedkoopte' van de gekozen materialen is ten slotte van een dergelijke argeloosheid dat er zelfs nog sprake is van een late vorm van rauw detailleren; toch 'eerlijk' dus?
Kennelijk ontsnapt Hageneiland aan de simplistische indeling in eerlijk of onwaarachtig materiaalgebruik. Het project bezit evenwel een geheel eigen vorm van authenticiteit, die samenhangt met de keuze en de toepassing van het gebruikte materiaal, in de zin dat deze het 'eigene' en het unieke ten opzichte van de alledaagse architectuurproductie bepalen. Het is echter een vorm van authenticiteit die de problematiek van de technisch juiste materiaaltoepassing ontkent, of ten minste als niet meer ter zake doende passeert. Hageneiland is vooral een authentiek en herkenbaar MVRDV-product en in dat opzicht een zuiver voorbeeld van zelfpromotie van de

architect – vroeger zouden we dit een 'authentiek en herkenbaar' handschrift van de architect hebben genoemd. De diagrammatische ontwerpmethodiek, waarbij met een minimale set aan basiscomponenten door permutaties een optimum aan 'verschil' wordt gecreëerd, is typisch MVRDV. Deze techniek wordt niet alleen toegepast ten aanzien van de materialen en bouwcomponenten van de woningblokken zelf, maar ook, met een minstens zo overtuigend resultaat, wat betreft de verkaveling. Door verschuivingen van de set verkavelingselementen: blok, pad, speelplaats en glazen tuinhuisje, is eveneens een optimum aan afwisseling en verschil ontstaan. Bovendien verwijst Hageneiland direct naar een van de projecten waarmee MVRDV bekend is geworden, je zou zeggen: waarmee het product MVRDV op de markt is gezet. De drie entreehuisjes die het bureau in 1995 voor Park De Hoge Veluwe bouwde, zijn eveneens ontwikkeld volgens het recept van diagrammatische permutaties van het archetypische huis met het schuine dak en van een reeks verschillende materialen (in dit geval staal, hout en baksteen), inclusief de gootloze dakrand en de identieke gevel- en dakbekleding.[5]

Het materiaal is in beide gevallen ontdaan van zijn typische bouwkundige karakteristieken. De vraag welk materiaal in functionele zin het meest geschikt is voor dak of gevel is in beide gevallen niet aan de orde. Ten aanzien van de entreehuisjes van de Hoge Veluwe is evenwel gekozen voor de drie hoofdgroepen van het bouwmateriaal: hout, steen en staal. Door deze archetypische materiaalkeuze

use of materials. The project does, nevertheless, possess a quite distinctive form of authenticity that is linked to the choice and application of the material employed, in the sense that these define the 'distinctive' and the unique vis à vis everyday architectural production. However, it is a form of authenticity that repudiates the question of the technically correct use of materials, or at least sidelines it as no longer relevant. Hageneiland is first and foremost an authentic and recognizable MVRDV product and in that respect a perfect example of self-promotion on the part of the architect – in the past we would have spoken of the architect's 'authentic and recognizable' signature. The diagrammatic design method whereby a minimal set of basic components is permutated to create an optimum of 'difference', is vintage MVRDV. This method is used not only for the materials and building components of the blocks of housing themselves, but also, with an equally convincing result, for the block organization. By repeatedly ringing the changes with the set of organizational elements – block, path, playground and glazed garden shed – an optimum of variation and difference is produced. Furthermore, Hageneiland refers directly to one of the projects that made MVRDV famous, you could even say the project that launched the MVRDV product on the market. The three gatehouses that the firm designed in 1995 for Park De Hoge Veluwe, were developed according to the same recipe of diagrammatic permutations on the archetypical house with pitched roof and a series of different materials (in this case steel, wood and brick), down to the gutter-less roof edge and the identical facade and roof cladding.[5]

The material has in each case been stripped of its quintessential structural properties. The question as to which material is functionally speaking most suitable for the roof or the facade does not arise in either case. For the gatehouses at Hoge Veluwe, the architects did however opt for the three archetypal building materials – wood, brick and steel – and because of this the buildings still to some extent satisfy Mies van der Rohe's demand with respect to the use of materials (it is not so much *what you choose*, but *how the material is used* that matters). Once chosen, each material was used in an appropriate manner and the differences between the gatehouses is at least partially the result of the specific properties of the chosen materials. The material generates part of the difference.

This treatment of material is absent in the Hageneiland project, however. Yet here, too, the difference in chosen material is made explicit. Indeed, the project could even be seen as a catalogue of contemporary (cheap) building materials and in this respect it is probably no accident that brick is absent from the inventory. The different materials do not, however, yield any visible difference in the tectonic of the elevations as was the case with the Hoge Veluwe gatehouses. Not only does it no longer seem to matter *which material* you choose, it no longer matters *how you use it*. The cladding of the houses at Hageneiland is consequently dematerialized and stripped of its original structural properties.

Because the material in Hageneiland plays different roles, estranging but also 'honest', because it is 'different' and therefore readily 'marketable', but at the same time so strangely different that MVRDV is

wordt op een bepaalde manier nog voldaan aan de eis die Mies van de Rohe stelde aan de materiaaltoepassing (het gaat niet zozeer om *wat je kiest*, maar *hoe het materiaal gebruikt wordt*). Eenmaal gekozen wordt elk materiaal immers op een geëigende manier toegepast en komen de verschillen tussen de entreehuisjes ten minste voor een deel voort uit de specifieke materiaaleigenschappen van elk van de gekozen materialen. Het materiaal genereert ten dele het verschil.

Deze materiaalbehandeling is in het project Hageneiland echter afwezig. Het verschil in gekozen materiaal wordt hier weliswaar eveneens expliciet gemaakt. Het project kan zelfs worden gezien als catalogus van de hedendaagse (goedkope) bouwmaterialen en het is in dit opzicht wellicht geen toeval dat juist de baksteen in het rijtje ontbreekt. De verschillende materialen leveren echter geen zichtbaar verschil in de tektoniek van de gevels op, iets wat bij de huisjes op de Hoge Veluwe nog wel het geval was. Het doet er kennelijk niet alleen niet meer toe *welk materiaal* je kiest, het maakt ook al niet meer uit *hoe je het toepast*. De bekleding van de huizen in Hageneiland is daarmee geheel gedematerialiseerd en ontdaan van haar oorspronkelijke bouwkundige eigenschappen.

Doordat het materiaal in Hageneiland verschillende rollen speelt, vervreemdend maar evengoed 'eerlijk', doordat het 'anders' is en daardoor gemakkelijk 'te verkopen', maar toch zo vreemd anders dat MVRDV er evengoed mee wegkomt bij de no-logoadepten, daardoor ironiseert en perverteert het plan de hele authenticiteitskwestie.

Het is onecht, maar het is een slinkse onechtheid, die daardoor, als 'gebaar' wellicht, overtuigt.[6]

Een huis dat smoelt!
Architectuur heeft de trekken van het beeldmerk gekregen. Als materiaal en de expressie van de logische constructie niet meer vanzelfsprekend volgen uit de opgave, de typologie of de context, als architectuur handelswaar geworden is en als architecten met hun producten moeten concurreren in een commerciële omgeving – zie onder meer elders in dit Jaarboek – dan gaat een ander mechanisme spelen. Op 'de markt' gaat het om het verschil, door afwijkend en anders te zijn onderscheidt het product zich van de concurrentie. Vanuit die positie geredeneerd is het niet zo vreemd dat er zo ongelooflijk wild uit de materialencatalogus wordt gekozen. Architectuur schuift op in de richting van mode en design. Dáár gaat het allang niet meer om eerlijkheid, dáár wordt het authentieke allang vertaald in het 'andere' en dáár *verwijst* het product hooguit naar een externe authentieke ervaring of een fictieve 'authentieke' levensstijl, dáár is de waarheid 'Truth' van Calvin Klein.[7]

Bruikbaarheid, logische vormgeving, economie en efficiency zijn in mode en design allang geen primaire uitgangspunten meer (alleen bij de Hema en Zeeman vind je ze nog).

'Eerlijke' architectuur is ouderwets, leve de leugen, het design. Of dit een bewuste keuze van de architect is (geweest) of dat hij zich in deze positie heeft laten dwingen, is een open vraag. De speelruimte is

---

able to maintain its street cred with the anti-logo lobby, it satirizes and subverts the whole authenticity issue. It is dishonest, but it is a devious kind of dishonesty which consequently, as a 'gesture' perhaps, manages to convince.[6]

A knock 'em dead house!
Architecture acquires the characteristics of the logo when material and the expression of the logical construction no longer follow logically from the task, the typology or the context. When architecture becomes merchandise and when architects are forced to compete with their products in a commercial environment – see elsewhere in this Yearbook for some examples – another mechanism comes into play. 'The market' is all about difference; it is by deviating and being different that a product distinguishes itself from the competition. Viewed from this perspective, the current frantic scavenging of the materials catalogue is not so strange. Architecture is moving in the direction of fashion and design where honesty has long since ceased to matter, where the authentic has long been interpreted as 'different' and where the product at best *alludes* to an external authentic experience or a fictional 'authentic' lifestyle, where veracity is 'Truth' by Calvin Klein.[7] Utility, logical design, economy and efficiency have ceased to be basic premises in fashion and design.

'Honest' architecture is obsolete; long live the lie, the design! Whether this is (or was) a conscious decision on the part of architects or whether they have allowed themselves to be pushed into this position, is an open

question. The room for manoeuvre has in some cases been reduced to a minimum. What scope is there for an architect in the average Vinex development? There is no context to respond to and the floor plan is largely fixed in advance; all that remains is an expressive facade – only there is there still some room for individual expression. Making architecture in such a situation is not much more than wallpapering, at the very best inspirational wallpapering.

Knock 'em dead houses,[8] that is the what 'the market' demands from contemporary architecture. The Aluminium Forest and Laminata, House of Glass both in their own way accept the promotional desideratum and, consciously or not, estrange the material from its original structural properties so that it becomes 'different', eye-catching and thus 'marketable'. Van Velsen appears simply to ignore the whole issue. While his Media Authority building is expressive and, with its meticulous detailing, represents distinguished thoroughness with a dash of 'authentic culture' that undoubtedly pleased the client, this does not seem to have been his original premise. As for MVRDV, they appear to take sardonic pleasure in perverting the whole question of authenticity. In the tradition of *détournement*,[9] which was the Situationists' chief weapon in their war against the society of spectacle, MVRDV subverts and at the same time affirms the demand for 'knock 'em dead houses'.

It will be interesting to see how the building materials trade reacts to this development.

PV

in sommige gevallen immers tot een minimum teruggebracht. Wat kun je als architect nog in een doorsnee-Vinex-locatie? Er is geen context om op te reageren en de plattegrond ligt grotendeels vast, wat overblijft is een expressieve gevel. Alleen daarin ligt nog speelruimte. Architectuur bedrijven in een dergelijke situatie is niet veel meer dan behangen, op z'n best spiritueel behangen.

Een huis dat smoelt[8], dát is de vraag die 'de markt' aan de hedendaagse architectuur stelt. Het aluminium bos en Laminata, Huis van glas accepteren elk op een eigen manier de promotionele vraag en vervreemden, al of niet bewust, het materiaal van zijn oorspronkelijke bouwtechnische eigenschappen, zodat het 'anders' wordt, opvallend en daardoor 'verkoopbaar'. Van Velsen lijkt de kwestie domweg te negeren. Zijn Commissariaat voor de Media is weliswaar beeldend en representeert in zijn tot in de puntjes verzorgde detaillering de voorname gedegenheid met een toefje authentieke cultuur, die de opdrachtgever ongetwijfeld welgevallig is, maar het lijkt er niet op dat dit zijn uitgangspunt is geweest. MVRDV lijkt de vraag ten slotte met sardonisch genoegen te perverteren. In de traditie van de detournement[9], de verdraaiing, die het belangrijkste wapen was waarmee de situationisten de spektakelmaatschappij te lijf gingen, ondermijnt én bevestigt MVRDV de vraag naar 'een huis dat smoelt'.

Benieuwd hoe de bouwmaterialenhandel op deze ontwikkeling zal reageren.

PV

1 Dat materiaal 'scoort', bleek onder meer uit het hoofdartikel 'It's a material world' in het januarinummer van *Vivenda, over de betere huizen en het betere leven*, waarin vijf architecten hun favoriete materiaal mochten aanbevelen. Zie ook het citaat aan het begin van dit artikel.

2 Voor een uitgebreide behandeling van authenticiteit in het modernisme zie onder meer: Bart Verschaffel, 'Architectuur is (als) een gebaar', in: Hilde Heynen (red.), *Wonen tussen gemeenplaats en poëzie*, Uitgeverij 010, Rotterdam 1993; Lieven De Cauter, 'De opstand van de authenticiteit' in: Hilde Heynen e.a. (red.*), 'Dat is architectuur'. Sleutelteksten uit de twintigste eeuw*, Uitgeverij 010, Rotterdam 2001.

3 Zie: Kenneth Frampton, *Studies in Tectonic Culture, the Poetics of Construction in the Nineteenth and Twentieth Century Architecture*, MIT Press, Cambridge (Mass.) 1995.

4 Dat een architectuur die zich verhoudt tot de geschiedenis of de traditie niet per se een anti- of postmoderne behoeft te zijn, wordt betoogd door onder anderen Alexander Tzonis en Kenneth Frampton in hun stukken over het kritisch regionalisme. Zie onder meer: Liane Lefevre en Alexander Tzonis, 'The Grid and the Pathway', *Architecture in Greece*, 1981, nr. 15 en latere stukken; Kenneth Frampton, 'Towards a Critical Regionalism', in: Hal Foster (red.), *The Anti-Esthetic, essays on Postmodern Culture*, Bay Press, Seattle 1983.

5 Zie Ruud Brouwers e.a. (red.), *Architectuur in Nederland. Jaarboek 1996-1997*, NAi Uitgevers, Rotterdam 1997, p. 150.

6 Bart Verschaffel stelt 'het gebaar' als enig mogelijke hedendaagse vorm van authenticiteit in 'Architectuur is (als) een gebaar', zie noot 2.

7 'Truth by Calvin Klein, 1.7oz Eau De Parfum Spray for women. This fragrance is lush, sensual and woody. Bamboo, vetiver, wet woods, white peony, white clover and sapling capture the lushness and unique radiance of nature. Vanilla, white amber, silk flower, acacia flower and musk blend to create a warm, enveloping, sensual essence. The bottle embraces modern sensuality, with its clean lines and gently curved back.'

8 De aanhef van de promotie-website voor de woningen van MVRDV, zie citaat aan het begin van dit artikel.

9 Zie onder meer: Guy Debord en Gil Worman, 'Handleiding voor de Verdraaiing', in: René Sanders (samenst., vert., inl.), *Rue Sauvage, Situationistische teksten*, De Spreeuw/ Tzara, Utrecht 1993), voor het eerst gepubliceerd in *Les Levre Nues*, nr. 8, mei 1956.

A knock 'em dead house!

1 That material is 'in' nowadays was evidenced by the feature article 'It's a material world' in the January issue of *Vivenda, over de betere huizen en het betere leven'* [about the better houses and the better life] in which five architects were asked to nominate their favourite material. See also the quotation at the beginning of this essay.

2 For a detailed treatment of authenticity in modernism see: Bart Verschaffel, 'Architectuur is (als) een gebaar', in: Hilde Heynen (ed.), *Wonen tussen gemeenplaats en poëzie*, 010 Publishers, Rotterdam 1993; Lieven De Cauter, 'De opstand van de authenticiteit' in: Hilde Heynen et al. (eds), *'Dat is architectuur'. Sleutelteksten uit de twintigste eeuw*, 010 Publishers, Rotterdam 2001.

3 See: Kenneth Frampton, *Studies in Tectonic Culture, the Poetics of Construction in the Nineteenth and Twentieth Century Architecture*, MIT Press, Cambridge (Mass.) 1995.

4 Alexander Tzonis and Kenneth Frampton have argued in their essays on critical regionalism that an architecture that is mindful of history or tradition does not necessarily have to be anti- or postmodern. See for example: Liane Lefevre and Alexander Tzonis, 'The Grid and the Pathway', in: *Architecture in Greece*, 1981, no. 15 and later pieces; Kenneth Frampton, 'Towards a Critical Regionalism', in: Hal Foster (ed.), *The Anti-Esthetic, essays on Postmodern Culture*, Bay Press, Seattle 1983.

5 See Ruud Brouwers et al. (eds), *Architecture in the Netherlands. Yearbook 1996-1997*, NAi Publishers, Rotterdam 1997, p. 150.

6 Bart Verschaffel posits 'the gesture' as the only possible contemporary form of authenticity in 'Architectuur is (als) een gebaar', see note 2.

7 'Truth by Calvin Klein, 1.7oz Eau De Parfum Spray for women. This fragrance is lush, sensual and woody. Bamboo, vetiver, wet woods, white peony, white clover and sapling capture the lushness and unique radiance of nature. Vanilla, white amber, silk tree flower, acacia flower and musk blend to create a warm, enveloping, sensual essence. The bottle embraces modern sensuality, with its clean lines and gently curved back.'

8 Opening words on the web site promoting the houses by MVRDV; see the quotation at the beginning of this essay.

9 See among others: Guy Debord and Gil Worman, 'Methods of détournement', first published in *Les Levre Nues*, no. 8, May 1956. English translation (Ken Knabb) available at: http://library.nothingness.org/articles/SI/en/display/3

← **Situatie** Situation
A **Loungin'**

Foto's Photos
Bastiaan IngenHousz

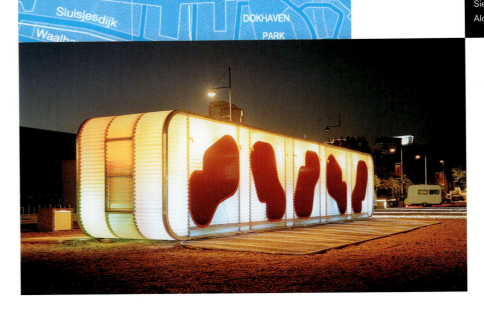

Lloydkwartier, Rotterdam	**Ontwerp – Oplevering**/ Design – Completion: 2000-2001	Engineer: ABT, Delft
Architect: SAAS Architecten, Rotterdam	**Opdrachtgever**/Client: BNA Kring Rijnmond, DS+V, Rotterdam	
Projectarchitecten/ Project Architects: Siebold Nijenhuis, Aldo Vos, Rotterdam	**Aannemer**/Contractor: Vormakers, Ridderkerk	
	Constructeur/Structural	

Loungin' ontving de eerste prijs voor de door de BNA-kring Rijnmond uitgeschreven prijsvraag voor een tijdelijk expositiepaviljoen. Het ontwerp bestaat uit vijf in serie geschakelde eenpersoons-'lounges', waarin bezoekers zittend, hangend of liggend kennis kunnen nemen van multimediapresentaties. Het object bestaat uit een stalen frame waarin vijf vezelversterkte, helderrode polyester cabines zijn gehangen. De cabines zijn vervaardigd uit dezelfde mal, maar doordat ze in verschillende standen in het frame zijn geplaatst, nodigen ze uit tot actief zitten of lui hangen en daarmee tot meer of minder actieve participatie. De mate van gewenste interactiviteit van de presentatie hangt mede samen met de stand van de cabine. De wanden van het stalen frame zijn verder voorzien van translucente golfplaten die 's avonds van binnenuit worden aangelicht. Het meubel kan worden afgesloten door middel van strekmetalen klapwanden. De vereiste verplaatsbaarheid is gerealiseerd door de afmeting van het meubel niet groter te maken dan de maximale maat die op de grootst mogelijke dieplader te vervoeren is. Door middel van twee hijsogen kan het 'gebouw' in één keer worden opgetild en verplaatst.

Loungin' was awarded first prize in a competition for a temporary exhibition space organized by the Rijnmond chapter of the Royal Institute of Dutch Architects. The design comprises a linked row of five one-person 'lounges' where visitors can sit, lounge or lie while watching multimedia presentations. The object consists of a steel frame in which five, fibre-reinforced, bright red, polyester booths are suspended. The booths are all made from the same mould but because they are differently positioned within the frame, they invite different degrees of participation, from active sitting to lazy lounging. The degree of interactivity of the presentation is thus linked to the position of the booth. The walls of the steel frame are further lined with translucent corrugated sheeting that is illuminated from within at night. The structure can be closed off by means of expanded metal spring-loaded walls. The portability requirement is achieved by keeping the dimensions of the object within the maximum size that can be transported on the largest available low loader. With the aid of two lifting eyes, the 'building' can be raised and moved in one go.

A

**Nieuwe Crooswijkse-
weg 123
Rotterdam**

Architect: Mecanoo
architecten b.v., Delft
Projectteam/Project
Team: Francine Houben,
Francesco Veenstra, Ana
Rocha, Huib de Jong,
Martin Stoop, Natascha
Arala Chaves, Judith

Egberink, Henk Bouwer
Ontwerp – Oplevering/
Design – Completion:
1998-2001
Opdrachtgever/Client:
R.K. Begraafplaats
St. Laurentius, Rotterdam
Aannemer/Contractor:
H&B Bouw b.v., Sassen-
heim
Constructeur/Structural
Engineer: ABT advies-

bureau voor bouw-
techniek b.v., Delft
**Grafische vormgeving
teksten**/Graphic design
of texts: Rick Vermeulen
Kunstenaar/Artist: Mark
Deconink

De kapel staat op de plaats van een neogotische kapel uit 1869, die vanwege de slechte ondergrond scheefzakte, waardoor instortingsgevaar dreigde. In 1963 is op de gewelven van de oude kapel een nieuwe gebouwd: een gebouw in de vorm van een grote indianentent, bedekt met koper, met in de nok een klok. Ook deze kapel kreeg funde-ringsproblemen en moest worden afgebroken. De huidige, derde kapel is op exact dezelfde locatie gebouwd, op een nieuwe fundering.
De routing door de kapel is gebaseerd op het vertrouwen in de voortgang van het leven. Je draagt de overledene de kapel binnen, hebt een moment van bezinning in een rusti-ge, meditatieve ruimte en verlaat de kapel weer. Alles gebeurt in één doorgaande beweging. De ruimte heeft een organische vorm: een continue, gebogen muur, zeventig centimeter opgetild van de grond. De muur heeft een inten-se blauwe kleur met teksten uit het Requiem in vele talen; de begraafplaats is een plek voor de multiculturele bevol-king van Rotterdam. Het dak zweeft als een gebogen vel papier boven de ruimte. Het gouden plafond wordt met kunstlicht van onderen aangestraald. Via een opening in het plafond valt een bundel daglicht naar binnen. De kapel staat op een plateau van grind binnen de contouren van de voormalige neogotische kapel. Twee ingelegde natuur-stenen vloeren duiden de plaats van de priester en de toe-hoorders aan.

This cemetery chapel stands on the site of a neo-Gothic chapel dating from 1869. Owing to the poor substrate on which it was built, the original chapel gradually tilted over until it was in dan-ger of collapsing. In 1963 a new chapel, in the shape of an over-sized, copper-c ad tepee with a bell in the ridge beam, was erected on the undercroft of the old chapel. This building, too, had problems with its foundations and eventually had to be demolished. The present, third chapel has been built on precise-ly the same spot but on new foundations.
The routing through the chapel evinces confidence in the con-tinuity of life. You carry the deceased into the chapel, pause a while for reflection in a quiet, contemplative space and then exit the chapel, all in one, smooth movement. The space is organic in form, shaped by an unbroken, sinuous wall, raised seventy centimetres above the ground. The intense blue inner surface of this wall bears passages from the Requiem in many languages, a reflection of the multicultural Rotterdam community served by this Catholic cemetery. Above the space, the roof floats like a curved sheet of paper. The golden ceiling is washed from below by artificial light while an opening in the ceiling admits a shaft of daylight. The chapel stands on a plateau of gravel within the contours of its neo-Gothic predecessor. Two inlaid stone floors indicate the respective positions of the priest and the mourners.

↙ **Begane grond**
   Ground floor
1 **ingang** entrance
2 **uitgang** exit

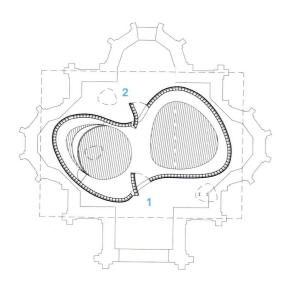

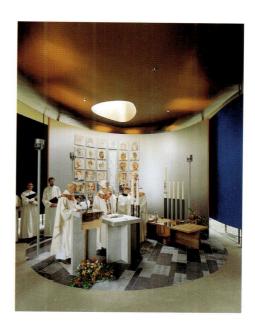

98 → **Situatie** Situation **Foto's** Photos ↓ **Foto** Photo Rob 't Hart
A **J.H. v/d Broekstraat** Hans Werlemann
B **W.G. Witteveenplein**
C **Laan op Zuid**
D **Blok** Block **A**
E **Blok** Block **E**

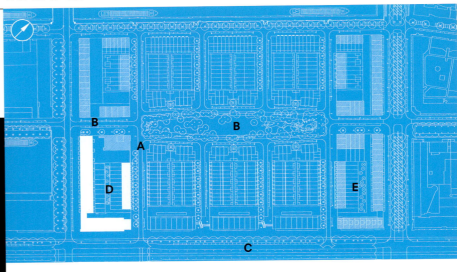

Laan op Zuid, Vuurplaat, H.A. Maaskantstraat, J.H. van den Broekstraat, Lodewijk Pincoffsweg, W.G. Witteveenplein Rotterdam

Architect: KCAP, Rotterdam

Projectarchitecten/ Project Architects: Irma van Oort, Kees Christiaanse, Hiltje Huizenga

Medewerkers/Contributors: Matthijs Karstel, Kees Brinkman, Frank Alba Heijdenrijk, René van der

Klooster, Olga Federova, Anet Schurink, Arend Jan Burgwal, Patrick Willemsen, Marco Veenstra, Tycho Saariste, Willem Zwanenburg, Nick van der Nol, Marcel Clerici, Margriet Smit, Simone Nagel, Farid Omidi, Sander Diepa, Verena Manz

Ontwerp – Oplevering/ Design – Completion: 1996-2002

Opdrachtgevers/Clients: Eurowoningen, Ballast Nedam Woningbouw West, Era Bouw, Estrade

Wonen, Estrade Project-ontwikkeling, Leyten & Partners, Woonzorg Nederland

Aannemers/Contractors: Era Bouw, Zoetermeer, Ballast Nedam, Rotterdam

Constructeur/Structural Engineer: Ingenieursbureau Zonneveld, Rotterdam

Op de Kop van Zuid, een voormalig haven- en industrieterrein, realiseerde de gemeente Rotterdam een nieuw stadsdeel van woningen, kantoren, scholen, horeca, hotels, theaters en musea. Stadstuinen op de Kop van Zuid, naar een stedenbouwkundig ontwerp van KCAP, heeft het karakter van een enclave gekregen. De acht lagen hoge randbebouwing vormt de begrenzing van het gebied. Aan de binnenzijde van deze bouwblokken opent zich het stedenbouwkundig plan, dat 600 woningen en 5000 m² winkels, bedrijven, een zorgcentrum en een school omvat, door middel van lagere blokken. Het traditionele nadeel van het gesloten bouwblok, de dichte hoek en de slechte bezonning, is vermeden door het openlaten van de hoeken of het plaatsen van transparante stijgpunten in de hoeken, waardoor licht en openheid ontstaan. De hoge randbebouwing is in een donkere baksteen uitgevoerd en de binnenliggende bouwblokken hebben een lichtere steenkleur. KCAP ontwierp eveneens de vier bouwblokken op de hoeken van Stadstuinen. Hiervoor stelde het bureau een palet van stenen samen, in kleur variërend van paarszwart naar oranjerood en in textuur van glad naar ruw en van glimmend naar dof. Per blok zijn deze in verschillende percentages gemengd.
In Stadstuinen bevinden zich zowel galerijwoningen als stadsvilla's. De bebouwing kent een grote differentatie, onder meer door toevoeging van volumes die zich buiten het metselwerk bevinden, zoals galerijen, balkons, wintertuinen, serres en erkers.

At Kop van Zuid, a former dockland and industrial area, the city of Rotterdam has realized a new borough complete with houses, offices, schools, restaurants, hotels, theatres and museums. Stadstuinen, a sub-district of Kop van Zuid masterplanned by KCAP, has the character of an enclave. Behind an eight-storey high perimeter development, the rest of the spatial masterplan, which comprises 600 dwellings and 5,000 m² of shops and businesses, a health care centre and a school, unfolds in lower blocks. The traditional disadvantage of the perimeter block – closed corners and concomitantly poor insolation – has been avoided here by leaving the corners open or filling them with transparent vertical circulation, thereby bringing light and a sense of openness into the courts. The high perimeter development is executed in a dark brick while the internal blocks are in a lighter colour. KCAP also designed the four blocks at the corners of Stadstuinen. To this end the bureau put together a palette of bricks ranging in colour from purple-black to orange-red, in texture from smooth to rough and in lustre from shiny to dull. These are mixed in different percentages in each block. Stadstuinen contains both gallery-access flats and urban villas. Indeed, the development boasts considerable differentiation, due in part to the addition of volumes outside the brickwork, such as galleries, balconies, winter gardens, verandas and loggias.

↓ **Tweede en eerste**
verdieping blok A
Second and first floor
block A

↙↙ **Typische plattegrond**
blok E Typical floor
block E

↘↘ **Doorsnede blok F**
Section block F

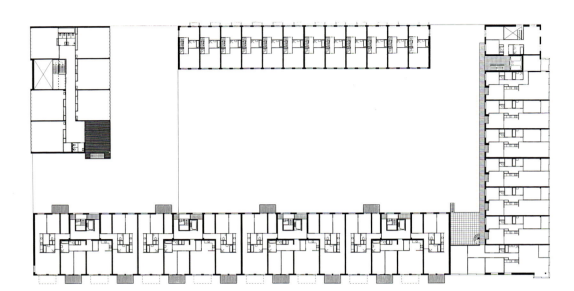

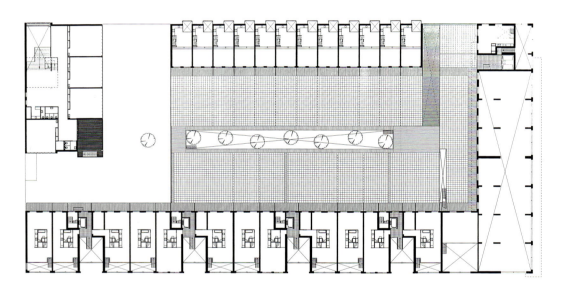

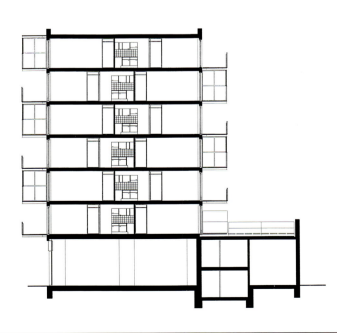

Luxor Theater
Luxor Theatre

Bolles + Wilson

← **Situatie** Situation
A **Posthumalaan**
B **Erasmusbrug**
C **Rijnhaven**

↙ **Foto** Photo Rob 't Hart
↓ **Foto** Photo Christian
Richters

**Posthumalaan 1
Rotterdam**

Architect: Bolles + Wilson,
Münster
Projectarchitecten/
Project Architects: Julia
Bolles-Wilson, Peter Wilson
Medewerker/Contrib-

utor: Bureau Bouwkunde,
Rotterdam
Ontwerp – Oplevering/
Design – Completion:
1996-2001
Opdrachtgever/Client:
Gemeente Rotterdam
(Ontwikkelingsbedrijf,
Rotterdam), Luxor

directeur/director Rob
Wiegman
Aannemer/Contractor:
IBC Van Hoorn, Capelle
aan den IJssel
Constructeur/Structural
Engineer: Gemeente-
werken Rotterdam IBS
Interieurarchitect/

Interior Designer: Bolles +
Wilson
Landschapsarchitect/
Landscape Architect:
Bolles + Wilson
Kunstenaars/Artists:
Joep van Lieshout, Milou
van Harm

Het nieuwe Luxor Theater is een belangrijke culturele injectie voor de Kop van Zuid. De alzijdige oriëntatie van het gebouw, onder andere met uitzicht over de Maas en de Rijnhaven, is gethematiseerd in een façade die als het ware om het theater heen is gewikkeld. Die roterende beweging vinden we zowel in de vorm als in de organisatie van het gebouw. Een hellingbaan maakt het mogelijk dat drie 18 meter lange vrachtwagens de laad- en losplaats op de eerste verdieping bereiken. Boven deze hellingbaan maakt een luie, brede trap dezelfde spiraalvormige beweging en verbindt zo de entreehal beneden met de foyer aan de zuidzijde. Een trap leidt vervolgens weer naar een foyer voor particu-liere groepen aan de noordzijde.

Het auditorium biedt plaats aan 1500 bezoekers. De zaal is als een gevoelig muziekinstrument: met beweeg-bare plafondpanelen en verstelbare houten panelen langs de wanden kan de akoestiek worden gemani-puleerd. De traditionele symmetrische vorm van de zaal en de overheersende rode kleur beantwoorden aan de verwachtingen van publiek en spelers binnen de populaire Nederlandse cultuur van de musical en cabaret.

De gevel is afgewerkt met gepotdekselde tomaatrode eternietplaten met een overdreven schaduwwerking, als betrof het een reusachtige roeiboot. Verder wordt het theater tot leven gewekt door de belettering in een speciaal ontwikkeld 'Luxor'-lettertype.

The new Luxor Theater is a major cultural injection for the Kop van Zuid redevelopment in Rotterdam. The building's all-round orientation, which includes a view of the river Maas and the Rijnhaven, is thematized in a facade that has been wrapped as it were around the building. That rotational movement recurs in both the form and the organization of the building. A winding ramp allows three, 18-metre-long lorries to access the loading bay at first floor level. Above this ramp, a gentle, wide staircase describes the same spiral movement and in doing so links the entrance hall below with the foyer on the south side. Another stair then leads to yet another foyer, this one for private parties, on the north side.

The auditorium, which can seat 1500 theatregoers, is like a sensitive music instrument with its movable ceiling panels and adjustable wooden wall panelling that can be manipulated to fine-tune the acoustics. The traditional symmetrical form of the auditorium and the dominant red colour answer to the expectations of adherents and exponents of the popular Dutch culture of musical and cabaret. The facade is finished in corrugated tomato-red Eternit panels with an exaggerated shadow effect, as if the building were a giant rowing boat. For the rest the theatre is brought to life by the signage in a specially devised 'Luxor' typeface.

Luxor Theater
Luxor Theatre

Bolles + Wilson

↓ **Begane grond**
Ground floor

↘ **Eerste verdieping**
First floor

1 **ingang** entrance
2 **hal** hall
3 **receptie** reception
4 **restaurant**
5 **vide** void
6 **zaal** auditorium

7 **toneel** stage
8 **bar/foyer**
9 **balcon** balcony
10 **toneeltoren** stage
tower
11 **hellingbaan** ramp

Foto's Photos
Christian Richters

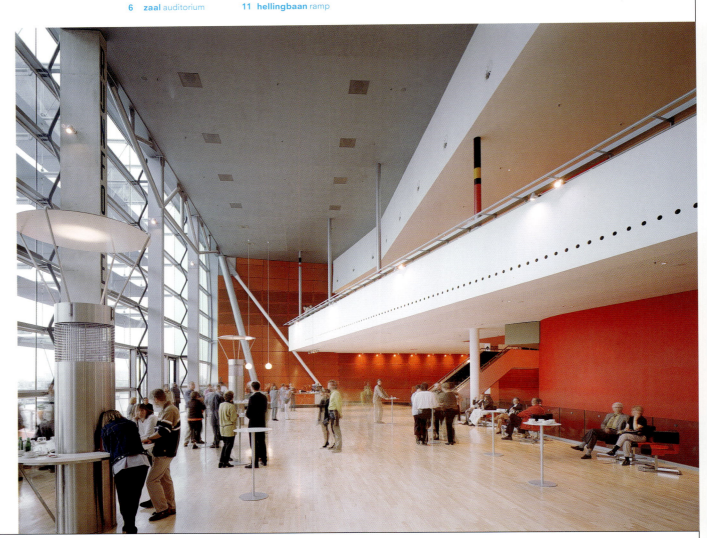

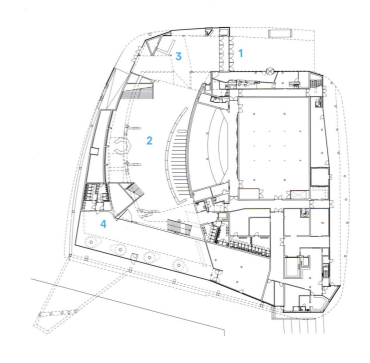

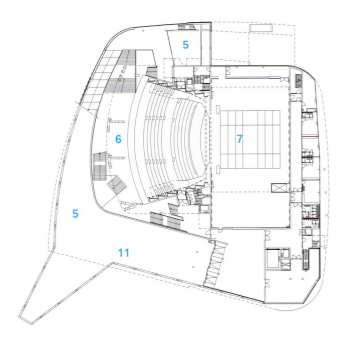

105 ↓ **Dwarsdoorsnede**   ↓↓ **Tweede verdieping**
Cross section   Second floor

Lengtedoorsnede   ↘↘ **Vierde verdieping**
Longitudinal section   Fourth floor

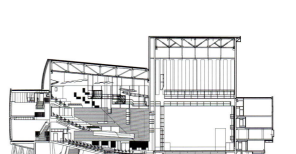

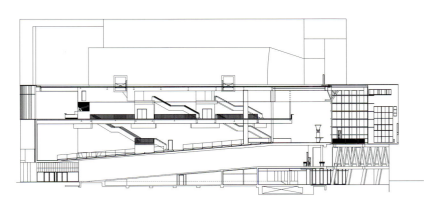

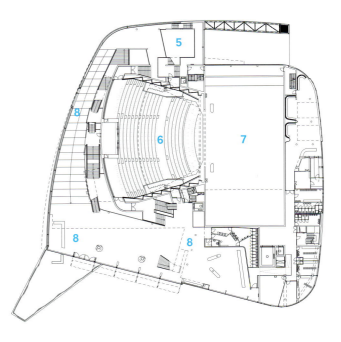

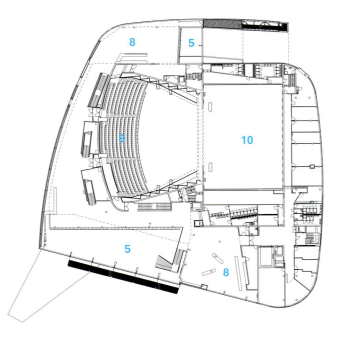

↓ **Dwarsdoorsnede**   ↓↓ **Tweede verdieping**
Cross section   Second floor

Lengtedoorsnede   ↘↘ **Vierde verdieping**
Longitudinal section   Fourth floor

Situatie Situation
A Parasite

Foto Photo
Willem van Det
Foto Photo
Rien Korteknie
Foto Photo
Anne Bousema

Wilhelminakade 66 Rotterdam

Architect: Korteknie& Stuhlmacher architecten, Rotterdam

Projectarchitecten/ Project Architects: Mechthild Stuhlmacher, Rien Korteknie

Medewerkers/ Contributors: Marijn Mees, Iris Pennock

Ontwerp – Oplevering/ Design – Completion: 2000-2001

Opdrachtgever/Client: Stichting Parasite Foundation i.s.m./with Stichting Rotterdam 2001

Hoofdsponsor/Main Sponsor: Woningbouw-corporatie Maasoevers Hoogvliet

Aannemer/Contractor: J.J.A. Kerkhofs, Hendrik Ido Ambacht, i.s.m./with Merk Holzbau, Aichach, Duitsland (prefab hout-constructie), Christian

Dörschug, München (timmerman/carpenter)

Constructeur/Structural Engineer: Gerhard Jacobs, Roosendaal i.s.m./with Rainer Maderholz, Donau-eschingen

Kunstenaar/Artist: Jozef van Rossum (garderobe-kast/wardrobe)

Situatie Situation
A Parasite

Foto Photo
Willem van Det
Foto Photo
Rien Korteknie
Foto Photo
Anne Bousema

↙ **Doorsnede** Section
↓ **Begane grond**
   Ground floor
↘ **Eerste verdieping**
   First floor

1 **pakhuis** warehouse
2 **ingang** entrance
3 **hal** hall
4 **leefruimte** living room
5 **keuken** kitchen
6 **toilet** toilet
7 **terras** terrace

↓ **Foto's** Photos
   Anne Bousema

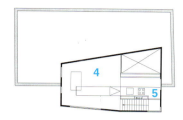

Parasites is een onderzoeks- en uitvoeringsproject dat de mogelijkheden van kleinschalige interventies in het bestaande stedelijke weefsel onderzoekt. Als tegenhanger van 'Bigness', de plaatsloosheid en de leegte van de hedendaagse stad, wordt gezocht naar mogelijkheden om, desnoods tijdelijk, door middel van kleine, lichte, verplaatsbare, mogelijk drijvende bouwwerken te parasiteren op het bestaande. Als onderdeel van de manifestatie '6,5 miljoen woningen', op haar beurt onderdeel van Rotterdam 2001, werd dit idee gepropageerd in de tentoonstelling 'City of Small Things', waar circa 30 ontwerpers prototypen van dergelijke tijdelijk 'parasieten' toonden. De tentoonstellingslocatie, het voormalige pakhuis Las Palmas, werd tevens gastgebouw voor een daadwerkelijk gerealiseerde parasiet, LP2. Half hangend aan, half staand op de lifttoren van Las Palmas vormde een knalgroen geschilderde prefab minimumwoning een van veraf zichtbaar uithangbord voor de tentoonstellingslocatie. Het gebouwtje – een volledig uitgeruste, maar wat betreft oppervlak minimale woning – is opgebouwd uit geprefabriceerde wanden van kruiselings verlijmde vurenhouten panelen.

Parasites is a research and construction project that investigates the possibilities for small-scale interventions in the existing urban fabric. As a counterpart to 'Bigness' – the placelessness and emptiness of the contemporary city – this project looks for opportunities for attaching 'parasites' in the form of small, light, relocatable, perhaps even floating structures to existing ones. The idea was propagated at the exhibition 'City of Small Things' (part of the Rotterdam 2001 event, '6.5 million dwellings') in which some 30 designers presented prototypes of such temporary 'parasites'. The exhibition site, the former Las Palmas warehouse, also served as 'host' for one fully realized parasitical structure, LP2: half suspended from, half standing on the Las Palmas lift tower, a bright green prefab minimum dwelling served as a highly visible signboard for the exhibition site. The little building – a fully equipped but truly tiny home – is made of prefabricated walls of pinewood panels glued crosswise.

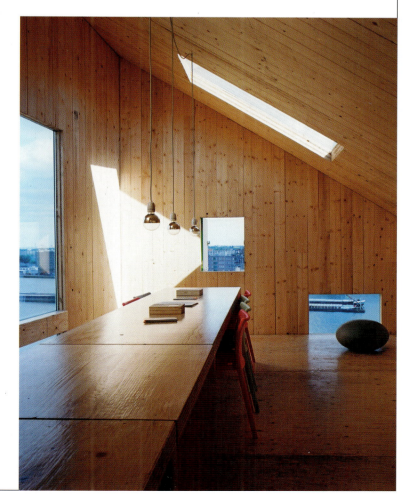

3584 CH

NMR laboratorium
NMR Laboratory

UN Studio

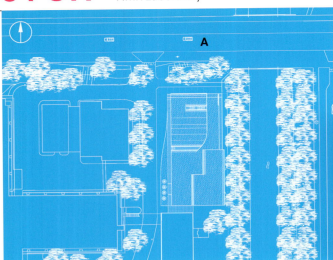

← **Situatie** Situation   **Foto's** Photos
A **Leuvenlaan**   Christian Richters

De Uithof	Harm Wassink, Walther	Prins, Aad Krom	**Constructeur**/Structural
Utrecht	Kloet	**Ontwerp – Oplevering**/	Engineer: ABT, Velp
	Medewerkers/Contrib-	Design – Completion:	
Architect: UN Studio,	utors: Marion Regitko,	1997-2001	
Amsterdam	Jacco van Wengerden,	**Opdrachtgever**/Client:	
Projectarchitect/Project	Ludo Grooteman, Laura	Universiteit van Utrecht	
Architect: Ben van Berkel	Negrini, Paul Vriend,	**Aannemer**/Contractor:	
Projectcoördinatie/	Mark Westerhuis, Jeroen	Nelissen van Egteren,	
Project Coordination:	Kreijnen, Henri Snel, Marc	Utrecht/Hoofddorp	

In dit paviljoenachtige laboratorium voor Nucleaire Magnetische Resonantie (NMR) op campus De Uithof in Utrecht staan acht hogefrequentiemagneten opgesteld. De experimenten die worden uitgevoerd in de verschillende spectrometerruimten moeten vrij blijven van allerlei invloeden van buitenaf. En de invloeden van de gaussstraling mogen niet buiten de muren van het laboratorium treden. Dit bijzondere onderzoek naar magnetische krachtenvelden, de speciale voorwaarden die gesteld worden aan het laboratorium en de moleculaire structuren die hier worden onderzocht, inspireerden de architect om de gehele organisatie van het gebouw (constructie, installatie en routing) te wikkelen in een doorlopend vloeren- en wandenveld van beton. Dit gevouwen continu-oppervlak met 10.000 m² vloer omvat behalve laboratoriumruimten voor onderzoek ook publieke en kantoorruimten. Doordat de ruimte kolomvrij is, kan het geringe vloeroppervlak van het technische paviljoen efficiënt gebruikt worden. Het NRM-gebouw bestaat uit twee verdiepingen en wordt betreden via een verbinding met het hoofdgebouw van de technische faculteit.

This pavilion-like laboratory for Nuclear Magnetic Resonance (NMR) on the Uithof university campus in Utrecht, houses eight high-frequency magnets. It is essential that the experiments that are carried out in the various spectrometry areas should be entirely free from outside influences. Likewise, the effects of the gauss radiation must not be allowed to pass beyond the walls of the laboratory. This unique research into magnetic force fields, the special constraints placed on the laboratory and the molecular structures being investigated here, inspired the architect to wrap the entire organization of the building (structure, services and routing) in one unbroken floor/wall sheet of concrete. This folded continuous-surface with 10,000 m² floor space, contains public areas and offices as well as laboratories. The absence of columns makes for an efficient use of the modest floor area of the technical pavilion. The two-storey NRM building is entered via a link with the main building of the chemistry faculty.

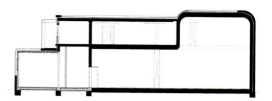

← **Dwarsdoorsnede**
cross section

↙ **Begane grond**
Ground floor

↘ **Eerste verdieping**
First floor

1 **ingang** entrance

2 **werkruimte** workspace

3 **installaties**
installations

4 **slaapkamer** bedroom

5 **laboratorium**
laboratory

6 **vide** void

3892 HZ

Kunstcentrum De Verbeelding
De Verbeelding centre for the arts

René van Zuuk

← Situatie Situation	↙ Doorsnede Section	3 kantoor office	Foto's Photos
A De Verbeelding	↓ Begane grond	4 toiletten toilets	Christian Richters
B Eikenlaan	Ground floor	5 bibliotheek library	
	1 ingang entrance	6 berging storage	
	2 expositieruimte		
	gallery space		

De Verbeelding 25 Zeewolde

Architect: René van Zuuk Architekten bv, Almere
Projectarchitect/Project Architect: René van Zuuk
Ontwerp – Oplevering/ Design – Completion:

1997-2000
Opdrachtgever/Client: Stichting de Verbeelding kunst natuur landschap, Zeewolde
Aannemer/Contractor: Kingma Bouw bv, Lelystad
Constructeur/Structural Engineer: Advies- en

Ingenieursbureau voor bouwconstructies van de Laar, Eindhoven
Landschapsarchitect/ Landscape Architect: TKA Teun Koolhaas Associates, Almere

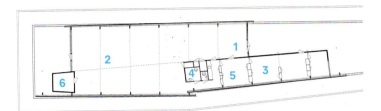

Kunstcentrum De Verbeelding
De Verbeelding centre for the arts

René van Zuuk

Stichting De Verbeelding voor kunst, natuur en landschap, die in de gemeente Zeewolde een 7 km lange kunstroute realiseerde met werken van onder anderen Richard Serra, Bas Maters en Pieter van der Molen, liet René van Zuuk een nieuw paviljoen voor activiteiten en tentoonstellingen ontwerpen. Op basis van de typologie van een polderschuur met driescharnierspantconstructie bouwde hij een expositieruimte van 250 m² met kleine bibliotheek en kantoor. Drie afzonderlijke gebogen daken zijn over elkaar heen gevouwen, waarbij de gebogen houten spanten in elkaar werden geschoven als de vingers van twee handen. In de lengterichting zijn de identieke spanten om hun funderingspunt geroteerd, waardoor de dakvormen op een efficiënte en goedkope manier zijn vervormd. Om voldoende muurruimte te verkrijgen voor tentoonstellingen zijn in de expositieruimte de gebogen spanten geheel bekleed. Alle drie gebogen vormen zijn duidelijk van elkaar te onderscheiden doordat de tussenliggende verbindingen in glas zijn uitgevoerd. Door de langgerekte vorm van het paviljoen, de transparante verbindingen tussen de gebogen daken en de glazen kopgevels gaat het allerlei sensibele relaties aan met zijn landschappelijke omgeving. Het gebouw ligt rondom vrij op een landtongetje in de vijver van het Weteringpark en verhoudt zich tot de lange muur van Richard Serra aan de overkant ervan.

At Zeewolde in the northern Netherlands, Stichting De Verbeelding, a foundation for art, nature and landscape, realized a seven-kilometre-long art route that features work by Richard Serra, Bas Maters and Pieter van der Molen among others. It subsequently commissioned René van Zuuk to design a new pavilion for activities and exhibitions. Basing his design on the typology of a polder barn with a three-hinged truss construction, Van Zuuk built a 250 m² exhibition space with a small library and office. Three separate arched roofs have been folded over one another such that the arched wooden trusses were interlaced like the fingers of two hands. The identical trusses were rotated lengthwise around their springing point, allowing the roof shapes to be deformed in an efficient and economical manner. In order to generate sufficient wall space for exhibitions, the arched trusses in the exhibition area have been completely covered. All three arched shapes are clearly distinguishable because the intervening connections are of glass. Thanks to its elongated shape, the transparent connections between the arched roofs and the glazed end facades, the pavilion engages sensitively with its natural surroundings. The building stands alone on a small land tongue in the Wetering Park lake and is in proportional to the long wall by Richard Serra on the other side of the lake.

114

← **Situatie** Situation
A **Voorveste**

Foto's Photos
Willem Franken

Voorveste 2 **Houten** **Architect**: Architecten- bureau Micha de Haas, Amsterdam **Projectarchitect**/Project Architect: Micha de Haas **Medewerker**/Contrib- utor: Stephan Verkuijlen **Ontwerp – Oplevering**/ Design – Completion:	1997-2001 **Opdrachtgever**/Client: Stichting Aluminium Centrum, Houten **Aannemer**/Contractor: Bouwteam General Contractors, Delft **Constructeur**/Structural Engineer: D3BN, Den Haag **Interieurarchitect**/ Interior Designer: Micha de Haas en Projectum BV	**Landschapsarchitect**/ Landscape Architect: Micha de Haas

← **Situatie** Situation
A **Voorveste**

Foto's Photos
Willem Franken

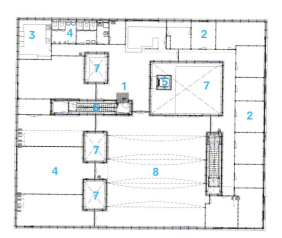

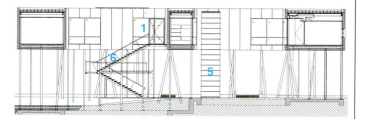

← **Plattegrond** Floor
↘ **Doorsnede** Section

1 **ingang** entrance
2 **kantoor** office
3 **keuken** kitchen
4 **vergaderruimte**
   conference room
5 **lift** elevator

6 **trappenhuis**
   stair tower
7 **patio**
8 **expositieruimte**
   gallery space

De primaire functie van dit voorlichtingscentrum is het exposeren en propageren van aluminiumproducten in de bouw. Het gebouw is daartoe uitgevoerd in één materiaal (aluminium) en in één kleur (aluminium). De locatie aan de rand van een bedrijventerrein, half in het water, is al prominent. Om de zichtbare aanwezigheid van het gebouw tussen de omringende bedrijfsgebouwen verder te vergroten, is het betrekkelijk bescheiden programma van eisen zowel horizontaal als verticaal maximaal opgerekt. De gevraagde vergaderkamers, een tentoonstellingsruimte en enige kantoren zijn daarbij ondergebracht in een rechthoekig volume dat intern is voorzien van een aantal patio's. Het volume wordt zes meter opgetild door een 'bos' van 350, in doorsnede variërende, aluminium kolommen. De toegang tot het centrum wordt verzorgd door een lift en twee (ophaal)trappen. De gevels bestaan uit een stelsel van dragende aluminium gevelstijlen en -beplating. De binnengevels zijn, inclusief de patiowanden, grotendeels van glas. Aluminium is waar mogelijk ook voor de draagconstructie toegepast. Zo bestaat de vloerconstructie uit een dubbel rooster van aluminium HEA-profielen en zijn voor de overspanning van de tentoonstellingsruimte speciaal ontwikkelde gebogen deltaliggers toegepast, die bestaan uit aluminium buizen en gegoten aluminium knopen.

The primary function of this information centre is the display and propagation of aluminium products in construction. To this end the building is executed in one material (aluminium) and in one colour (aluminium). The location, on the edge of a business park, half in and half out of the water, is in itself prominent. To further emphasize the building's visible presence among the surrounding industrial buildings, the fairly modest building programme has been horizontally and vertically stretched to the limit. The meeting rooms, exhibition space and offices called for by the brief are housed in an orthogonal volume with several internal patios. The volume is raised six metres above grade on a 'forest' of 350 aluminium columns of varying diameters. The entrance to the centre is furnished by a lift and two (retractable) stairs. The facades consist of a series of structural aluminium facade pillars and sheeting. The inner facades, including the patio walls, are largely glazed. Aluminium has, wherever possible, been used for the supporting structure as well. The floor, for example, consists of a double grid of aluminium HEA sections, while for the exhibition space span the architects used specially designed curved delta girders composed of aluminium tubes and cast aluminium joints.

4141 EE

Laminata, Huis van glas
Laminata, House of Glass

Kruunenberg Van der Erve

A

← **Situatie** Situation
A **Koningin Emmalaan**

↙ **Souterrain** Basement
↓ **Begane grond**
Ground floor

1 **ingang** entrance
2 **gang** corridor
3 **keuken** kitchen
4 **woonkamer** living
room
5 **slaapkamer** bedroom

6 **studeerkamer**
study room
7 **atelier**
8 **garage/berging**
storage
9 **patio**

Koningin Emmalaan 118 Leerdam

Architect: Kruunenberg Van der Erve Architecten, Amsterdam
Medewerker/Contributor: Wanda de Vries

Ontwerp – Oplevering/Design – Completion: 1995-2001
Opdrachtgever/Client: CWL Koopwoningen bv, Leerdam
Aannemer/Contractor: Saint-Gobain Glass Nederland, Veenendaal

(glaswerken/glassworks), bv Radix & Veerman, Woerden (bouwkundige werken/structural work)
Constructeur/Structural Engineer: Saint-Gobain Glass Nederland, Veenendaal (glaswerken/glassworks), Van Rijn\partners,

Roelofarendsveen (bouwkundige werken/structural work)
Bouwfysisch adviseur/Building Physics Consultant: W/E adviseurs, Gouda-Tilburg
Elektrotechnisch adviseur/Electrotechnical

Consultant: Legrand Nederland bv, Boxtel

Een rechthoekig volume, gevormd door een reeks achter elkaar geplaatste glasplaten, wordt in de lengterichting doorsneden. De twee massa's die zo ontstaan worden uitgehold. In het centrale deel bevinden zich de entree, de patio en het woongedeelte. In de uitgeholde massa's bevinden zich respectievelijk een corridor en de slaapruimten.

Het huis is geassembleerd uit circa 13.000 fabrieksmatig gesneden platen floatglas van 10 mm dik. Deze platen zijn op het werk eerst stuk voor stuk schoongemaakt, afgebraamd en vervolgens met een tweecomponentensiliconenlijm aan elkaar gelijmd. Alhoewel glas van zichzelf star is, wordt op deze manier een flexibele constructie verkregen die voorzien is van een paar duizend dilatatievoegen. De lijm is water- en UV-bestendig, blijvend flexibel en heeft dezelfde brekingsindex als glas. De massieve wanden absorberen in de zomer warmte en voorkomen oververhitting. In de winter zorgt deze massa in combinatie met vloerverwarming voor een constante temperatuur.

De gelamineerde wanden worden bewust niet gepolijst, de afgescherpte randen worden gekoesterd; op deze wijze blijft het compromisloze karakter van het project het beste leesbaar en wordt de eenvoud, het tegelijk robuuste en breekbare van het materiaal waaruit dit huis is opgetrokken, benadrukt.

Het huis is het resultaat van een prijsvraag, uitgeschreven door woningstichting CWL, die haar veertigjarig bestaan in de Nederlandse 'glasstad' Leerdam luister wilde bijzetten.

An orthogonal volume, formed by a series of glass plates placed one behind the other, is bisected lengthwise. The two masses so created are hollowed out. In the central section is the entrance, patio and living quarters. One hollowed-out mass contains a corridor, the other the bedrooms. The house is constructed from some 13,000 industrially cut sheets of float glass, 10 mm thick. These plates were individually cleaned on site, smoothed off and then glued together using a two-component silicone adhesive. Although glass is naturally rigid, this method resulted in a flexible structure with several thousand expansion joints. The adhesive is water- and UV-resistant, permanently flexible and has the same refractive index as glass. The massive walls absorb heat in summer, thus preventing overheating. This same mass, in combination with floor heating, ensures a constant temperature in winter.

The laminated walls are deliberately unpolished, their sharp edges being cherished; because of this the uncompromising character of the project remains eminently legible and the simplicity – the simultaneously robust and fragile nature of the material of which the house is made – is emphasized.

The house is the outcome of a competition organized by the CWL housing corporation to mark its forty years of operation in Leerdam, the Netherlands' 'glass city'.

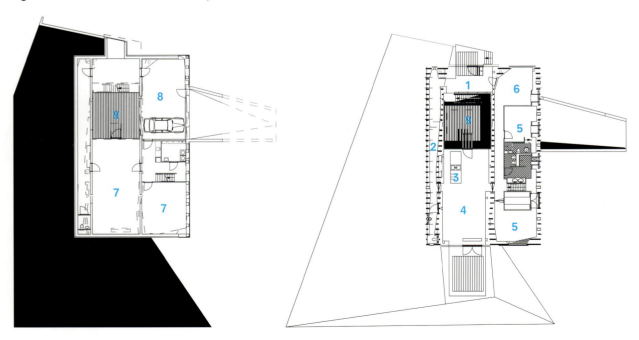

4141 EE

Laminata, Huis van glas
Laminata, House of Glass

Kruunenberg Van der Erve

119 ↓ **Doorsnede** Section ↓ **Foto** Photo
Luuk Kramer

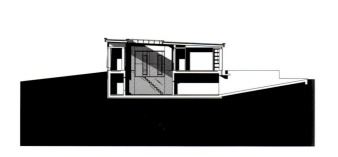

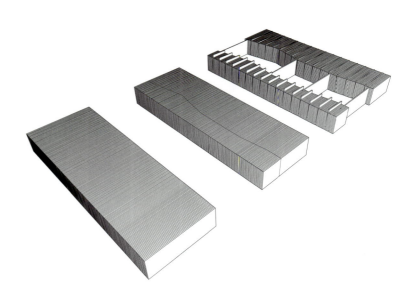

4141 EE

Laminata, Huis van glas
Laminata, House of Glass

Kruunenberg Van der Erve

Laminata, Huis van glas
Laminata, House of Glass

Kruunenberg Van der Erve

Logo's en vlaggenschepen

De marinebasis in Den Helder is verrijkt met een opvallende woontoren met rode gewelfde wanden. Waar vroeger grijze, anonieme barakken een sfeer van eenvoud opriepen, staat nu een baken dat de verbeelding prikkelt en om aandacht smeekt. Zwaar bewaakt door videocamera's en controleposten krijgt het gebied de begeerlijke identiteit die de overheid met reclamecampagnes propageert: welkom bij de Avontuurlijke Wereld van de Marine!

De marine is geen uitzondering. In de kale polders van Flevoland is een fonkelnieuw vestingstadje verrezen dat het publiek moet verleiden om zich aan restpartijen merkkleding te goed te doen. In Amsterdam-Zuidoost doemt een evenementenstad op die in Nederland zijn weerga niet kent. Groningen en Almere investeren duchtig in experimentele woningbouw en maken naam als moderne, innovatieve steden. Op een doorsnee-bedrijventerrein in Houten heeft de aluminiumbranche een karakteristiek bouwwerk neergezet dat als blikvanger voor de hele bedrijfstak fungeert.

Bedrijven, gemeenten en andere overheden hebben de architectuur ontdekt als wondermiddel om de aandacht te trekken. Gebouwen worden ingezet ter profilering van merken en stedelijke identiteiten. Ze fungeren als reusachtige billboards om producten aan de man te brengen. Interieurs worden uitgebuit om de juiste ambiance te scheppen. Laat architectuur zich wel zo gemakkelijk met commercie combineren? Verwordt de architectuur niet tot een panacee om het imago op te poetsen? Wat zijn de consequenties

Logos and flagships

The naval base at Den Helder has recently been enriched by a striking apartment tower with curved red walls. The cluster of anonymous grey barracks, with its air of stern simplicity, has been invaded by a bright beacon that excites the imagination and positively shouts for attention. The heavily guarded and keenly monitored base has at last acquired the desirable identity long propagated in government advertising campaigns: Welcome to the Adventurous World of the Navy!

In this, the navy is no exception. The bleak polders of Flevoland recently gave birth to a brand-new fortress town designed to seduce consumers into buying surplus consignments of brand-name clothing. In Amsterdam Southeast an urban entertainment centre unique in the Netherlands is taking shape. Groningen and Almere are both investing heavily in experimental housing and thereby making a name for themselves as modern, innovative cities. On a run-of-the-mill business park in Houten, the aluminium industry has erected an eye-catching building whose prime function is to act as an advertisement for the entire sector.

Companies, municipalities and other authorities have discovered in architecture a magic formula for attracting attention. Buildings are being used to promote brands and urban identities. They act as giant billboards, 'selling' their product to the public. Interiors – domestic, retail and public – are pressed into service for the creation of carefully calculated ambiences. Can architecture be used for promotional ends without degenerating into a mere panacea for polishing up the image? What consequences does this trend hold for architecture and for public space?

van deze ontwikkeling voor de architectuur en voor de openbare ruimte?

Branding

De relatie tussen product, merk en identiteit is in de reclamewereld al enkele decennia een hot item. Het toverwoord is *branding*. Daarmee wordt uitgedrukt dat een merk belangrijker is dan het product dat onder de merknaam aan de man wordt gebracht. Succesvolle ondernemingen produceren in de eerste plaats merken, dan pas producten. Met slimme marketingstrategieën weten zij de door de reclame opgeroepen fantasieën van de consument te bevredigen en merkartikelen tot fetisj te verklaren.

De vervlakking en uitbuiting die *branding* met zich meebrengt, is het mikpunt van kritiek in Naomi Kleins *No logo*.[1] Klein waarschuwt dat bedrijven steeds minder gestimuleerd worden om goede producten te maken, omdat de consument zich vooral door de verkoopstrategie laat leiden en niet door de kwaliteit. De architectuurtheoreticus Neil Leach noemt de hedendaagse consumenten *Wallpaper**-personen. Hij kenschetst ze als hedonistische amnesiepatiënten, op zoek naar bevrediging van de meest vluchtige soort.[2] Leach refereert daarmee aan het populaire *lifestyle magazine Wallpaper**, dat een droomwereld creëert die inspeelt op de extreme fantasiewereld van het laatkapitalisme.

Niet alleen onder theoretici komt *branding* in een slechte reuk te staan, ook het publiek begint te morren. Langzaamaan wordt duidelijk dat het voordeel van bekendheid gemakkelijk in een nadeel kan omslaan. Als iedereen een merk kent, is het immers eenvoudiger aan de schandpaal te nagelen. Wereldmerken worden doelwit van protestacties, van tamelijk onschuldige demonstraties tot terroristische aanslagen. Op 11 september is het bewijs geleverd dat ook gebouwen een geliefd doelwit kunnen zijn om een statement af te geven. De aanslagen op de Twin Towers van het WTC in New York waren niet zozeer gericht op de mensen die daar op dat moment aan het werk waren, ze reikten veel verder: het symbool van de hegemonie van het onbegrensde Amerika werd met de grond gelijkgemaakt. Het betekende de vernietiging van een symbool van een gehate, dominante cultuur.

Corporate image

Architectuur is altijd al benut om moraal, gezag en rijkdom te symboliseren. Paleizen, godshuizen en rechtbanken kregen betekenis door hun stijl en de gebruikte ornamenten en materialen, die associaties moesten oproepen met onaantastbaarheid en macht. Ook bedrijfsgebouwen worden al langer als symbolen gebruikt. In de twintigste eeuw werden ze ontdekt als middel om een bedrijfsidentiteit uit te dragen. Al in de jaren dertig pronkte koffie- en tabaksfabrikant Van Nelle in advertenties met het beeldmerk van zijn gloednieuwe functionalistische fabriek, met op het dak de merknaam in

Inspired by brand marketing, architects became masters at conjuring up ambiences

Branding

The relation between product, brand and identity has long been a hot item in the advertising world. The magic word here is 'branding' which articulates the perception that the brand is more important than the actual product being marketed under the brand name. Successful companies produce brands first and products second. With clever marketing strategies they manage to gratify the consumer fantasies induced by the ads and to raise brand-name articles to the status of a fetish.

The homogenization and exploitation that branding entails is the target of criticism in Naomi Klein's *No Logo*.[1] Klein warns that companies are less and less motivated to produce good quality products because consumers are influenced by the marketing strategy rather than by quality. The architectural critic Neil Leach has called contemporary consumers *Wallpaper**-persons, describing them as hedonistic amnesiacs in search of gratification of the most ephemeral kind.[2] He is referring here to the popular lifestyle magazine *Wallpaper** that creates a dreamworld that panders to the extreme fantasy world of late capitalism.

It is not only cultural critics who decry branding; mutterings are also starting to be heard from the object of it all, the general public. It is gradually becoming clear to companies that the advantage of 'brand recognition' can just as quickly turn into a disadvantage. The better known a brand is, the easier it is to pillory. Global brands are sitting targets for protest actions ranging from innocuous demonstrations to terrorist attacks. September 11, 2001 demonstrated that buildings, too, can be a

een strakke typografie. Een gebouw waarin de logo-ornamentiek op extreme wijze in de gevel werd uitgebuit, is het hoofdkantoor van de toenmalige Bataafsche Import Maatschappij (later Shell) van J.J.P. Oud in Den Haag. De opdrachtgever stelde expliciet dat het complex 'als opvallend groot kantoorgebouw min of meer een beschaafd maar duidelijk sprekend reclameobject voor de "Shell" zal zijn'.[3] De kapitaalkrachtige onderneming besloot al tijdens de armlastige jaren voor de Tweede Wereldoorlog dat het bedrijfs-beeldmerk in de nieuwbouw geïntegreerd moest worden en wist een van Nederlands bekendste modernisten ertoe te verleiden de identiteit van het bedrijf in optima forma te visualiseren.

In de huidige maatschappij, waarin de symboolwaarde van architectuur en design zonder enige schroom wordt onderkend, is het de vraag hoe het gebouw als intermediair ingezet kan worden. Internationaal opererende bedrijven als ING, ABN-AMRO en Natio-nale Nederlanden kiezen de locatie, architectuur én architect voor hun hoofdkantoren welbewust uit. Wil men een expressieve beeld-taal als middel om het imago van risico en avontuur kracht bij te zetten? Of staat het bedrijf voor degelijkheid en betrouwbaarheid en kiest men voor een ingetogen architectuur? Om dit soort vragen te beantwoorden, laat men zich door marketingstrategen over het programma van eisen adviseren. Maar niet alleen multinationals verbinden architectuur met *corporate image*. De nieuwbouw van een voorlichtingscentrum voor de aluminiumindustrie is een mooi voorbeeld van een 'vlaggenschip' dat de identiteit van een hele bedrijfstak optimaal uitgedraagt. In dit gebouw worden de construc-tieve en esthetische eigenschappen van aluminium ten volle uitge-buit, waardoor een toepasselijk en krachtig beeldmerk is ontstaan dat de branche een blinkend imago kan verlenen. De opdracht-gever had overigens wel lef. De opdracht werd, na een prijsvraag, gegund aan de jonge architect Micha de Haas, die nog nauwelijks had gebouwd.

Theaters van sferen
In de jaren tachtig en negentig ontdekten ondernemers dat het inte-rieur van winkels de ideale plaats is om de belevingshonger van de consument te stillen. De ruimtelijke enscenering bleek bovendien een cruciaal element bij het promoten van merken. De vormgeving van publieke interieurs kreeg hiermee een nieuwe impuls. Onder invloed van de branding-marketing groeiden architecten uit tot meesters in het oproepen van sferen. Aanvankelijk werd nog voort-geborduurd op de traditie. Warenhuizen veranderden in het najaar in een herfstbos en tegen de zomer in Italiaanse of Franse markt-pleintjes met zongedroogde tomaatjes en champagne. Inmiddels begint het winkelinterieur een theater van sferen te worden, waarin de voorstelling op voorhand een verrassing moet blijven. Tenminste, zo is het in de VS en de grote steden in Zuidoost-Azië, waar de nieuwe, koopkrachtige generatie verleid wordt met geraffineerde

popular target for getting a message across to governments and the world at large. The attack on the WTC Twin Towers in New York was aimed not so much at the people working in them at that moment but at what the buildings themselves stood for: America's international hege-mony. It was a symbol of a hated, dominant culture that was razed to the ground.

Corporate image
Architecture has been used since time immemorial to symbolize morality, authority and wealth. Palaces, places of worship and courts of law gained added significance from the architectural style, materials and decorations, all of which were intended to invoke associations of impregnability and power. There is a shorter, but equally strong tradition of deploying business premises as symbols. In the twentieth century company headquarters were discovered as a means of propagating a corporate identity. Leading the field in the Netherlands was the coffee and tobacco manufacturer Van Nelle. In the 1930s it not only commis-sioned and built a stunning functionalist factory – with its name picked out in crisp lettering on the roof – but also adopted it as its logo in adver-tisements. One building that exploited the notion of logo-decoration in a big way was the Shell Building in The Hague designed by J.J.P. Oud. The client was quite clear that the conspicuously big office building should be 'a decorous but unambiguous advertising object for "Shell"'.[3] Eco-nomic depression notwithstanding, the wealthy corporation decided that its logo should be integrated into the new building and managed to per-suade one of the country's best-known modernist architects to produce an expressionist building that visualized the company's identity.

In today's society, in which the symbolic value of architecture and design is taken for granted, the issue is how to deploy the building as intermediary. Internationally active companies like the ING and ABN-Amro banks and Nationale Nederlanden insurers, put a lot of thought into the choice of location, architecture and architect for their headquarters. Do they need an expressive visual language that will reinforce an image of risk and adventure? Or should they go for an understated architecture more in line with an image of respectability and reliability? In order to answer these sorts of questions, big corporations engage marketing strategists to advise them on their building programme.

But it is not only multinationals who connect architecture with corpor-ate image. The new aluminium information centre is a good example of a 'flagship' building that is a perfect vehicle for the identity of an entire industry. In this building the structural and aesthetic properties of alu-minium are exploited to the full, resulting in a powerful trademark that furnishes the industry with an appropriately glittering image. The client did take a risk though. The commission was awarded, after a competition, to Micha de Haas, a young architect with scarcely any buildings to his name.

128

Onder invloed van de branding-marketing groeiden architecten uit tot meesters in het oproepen van sferen

theatrale effecten die aansluiten bij een door televisie en computer-games gevormde belevingswereld. Winkelen groeit uit tot een vorm van vrijetijdsbesteding met bezoekersaantallen waarvan grote toeristische attracties dromen. *I shop, therefore I am*, is het credo van jongeren die opgroeien in een consumptiemaatschappij.

De opdracht van het modemerk Prada aan OMA voor een reeks winkels in New York, Los Angeles en San Francisco kenmerkt deze omslag naar een theatrale architectuur. Juist toen Koolhaas zijn onderzoek naar de mondiale implicaties van de 'winkelcultuur' in *The Harvard Guide to Shopping* vastlegde, gaf Prada het bureau een studieopdracht om een nieuwe strategie voor de winkelketen te ontwikkelen.[4] Koolhaas wist zijn opdrachtgever ervan te overtuigen dat geen enkele winkel er hetzelfde uit moet zien, gebaseerd op het idee dat variatie en onvoorspelbaarheid de juiste ingrediënten zijn voor de nieuwe identiteit van Prada. Die identiteit wordt vanaf nu bepaald door de culturele omgeving van de gebouwen, niet langer door een wereldwijde, uniforme vormgeving van het winkelinterieur. Zich afzettend tegen het Benetton-effect, bedacht Koolhaas een strategie die de verscheidenheid van het Prada-merk benadrukte. In het licht van *branding* een merkwaardig stap, die bij marketing-specialisten veel verbazing moet hebben gewekt. Koolhaas' strategie speelt in op de continue behoefte van de consument aan differentiatie en vernieuwing. Ook van modeproducten worden vele

Theatres of ambience
In the 1980s and '90s, retailers discovered that the store interior is the ideal place to gratify the consumer's craving for diversion. In addition, the spatial setting proved to be a crucial element in the promotion of brands. Both developments conspired to give the design of public interiors a tremendous boost. Inspired by brand marketing, architects became masters at conjuring up ambiences. At first they continued to elaborate on tradition. In autumn department stores were transformed into a russet-toned forest and as summer approached into Italian or French market squares replete with sun-dried tomatoes and champagne. Nowadays store interiors are starting to take on the character of a theatre of ambiences where the performance must remain a secret until the curtain goes up. At least, that is how it is in the US and the big cities of South-East Asia where the new, affluent generation is enticed with sophisticated theatrical effects that take their cue from an experiential world shaped by television and computer games. Shopping is becoming a form of recreation with the sort of visitor numbers dreamed of by major tourist attractions. *I shop, therefore I am*, is the motto of young people who have grown up in a consumer society.

Typical of this switch to a theatrical architecture is the Prada fashion house's commission to OMA for a suite of shop interiors in New York, Los Angeles and San Francisco. Just as Koolhaas was recording the results of his research into the global implications of the 'shopping cul-ture' in *The Harvard Guide to Shopping*, Prada asked the office to come up with a new strategy for its international chain of stores.[4] Koolhaas managed to persuade the client that no two stores should look the same, based on the notion that variation and unpredictability are the right ingredients for the new Prada identity. That identity will henceforth be determined by the local cultural environment of the individual stores rather than by a worldwide, uniform interior design model. Reacting against the Benetton effect, Koolhaas devised a strategy that underscores the diversity of the Prada label. In light of 'branding' it is an unorthodox step and must have prompted a lot of surprise among marketing experts. Koolhaas's strategy caters to the consumer's constant demand for differentiation and innovation. Fashion items, too, are produced in dozens of models that differ ever so slightly from one another and are consequently better able to satisfy the personal wishes and needs of the consumer who wants to stand out from the crowd.

Shopping paradises
In the Netherlands, developers and architects are still focused on a rather older US vogue, the shopping mall. After a false start in the 1970s with Hoogcatharijne in Utrecht, Zuidplein in Rotterdam and Babylon in The Hague, covered shopping plazas are once again being built in city centres: Kalvertoren in Amsterdam, De Barones in Breda and the Oran-gerie in Apeldoorn. And with the ever-increasing consumer mobility, shopping centres on the urban periphery have ceased to be unattainable

tientallen modellen geproduceerd die net iets van elkaar verschillen, zodat ze sneller voldoen aan de persoonlijke wensen en verlangens van de consument die zich wil onderscheiden.

Winkelparadijzen
In Nederland concentreert men zich vooralsnog op een oudere mode uit de VS: de *shopping mall*. De laatste jaren werden er opnieuw – na een mislukte start in de jaren zeventig met Hoog-catharijne, Zuidplein en Babylon – overdekte plaza's in de binnenstad gebouwd, zoals de Kalvertoren in Amsterdam, De Barones in Breda en de Orangerie in Apeldoorn. Met de toenemende mobiliteit zijn ook winkelcentra aan de stadsrand geen onbereikbare paradijzen meer. In Rotterdam en Den Haag werden enkele jaren geleden de eerste perifere *shopping malls* gerealiseerd. Het Alexandrium en de Haaglanden Megastores laten zich aan de buitenzijde lezen als anonieme, gesloten dozen die louter als billboard dienen voor het aanprijzen van merkartikelen. Neonreclame moet de consument verleiden de onzichtbare binnenwereld te betreden. Het horeca-aanbod op de pleinen in de atria ligt in het verlengde van wat de consument kent en verwacht: McDonald's, Febo, Délifrance, et cetera.

Het succes van de woonboulevards in randstedelijke gebieden toonde aan dat concentratie van gespecialiseerde winkels in Nederland een groot publiek kan trekken. De nieuwste mall, met zo'n zeventig winkels voor woninginrichting, is de Villa ArenA in Amsterdam-Zuidoost. Anders dan de hippe naam misschien suggereert, wijkt het complex naar ontwerp van Benthem Crouwel nauwelijks af van zijn voorgangers. We zien hier geen strategie die het begrip shopping mall een nieuwe invulling geeft. De architecten hebben voortgeborduurd op het ordeningsprincipe van een centraal atrium omsloten door galerijen waaraan de ingangszijden van de winkels zijn gegroepeerd. De hoge vide biedt plaats aan horeca-voorzieningen en is als binnenstraat met snackcorners en zitjes ingericht. Enigszins avontuurlijk is een cafetaria dat op hoge poten in het atrium staat. Aan de buitenzijde zijn de gevelwanden bekleed met verticale aluminiumlamellen, waarachter de winkellogo's voor een deel schuilgaan. Met deze toevoeging hebben de architecten aan de rigide, vlakke gevel met tekst weten te ontsnappen. De met kleine lampjes verlichte hellingbaan die naar het parkeerdek leidt, roept associaties op met een kermisattractie en biedt de bezoeker een spectaculaire ervaring.

De Villa ArenA maakt deel uit van een *urban entertainment center*, waarvan de contouren langzaam maar zeker zichtbaar worden. De kavelsgewijze ontwikkeling heeft een grimmig gebied opgeleverd zonder enige stedenbouwkundige samenhang. In de eerste bouwperiode kwamen de Amsterdam Arena en enkele kantoren gereed. Daarna zijn een megabioscopencomplex, theaters, warenhuizen, woningen en een hogeschool toegevoegd. Het station Bijlmer zal

The *Wall House* has become the Groningen's icon, the emblem with which the city strikes a new image

paradises. The first such out-of-town shopping malls were realized a few years back in Rotterdam and The Hague. From the outside, the Alexandrium and the Haaglanden Megastores read as anonymous, blank boxes that serve purely as a billboard for advertising brand-name goods. It is left to the neon signs to entice consumers to enter the invisible indoor world. The food outlets lining the courts in the atria conform to what the consumer already knows and expects: McDonald's, Délifrance, et cetera.

The success of the furniture boulevard in metropolitan areas had already demonstrated that concentrations of specialized stores are capable of pulling in the crowds in the Netherlands. The newest mall, comprising some seventy stores selling home furnishings, is Villa ArenA in Amsterdam Southeast. Contrary to what its trendy-looking name might suggest, the Benthem Crouwel-designed galleria differs little from its retail-strip predecessors. There has been no attempt here to reinterpret the concept of the shopping mall. The architects have simply embroidered on the ordering principle of the central atrium surrounded by galleries along which the entrances to the stores are arranged. The tall void accommodates food outlets and is furnished as an indoor street with snack corners and groups of chairs and tables. The only mildly exciting element is a futuristic cafeteria suspended on tall metal legs in the atrium. The external walls are clad with vertical aluminium strips that partially conceal the store logos. By this means the architects have succeeded in avoiding the usual flat, text-inscribed walls associat-

worden vernieuwd. In het buitenland trekt dit soort evenementen-
steden, die qua schaal en architectuur *footloose* zijn, veel publiek.
Het is de vraag of 'het meest bruisende centrumgebied van Nederland' een dergelijke aantrekkingskracht heeft.

Aantrekkingskracht heeft Batavia Stad, het nieuwe outlet-centrum
bij Lelystad, zeker. Het beoogde bezoekersaantal van anderhalf
miljoen werd afgelopen jaar ruimschoots gehaald. Gelegen in de
vlakke polder van Flevoland, maakt Batavia Stad deel uit van wat
ondertussen gaat lijken op een ludiek sprookjeslandschap vol sport,
spel en avontuur.[5] Zo kan binnenkort getrouwd worden in Kasteel
Almere, een replica van een zeventiende-eeuwse burcht met slot-
gracht uit Wallonië en het nabijgelegen recreatiepark Rivièra biedt
onafhankelijk van het seizoen de skiër besneeuwde berghellingen
en de zonliefhebber een tropisch zwemparadijs. Binnen deze
schijnwereld ontbrak uiteraard *funshopping*, waaraan met het outlet-
centrum op historiserende wijze invulling is gegeven.

Batavia Stad is in twee opzichten een primeur van een in ons land
tot voor kort onbekend fenomeen: binnen de beschermende muren
van een vestingstadje wordt tegen gereduceerde prijzen merkkleding aangeboden. Een heldere routing van met klinkers en
natuursteen geplaveide wandelstraten leidt de consument langs
quasi-rustieke gevels in vrolijke kleuren. De drie toegangspoorten
in de vijf meter hoge omwalling verwijzen elk naar een eigen thema.
De Scheepspoort imiteert een scheepsromp, de Stadspoort refereert

Het *Wall House* is de icoon van Groningen geworden, het beeld-merk waarmee de stad zich een nieuw imago aanmeet

ed with such malls. The fairy-light illuminations along the ramp leading to
the rooftop parking deck evoke fairground associations that are borne
out by the spectacular experience of the ride to the top.

The Villa ArenA is part of a projected 'urban entertainment centre'
whose contours are only now becoming visible. The plot-by-plot development of this new locality resulted in a forbidding area totally devoid of
any spatial coherence. The first burst of construction saw the completion
of the Amsterdam Arena football stadium and several offices. In the next
phase a multiplex cinema, theatres, department stores, houses and a
polytechnic were added. The planned refurbishment of the Bijlmer metro/
rail station has yet to begin. In other countries these kinds of 'event cities',
whose scale and architecture is unrelated to context, attract a lot of
visitors. It still remains to be seen whether 'the most lively urban centre in
the Netherlands' will wield a similar drawing power.

Drawing power is certainly a quality possessed by Batavia Stad, the
new factory outlet shopping centre near Lelystad. The target figure of
one and a half million visitors was amply reached last year. Located in the
flat Flevoland polder, Batavia Stad is part of what is starting to look like a
frivolous fairytale landscape packed with sport, fun and adventure.[5] In
the near future, for instance, couples will be able to plight their troth in
Kasteel Almere, a replica of a seventeenth-century Belgian moated castle,
while the nearby Riviera recreation park, regardless of the season, offers
skiers snow-covered slopes and sunworshippers a tropical swimming
paradise. All that was lacking inside this make-believe world was fun

shopping, which has now been provided by the historicized ensemble of
Batavia Stad.

Batavia Stad is in two respects the first appearance in the Netherlands of a hitherto unknown phenomenon; inside the protective walls of
a fortress village, brand-name clothing is offered at knock-down prices.
Streets paved with clinkers and natural stone lead the consumer past
colourful, pseudo-rustic shopfronts. Each of the three gates in the five-
metre-high ramparts invokes a different theme: the Scheepspoort imit-
ates a ship's hull, the Stadspoort refers to the medieval town gate, while
the Polderpoort, the plainest of the three, offers a view of the barren
polder landscape as a metaphor for today. All three entice people into an
intimate inner world that is designed to stimulate consumer buying. The
Rotterdam-based VHP office settled on the only historical artefact the
area possesses – the replica of the East India Company ship the *Batavia*
that lies at anchor only a stone's throw away – as its starting point. A cur-
sory historical study resulted in a motley assortment of imitation styles as
an allegory for old-fashioned craftsmanship and the golden age of overseas trade. Ironically, it is the fashion logos that lower the tone here, not
the quasi-authentic architectural details.

City branding
Cities, too, in their battle to attract more (and wealthier) residents and
visitors, are doing their best to create a powerful identity. Their shining
example is Bilbao, the drab seaport town which, since the advent of the

aan een middeleeuwse poort en de Polderpoort – het eenvoudigst uitgevoerd – biedt als metafoor voor het heden uitzicht op het kale polderlandschap. Als zekere verleiders geven deze poorten toegang tot een intieme binnenwereld die de kooplust moet aanwakkeren. Het bureau VHP uit Rotterdam koos als basis voor het ontwerp het enige historische artefact dat de omgeving kent: de replica van het VOC-schip de *Batavia*, dat op een steenworp verderop voor anker ligt. Een vluchtige verkenning leidde tot een bonte verzameling van imitatiestijlen als allegorie van ambachtelijke bedrijvigheid en glorieuze handel in overzeese gebieden. Ironisch genoeg zijn het vooral de logo's van kledingmerken die detoneren in het straatbeeld en niet de quasi-authentieke architectonische details.

City branding

In de strijd om meer inwoners en bezoekers doen gemeenten hun best om een krachtig imago te creëren. Bilbao is het lichtend voorbeeld. Sinds de komst van het Guggenheim Museum wordt deze kleurloze havenstad geassocieerd met experimentele cultuur en architectuur.[6] Overal in Nederland buiten gemeentebesturen prijsvragen en manifestaties uit om hun stad van opmerkelijke architectuur te voorzien. Met de slogan 'het kán in Almere' heeft de poldergemeente het imago van saaie monofunctionele stad uit de jaren zeventig met succes van zich afgeschud. Kon Almere de bewoner eerst alleen groen en ruimte bieden, nu zijn het de herstructurering

van het centrum en de aanleg van experimentele woonwijken die de stad doen onderscheiden. In Groningen wordt eens in de vier jaar een cultureel festival georganiseerd. Men wil de bewoners bij het lokale architectuurbeleid betrekken. Dit beleid is verpakt in een breed scala aan tijdelijke evenementen op het gebied van theater, muziek, dans en kunst in de openbare ruimte, maar levert ook duurzame projecten op. De woon-werkhuizen van de buitenlandse architecten die in dit Jaarboek zijn opgenomen, illustreren vier visies op het vraagstuk hoe functies als wonen, werken en vrijetijdsbesteding in de toekomst te combineren zijn. Ze dragen bij aan het debat over architectuur en openbare ruimte, en geven Groningen het aanzien van een innovatieve gemeente. Het verrassendste experiment in Groningen is de reconstructie van John Hejduks Wall House. Het dertig jaar oude ontwerp van de inmiddels overleden architect is met grote zorgvuldigheid uitgevoerd. Sinds kort prijkt de gemeente met een foto van het sculpturale woonhuis in haar personeelsadvertenties. Het *Wall House* is de icoon van Groningen geworden, het beeldmerk waarmee de stad zich een nieuw imago aanmeet.

Expressieve kwaliteit

In de VS, de bakermat van marketing en branding, wordt de architectuur inmiddels beschouwd als een onontbeerlijk reclame-instrument. Op *architecture-now.com* legt de gelijknamige Amerikaanse consultancy uit dat consumenten, door de toenemende invloed van

---

Guggenheim Museum, has been associated with experimental architecture and culture.[6] Local authorities throughout the Netherlands have taken to using competitions and festivals to furnish their cities with striking architecture. With the slogan 'Almere makes it happen', the polder city has successfully shaken off the image of a dull, mono-functional dormitory town of the 1970s. Whereas the old Almere had only greenery and space to offer prospective residents, now it can hold out the prospect of a dynamic urban centre and experimental housing. For its part, Groningen holds a cultural festival every four years with the aim of involving residents in local architectural policy. This policy is packaged in a wide range of temporary theatrical, musical, dance and art events but it also spawns more lasting projects. Each of the live/work houses by four foreign architects included in this Yearbook illustrates a vision of how functions like home, work and leisure might be combined in the future. They contribute to the debate about architecture and public space and lend Groningen the reputation of an innovative municipality. The most remarkable experiment in Groningen is the Wall House, constructed with the utmost precision to a thirty-year old design by the late John Hejduk. The council has recently taken to displaying a photo of the sculptural house in its recruitment ads. The *Wall House* has become the Groningen's icon, the emblem with which the city strikes a new image.

Expressive quality

In the US, the cradle of marketing and branding, architecture is now regarded as an indispensable advertising tool. At architecture-now.com the American consultancy of that name explains that consumers, increasingly influenced by lifestyle magazines and TV programmes, can no longer live without design. Whereas a few years ago they were merely 'design-aware', they are now 'design-focused'. Hence, a good design strategy can turn every company into a success: 'A company's design and architecture product can work far harder than nearly any other form of commercial advertising to communicate core values and vision.'[7]

Now that Dutch businesses and local authorities are adopting the American approach, architecture in the Netherlands will increasingly be bound up with identity and commerce. The result is that architects, like designers in other formgiving disciplines, are going to have to pay more attention to the identity of their client and to the latter's desire to convey a message. Architects will be expected to design a building whose appearance serves to reinforce the client's identity. This means that a visual language capable of achieving the required communicative effects will need to be developed at quite an early stage of the design process. This in turn requires research in the field of communication, marketing, trends and social developments. In order to be able to fulfil these complex and sometimes contradictory tasks, many architectural practices set up an interdisciplinary research department whose expertise has to reach beyond the domain of construction and of the physical

lifestyle magazines en tv-programma's, niet meer zonder design kunnen. Waren ze enkele jaren geleden nog eenvoudig *design-aware*, nu zijn ze *design-focused*. Daardoor kan een goede ontwerp-strategie elke onderneming tot een succes maken: 'A company's design and architecture product can work far harder than nearly any other form of commercial advertising to communicate core values and vision.'[7]

Nu Nederlandse ondernemers en gemeentebesturen de Amerikaanse aanpak overnemen, zal ook hier het bouwen steeds vaker in het teken van profilering en commercie komen te staan. Het gevolg is dat architecten zich, net als ontwerpers in andere vormgevende disciplines, zich moeten verdiepen in de identiteit van hun opdrachtgever en diens wensen om een boodschap uit te dragen. Van de architect wordt verwacht dat hij een gebouw ontwerpt met een uitstraling die het imago van de opdrachtgever kracht bijzet. Voor het ontwerpproces betekent dit dat al in een vroeg stadium de beeldtaal moet worden ontwikkeld waarmee de gewenste communicatieve effecten veroorzaakt kunnen worden. Dit vereist research op het gebied van communicatie, marketing, trends en maatschappelijke ontwikkelingen. Om aan deze complexe en soms tegenstrijdige opgaven te kunnen voldoen, richten veel architectenbureaus een interdisciplinaire onderzoeksafdeling op waarvan de expertise verder zal moeten reiken dan het domein van de constructie en de fysieke en bouwtechnische eigenschappen van materialen. Expres-

sieve kwaliteit en originaliteit zijn minstens zo belangrijk als constructie en comfort: architectuur moet behagen, verrassen, provoceren en aan het denken zetten. Gebouwen moeten een ervaring veroorzaken die zich blijvend in het geheugen nestelt en positieve herinneringen aan de opdrachtgever en de bewoner oproept.

AH

1 Naomi Klein, *No logo: Taking Aim at the Brand Bullies*, Toronto 2000.
2 Neil Leach, 'De esthetische cocon', *Oase*, 2001, nr. 54, p. 105-120.
3 Ed Taverne, Cor Wagenaar, Martien de Vletter, *J.J.P. Oud. Poëtisch functionalist 1 890-1963*, NAi Uitgevers, Rotterdam 2001, p. 81.
4 A+U, *Architecture and Urbanism, Fashionable Collaborations*, 2001, nr. 375, p. 50-55. Dit nummer is bijna geheel gewijd aan pilot-stores van grote kledingmerken.
5 Zie ook: Jaap Huisman, 'De lach-of-ik-schiet-architectuur', *Architectuur Lokaal*, 2002, nr. 34, p. 6-8.
6 Brett Steele en Berci Florian beschrijven in hun artikelen 'Brandspace' respectievelijk 'De stad als merk' hoe *branding* een rol speelt bij de inrichting van de openbare ruimte en positionering van de stad: *Archis*, 2001, nr. 1, p. 9-21. Zie Urban Affairs (red.), *City Branding*, NAi Uitgevers, Rotterdam 2002, verschenen in het kader van 'Groepsportretten 2002'.
7 *www.architecture-now.com*, newsletter archive # 004 'Adding Value with Design'.

and structural properties of materials. Expressive qualities and originality are at least as important as construction and comfort: architecture must delight, surprise, provoke and set people thinking. Buildings must engender an experience that sticks in the mind, evoking positive memories of the client and the occupant.

AH

1 Naomi Klein, *No logo: Taking Aim at the Brand Bullies*, Toronto 2000.
2 Neil Leach, 'The aesthetic cocoon' in: *City/Re: Generieke Stad*, Oase no. 54, pp. 105-120.
3 Ed Taverne, Cor Wagenaar, Martien de Vletter, *J.J.P. Oud. A Poetic functionalist 1890-1963*, NAi Publishers, Rotterdam 2001, p. 81.
4 A+U, *Architecture and Urbanism, Fashionable Collaborations*, 2001, no. 375, pp. 50-55. This issue is almost entirely devoted to pilot stores of major clothing labels.
5 See also: Jaap Huisman, 'De lach-of-ik-schiet-architectuur', *Architectuur Lokaal*, 2002, no. 34, pp. 6-8.
6 In their respective articles 'Brandspace' and 'De stad als merk', Brett Steele and Berci Florian describe how branding plays a role in the design of the public realm and the positioning of the city: *Archis*, 2001, no. 1, pp. 9-21. See Urban Affairs (ed.), *City Branding*, NAi Publishers, Rotterdam 2002, published in the context of 'Groepsportretten 2002'.
7 *www.architecture-now.com*, newsletter archive # 004 'Adding Value with Design.'

Xaveer De Geyter

134

← **Situatie** Situation	↓ **Typische platte-**
A **Chassé-terrein**	**gronden** Typical floors
Chassé site	
B **Vijf woontorens**	
Five towers	

1 **woonkamer** living
   room
2 **slaapkamer** bedroom
3 **berging** storage
4 **terras** terrace

Chassé-terrein/ Chassé site **Breda**	**Medewerkers/** Contributors: Karolien de Schepper, Burton Hamfelt, Lieven de Boeck, Lieve van de Ginste, Oscar	1996-2001 **Opdrachtgever/**Client: Chassé C.V. (Proper Stok Woningen, Rotterdam en/ and Wilma Bouw, Weert)	**Aannemer/**Contractor: Wilma Bouw, Weert **Constructeur/**Structural Engineer: Snellen, Meule-
Architect: Xaveer De Geyter architecten, Brussel **Projectarchitecten/** Project Architects: Xaveer De Geyter, Ester Goris	Juarros (†), Arnaud Hendrickx, Freek Persyn **Ontwerp – Oplevering/** Design – Completion:	**Bouwtechnisch advies/**Structural engin- eering consultant: ABT Bouwkunde, Arnhem	mans & Van Schaaik, Breda **Landschapsarchitect/** Landscape Architect: Inside Outside – Petra Blaisse, Amsterdam

De Bredase gemeenteraad koos voor de herinrichting van het Chassé-terrein op advies van een commissie met Rein Geurtsen, Francine Houben en Clemens Steenbergen niet voor het populaire plan van Ashok Bhalotra, maar voor het innovatieve stedenbouw- kundige ontwerp van OMA. Dit plan omvat 650 woningen, 1550 parkeerplaatsen en 8000 m² commerciële ruimten en berust op verschillende gebouwtypologieën die als urbane fragmenten in een open veld tezamen een 'campus' stedelijkheid genereren. Het maaiveld wordt ingericht als gazon en het dak van de openbare ondergrondse parkeergarage functioneert als verhard plein met bomen rondom. Op de autoroutes na is de open ruimte – ontworpen door West 8 – vrij van auto's en onnodig straatmeubilair.

Het ensemble ontworpen door Xaveer De Geyter bestaat uit een reeks van vijf woontorens boven op een parkeergarage die een verlaagde openbare binnentuin omsluit. De parkeerring steekt 1,5 meter boven het maaiveld uit en is deels doorzichtig. Voor de binnentuin maakte Petra Blaisse heuvels die weer boven het par- keerdak uitsteken. Alle ingangen van de woningen liggen aan de binnentuin. De torens zijn dicht bij elkaar geplaatst en hebben een eigen oriëntatie. De onderlinge posities zijn bepaald door factoren als uitzicht, inkijk, bezonning, transparantie en definitie van het binnengebied. Drie van de vijf torens hebben twee appartementen per laag, de vierde één en de vijfde vier, voor het merendeel vrije- sectorwoningen. Alle appartementen hebben een grote veranda die als buitenruimte, als aparte kamer of als onderdeel van de woon- kamer kan worden gebruikt. Achter de glazen gevels bevindt zich een betonnen raster als draagstructuur. De toegepaste materialen zijn glas, prefab betonpanelen met leisteeninlag en witgeglazuurde baksteen voor de gevels; het dak van de garage is van polyester.

For the redevelopment of the Chassé factory site, the Breda city council followed the recommendation of a special advisory committee (Rein Geurtsen, Francine Houben and Clemens Steenbergen) and by-passed the popular plan submitted by Ashok Bhalotra in favour of the innovative urban design plan proposed by OMA. This masterplan, which encom- passes 650 dwellings, 1,550 parking spaces and 8,000 m² commercial space, is based on a variety of building typologies. Arranged as urban fragments in an open field, together they generate a 'campus' of urban- ity. The ground plane is laid out as a lawn and the roof of the public underground car park doubles as a paved square with trees on all sides. With the exception of the traffic routes, the open space – designed by West 8 – is free of cars and extraneous street furniture.

The ensemble designed by Xaveer De Geyter consists of a series of five residential towers above a car park that encloses a sunken public court- yard garden. The parking ring projects 1.5 metres above grade and is partly transparent. For the courtyard garden Petra Blaisse designed hillocks that in turn project above the roof of the car park. All the entrances to the dwellings are located on the courtyard side. The towers are placed close together but in such a way as to retain a sense of auto- nomy: the individual orientation of each tower is determined by such factors as views out, privacy, sunlighting, transparency and definition of the courtyard. Three of the five towers have two apartments per floor, the fourth one and the fifth four, for the most part private sector dwellings. All apartments have a large veranda that can be used as out- door space, as a separate room or as part of the living room. Visible behind the glazed facades is the concrete lattice that acts as support- ing structure. The materials used are glass, prefab concrete panels with slate inlay and white glazed bricks for the facades; the car park roof is of polyester.

4811 DT

Parkappartementen
Park apartments

Xaveer De Geyter

↓ **Ondergronds parkeerdek en verdieping** Underground car park and floor

↓ **Foto** Photo Jeroen Musch

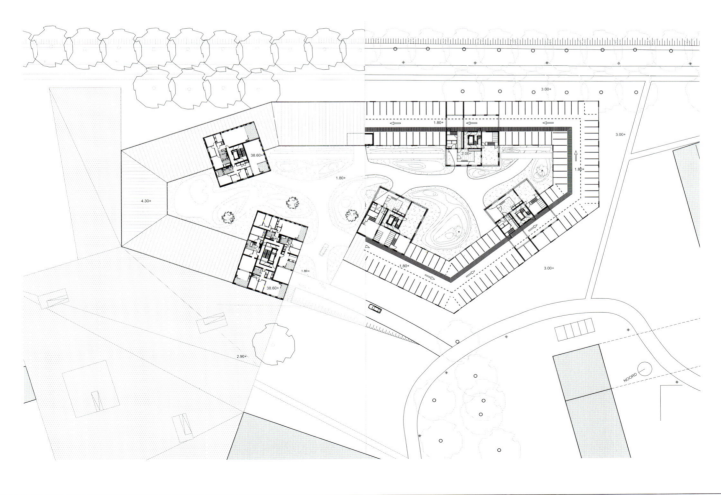

Parkappartementen
Park apartments

Xaveer De Geyter

↓↓ **Foto** Photo
Hans Werlemann

↓↓ **Foto** Photo

Woningbouw Monnikenhuizen
Housing Monnikenhuizen

Meyer en Van Schooten

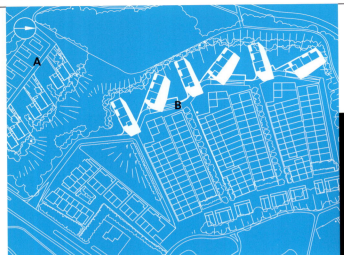

← **Situatie** Situation
A **Franciscanerstraat**
B **Dominicanenweg**

Foto's Photos
Luuk Kramer

Dominicanenweg Arnhem

Architect: Meyer en Van Schooten Architecten B.V., Amsterdam
Projectarchitecten/ Project Architects: Roberto Meyer, Jeroen van Schooten
Projectteam/Project Team: Marnix van der Meer, Maurice Deen
Ontwerp – Oplevering/ Design – Completion: 1997-2001
Opdrachtgever/Client: Johan Matser Project-ontwikkeling BV, Hilversum
Aannemer/Contractor: Bouwcombinatie Monnikenhuizen (Ballast Nedam Woningbouw, NBM Amstelland & BAM Woningbouw)
Adviseur constructies/ Advisor for structural engineering: Van Rossum, Almere
Landschapsarchitect/ Landscape Architect: Buro Lubbers, Den Bosch

De woonwijk Monnikenhuizen is gesitueerd in een bosrijke omgeving op de locatie van het voormalige Vitesse Stadion. Het aanwezige hoogteverschil in het terrein is in het steden-bouwkundig plan en het landschapsontwerp van de open-bare ruimte verwerkt in een oplopende reeks terrassen. De woningen zijn ontsloten vanaf een slingerende weg. De randen van de wijk bestaan uit kleinere geschakelde een-heden en het middendeel uit evenwijdige blokken rijenhuizen. De hoogteverschillen in het terrein worden deels opgevangen door met keien gevulde schanskorven. Deze tuinmuren worden doorgezet als buitenspouwbladen in enige twee-onder-een-kapwoningen van Vera Yanovshtchinsky. Het meest opvallend zijn zes appartementengebouwen van Meyer en Van Schooten. Deze zijn afwisselend evenwijdig aan de straten of onder een hoek van 45 graden half in de aangrenzende heuvel, half 'zwevend' boven het maaiveld geplaatst. De blokken – elk met zeven woningen: drie flats op de koppen en vier (bajonet)maisonnettes – zijn glad en strak uitgevoerd, zonder uitstekende buitenruimtes en met parkeervoorzieningen onder het blok. De gevels zijn groten-deels bekleed met geprinte glasstroken die de achter-liggende gelaagdheid van de gevel, het isolatiefolie of de openingen van galerij, lift en trappenhuis gedeeltelijk zicht-baar maken. In contrast met de artificiële glasgevel is de galerij intern met gebeitste multiplexpanelen en extern met horizontale houten lamellen afgewerkt.

The Monnikenhuizen district is located in a wooded area on the site of the former Vitesse football stadium. The natural slope of the site is converted in the spatial master plan and the landscape design of the public areas into an ascending series of terraces. The houses are reached by means of a winding road. The outer edges of the estate consist of smaller, interlinked units and the middle section of parallel blocks of terraced houses. The site gradient is partially absorbed by walls of stone-filled gabions. These garden walls are carried through as outer cavity leaves in a few semi-detached dwellings by Vera Yanovshtchinsky. Most striking of all are six apartment blocks by Meyer and Van Schooten. They are placed alternately parallel to the streets or at an angle of 45 degrees, half in the adjacent hillside, half 'hovering' above the ground. The blocks – each containing seven apartments: three flats on the end elevations and four (bayonet) maisonettes in between – are smooth and taut to look at, free of projecting external spaces and with car parking out of sight underneath the block. The facades are for the most part finished in printed strips of glazing which reveal glimpses of the layering of the facade, the insulating foil and the openings of gallery, lift and staircase. In contrast to the artificial glass facade, the gallery is finished on the inside with stained plywood panels and on the outside with horizontal wooden slats.

↙ **Begane grond**
Ground floor
Parkeren Parking

↓ **Tweede verdieping**
Second floor
Eerste verdieping
First floor

1 **ingang** entrance
2 **flat**
3 **maisonnette**
maisonette
4 **galerij** walkway
5 **parkeren** parking
6 **trappenhuis** stair tower

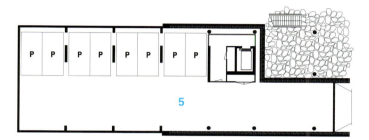

6823 PH

Woningbouw Monnikenhuizen
Housing Monnikenhuizen

Vera Yanovshtchinsky

← **Situatie** Situation
A **Dominicanenweg**
B **Norbertijnenstraat**
C **Jezuïetenstraat**

↙ **Begane grond**
Ground floor
↓ **Eerste verdieping**
First floor
↘ **Tweede verdieping**
Second floor

1 **ingang** entrance
2 **woonkamer** living room
3 **keuken** kitchen
4 **slaapkamer** bedroom
5 **balcon** balcony
6 **vide** void

↓ **Foto** Photo
Luuk Kramer

Jezuïetenstraat
Norbertijnenstraat
Dominicanenweg
Roosendaalseweg
Arnhem

Architect: Vera Yanovshtchinsky architecten B.V.,
Den Haag

Projectarchitecten/
Project Architects: Vera
Yanovshtchinsky, Casper
Vos
Ontwerp – Oplevering/
Design – Completion:
1997-2001
Opdrachtgever/Client:
Johan Matser Projektont-

wikkeling BV, Hilversum
Aannemer/Contractor:
Aannemingscombinatie
Monnikenhuizen V.O.F.
Constructeur/Structural
Engineer: Ingenieursgroep
van Rossum, Almere

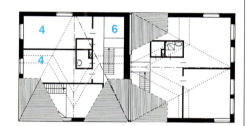

VHP

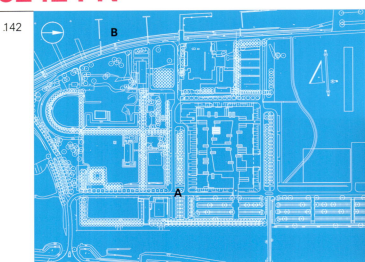

← **Situatie** Situation
A **Bataviaplein**
B **Oostvaardersdijk**

↓ **Foto** Photo
Jeroen Musch

Bataviaplein 60 Lelystad

Architect: VHP stedebouwkundigen + architekten + landschapsarchitekten bv, Rotterdam

Projectdirecteur/Project Director: Ron Klein Breteler

Projectteam/Project Team: Rop van Loenhout (projectarchitect/project architect), Maurice Nio, Dirk Bots, Paul Kersten (landschapsarchitect/landscape architect), Riëtte Bosch

Ontwerp – Oplevering/

Design – Completion: 1999-2001

Opdrachtgever/Client: Foruminvest bv, Naarden en/and Stable International BV, Amersfoort

Aannemer/Contractor: Heilijgers Bouw bv, Amersfoort

Constructeur/Structural Engineer: Alferink-Van Schieveen Bouwtechnisch Adviesbureau bv, Zwolle

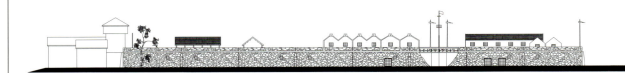

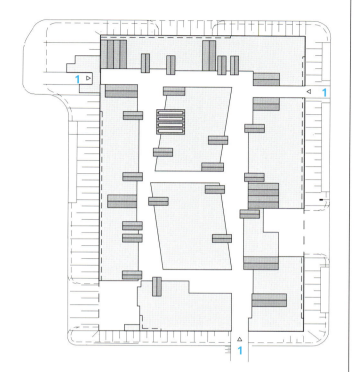

Batavia Stad is de eerste Outlet Shopping Village in Neder-land. In dit uit Amerika overgewaaide detailhandelconcept worden overtollige kledingstukken en accessoires van bekende merken tegen gereduceerde prijzen verkocht. In de VS zijn dergelijke centra gevestigd in grootschalige, over-dekte shopping malls met kolossale winkels en etalages. In Lelystad koos men voor een andere aanpak. Uitgangspunt van het marketingconcept was een 'consumentgerichte' architectuur, die veelal gestalte krijgt in de toepassing van fantasie- of historiserende imitatiestijlen. In dit geval was de bron van inspiratie een lokale bezienswaardigheid: de Batavia-werf, waar het VOC-schip de *Batavia* werd gerecon-strueerd.

Het outlet-centrum is gebouwd als een vestingstad met een ruim vijf meter hoge muur waarin drie majestueuze poorten met elk een eigen thema zijn opgenomen. De Scheepspoort bestaat uit een scheepsromp, de Stadspoort refereert aan een middeleeuwse poort en de Polderpoort – het eenvoudigst uitgevoerd – biedt als metafoor voor het heden uitzicht op het kale polderlandschap. Als zekere verleiders geven deze poorten toegang tot een intieme binnenwereld die de koop-lust moet aanwakkeren. Een heldere routing van met klinkers en natuursteen geplaveide wandelstraten leidt de consument langs de quasi-rustieke gevels van zo'n zeventig winkels. De houten, in lichte kleuren beschilderde gevels verwijzen naar de overzeese gebieden die de *Batavia* aandeed.

Batavia Stad is Holland's first factory outlet shopping centre where surplus brand-name clothing and accessories are sold direct to the public at reduced prices. In the United States, where this retail concept originated, outlet centres take the form of large-scale covered shopping malls with huge stores and ditto display windows. In Lelystad another approach was pre-ferred. Here the marketing concept was based on a 'consumer-oriented' architecture, which usually translates into fantasy or historicizing pseudo-styles. In this case the source of inspiration was a local attraction: the Batavia shipyard where the Dutch East India Company ship the *Batavia* was reconstructed. The outlet centre has been built in the form of a fortified town surrounded by a wall over five metres high pierced by three majestic, themed gates. Scheepspoort (Ship Gate) consists of a ship's hull, the Stadspoort (Town Gate) refers to its medieval ancestor, while the Polderpoort (Polder Gate) – the plainest of the three – offers, as a metaphor for the present, a view of the bare polder landscape. Seducers all, the gates give access to an intimate inner world designed to stimulate consumer activity. A lucid routing via streets paved with clinkers and natural stone leads the consumer past the quasi-rustic fronts of some seventy shops. The timber facades, painted in pastel colours, are an allusion to the overseas territories visited by the *Batavia*.

← **Situatie** Situation
A **Nulweg**
B **Bestaand gebouw**
   Existing building

Foto's Photos
Christian Richters

Nulweg 1
Ter Apel

Architect: Geurst &
Schulze architecten b.v.,
Den Haag
Projectarchitecten/
Project Architects: Jeroen
Geurst, Leo Oorschot
Medewerkers/Contrib-
utors: Suzan Reerink,
Robert van den Bosch,
Katja Heid, Michiel
Vrehen, Robin van de Ven
Ontwerp – Oplevering/
Design – Completion:
1999-2001

Opdrachtgever/Client:
Rijksgebouwendienst
Directie Noord, Groningen
Aannemer/Contractor:
IBC Mestemaker Bouw
b.v., Musselkanaal
Adviseur constructie/
Engineering Consultant:
ABT adviesbureau voor
bouwtechniek b.v., Velp
Interieurarchitect/
Interior Designer: Geurst
& Schulze architecten
b.v., Den Haag
Tuininrichting/Garden
Design: H+N+S land-
schapsarchitecten b.v. –

Yttje Feddes, Harma
Horlings, Utrecht
Kunstenaars/Artists:
Marieke van Diemen (kleur
en inrichting hoorkamers
en wachtruimten/Colour
and decoration interview
rooms and waiting
rooms); Jan van den
Dobbelsteen (water- en
lichtinstallatie/water and
light installation)

Begane grond Ground floor	1	**ingang** entrance	6 **gang** corridor
Eerste verdieping First floor	2	**hal** hall	7 **interviewkamers** interview rooms
	3	**bagage** lugage	8 **slaapkamer** bedroom
	4	**wachtruimten** waitingrooms	9 **badruimte** bathroom
	5	**kantoor** office	

In opdracht van de Immigratie- en Naturalisatiedienst (IND) is een Aanmeldcentrum voor asielzoekers ontwikkeld. In dit gebouw vinden de eerste gesprekken plaats met asielzoekers die een verblijfsvergunning voor Nederland willen aanvragen.
Het centrum bestaat uit twee delen. Een bestaand gebouw waar het management is ondergebracht en een nieuw gebouw. In dit nieuwe gebouw verblijven de asielzoekers enkele dagen en hebben ze een aantal interviews met de IND. Het gebouw bestaat uit wacht- en slaapruimten voor de asielzoekers, verhoorkamers voor de interviews en kantoren voor afgevaardigden van de Vreemdelingendienst, Koninklijke Marechaussee, Vluchtelingenwerk en IND.
De locatie ligt net buiten Ter Apel op een oud NAVO-opslagterrein. Het nieuwe gebouw heeft een vierkante plattegrond met vier patio's en bestaat uit twee bouwlagen. Vanwege de korte ontwerptijd van twee maanden en de snelle bouwtijd van elf maanden is gekozen voor een geprefabriceerd demontabel bouwsysteem bestaande uit een staalskelet, betonnen kanaalplaatvloeren en prefab houten binnenspouwbladen. De gevel bestaat uit keramische gevelelementen en aluminium kozijnen.

The Immigration and Naturalization Service (IND) commissioned an accommodation/office building in which to conduct initial assessment interviews with asylum seekers applying for a Dutch residence permit. The centre consists of two sections, an existing building housing the management, and a new building. Asylum seekers stay in this new building for several days during which they have a number of interviews with IND officers. The building contains waiting rooms and dormitories for the asylum seekers, interview rooms and offices for representatives of the Aliens Department, Royal Marechaussee, the Refugee Council and the IND.
The location is just outside Ter Apel on the site of an old NATO storage depot. The new building is square in plan, with four patios, and two storeys high. Because of the short design period (two months) and the rapid construction time (eleven months), the architects opted for a prefabricated, demountable building system consisting of a steel frame, concrete hollow-core slab floors and prefab timber inner leaves. The elevation consists of ceramic facade elements and aluminium frames.

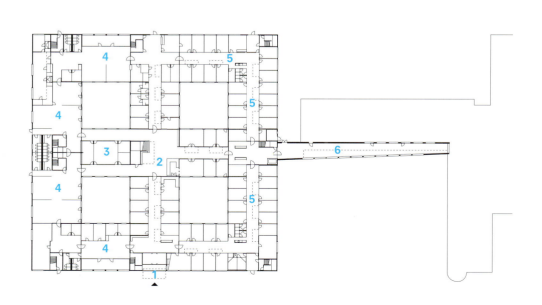
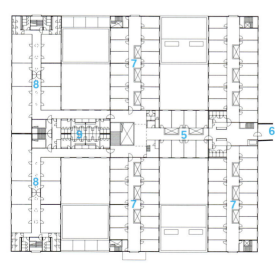

9560 AB

Aanmeldcentrum voor asielzoekers
Registration centre for asylum seekers

Geurst & Schulze

Blue Moon

In de nazomer van 2001 vond in Groningen de manifestatie Blue Moon plaats, die het begin inluidde van de ontwikkeling van het Europapark. Het gebied waar dit nieuwe stadsdeel naar een ontwerp van Wiel Arets zal verrijzen – het terrein van de voormalige elektriciteitscentrale in het zuidoosten van de stad – vormde samen met de historische binnenstad het schouwtoneel voor een reeks culturele evenementen. De Japanse architect Toyo Ito, intendant van de manifestatie, nodigde voor de invulling van het programma vier buitenlandse architecten uit. Zij ontwierpen voor het Europapark een tijdelijke landschapsinstallatie en voor de binnenstad een bijzonder woon- en werkhuis. De ontwerpen voor deze woningen illustreren Ito's visie dat functies als wonen, werken en vrijetijdsbesteding steeds vaker gecombineerd zullen worden. Slechts drie van de vijf experimentele woningen zijn in 2001 gerealiseerd. De ontwerpen van Ito voor een galerie annex woonruimte en het woonwerkgebouw van Xaveer De Geyter worden in 2002 opgeleverd.

Voor de Lutkenieuwstraat, met een perceeloppervlakte van 42 m² de kleinste locatie, ontwierp het bureau van Tony Fretton twee gestapelde maisonnettes. Met de wit gestuukte gevel, die pas vanaf de tweede verdieping terugspringt, heeft Fretton de oorspronkelijke rooilijn in acht genomen. Op de begane grond bevindt zich de gemeenschappelijke entreehal, die vanaf de straat zichtbaar is door drie grote ramen. De berging in deze hal is verborgen achter een felgekleurde kastenwand, een replica van een 18e-eeuwse vestiaire van een naburig huis, die door zijn zichtbaarheid als het ware tot het straatmeubilair lijkt te behoren. Twee zware houten trappen ontsluiten de appartementen. De ramen op de bovenste verdieping zijn als een doorlopende band rond de ruimte getrokken om de bewoner een panoramisch uitzicht over de stad te bieden. Meer aan het zicht onttrokken is het binnenpleintje in het Schuitenschuiverskwartier, waarvoor het Foreign Office een experimentele woon/bedrijfsruimte ontwierp. Het gesloten, symmetrische blok oogt als een massief, ijzig object, wat het anonieme karakter van dit verwaarloosde binnenterrein versterkt. De geperforeerde stalen golfplaten die aan de voorzijde over alle vier verdiepingen zijn aangebracht, kunnen als deuren worden geopend, en geven dan een blik op een bijna geheel transparante gevel. In de onderste twee lagen van het gebouw komt een sociëteit voor klassieke-muziekliefhebbers, voor wie op het binnenplaatsje een terras wordt aangelegd. De tweede en derde laag hebben een eenvoudige plattegrond met woonbestemming, bedoeld voor tijdelijke huurders. Het ontwerp waarin het idee van het combineren van publieke en private functies het verst is doorgevoerd, is van Space Group Architects. Voor een doodlopende straat ontwierpen zij een woonhuis met kinderdagverblijf, dat opvalt door zijn fragiele, uitkragende gevel. Het halfdoorzichtige tentdoek dat in houten frames voor de glazen gevelwand gespannen is, wekt de indruk alsof het gebouwtje in een cocon verpakt is. De buitenzijde verraadt niets van het complexe programma dat in het kleine volume is ondergebracht. Op de begane grond en eerste verdieping bevindt zich het woongedeelte met een hoge vide. Via een binnentrap is de tweede verdieping bereikbaar, waar zich het kinderdagverblijf bevindt. Het halfoverdekte dakterras heeft een kinderzwembad. Bezoekers, meestal vaders en moeders met kleine kinderen, bereiken de crèche via een zij-ingang, waar een zeer smalle en uiterst steile trap naar boven leidt – er zijn crèches die makkelijker bereikbaar zijn.

In the late summer of 2001, the city of Groningen hosted the Blue Moon festival which marked the beginning of the huge Europapark development on the site of a former power station south-east of the city. The land on which this new district (designed by Wiel Arets) will soon arise formed, together with the inner city, the setting for a range of cultural events. The Japanese architect Toyo Ito, director of the festival, invited four foreign architects to join him in fleshing out the festival programme. They each designed a temporary landscape installation for Europapark and a striking, dual function house for the inner city sites. The house designs illustrate Ito's conviction that the functions of home, work and leisure are going to have to be combined more and more in the future. Only three of the five experimental houses was actually built in 2001. Ito's design for a gallery-cum-home and Xaveer De Geyter's design for a live-work building will be finished in 2002.

For the Lutkenieuwstraat plot, at 42 m² the smallest site, Tony Fretton's office designed two stacked maisonettes. At ground level the white stuccoed facade toes the original building line, only stepping back on the floors above. The ground floor contains the shared entrance hall which is visible from the street through three large windows. The store room that is also on this level is concealed behind a brightly coloured wall unit, a replica of the 18th-century cloakroom of a neighbouring house but made so visible here that it appears to have more in common with street furniture. Two black wooden stairs give access to the apartments above. The top floor windows – a continuous band of fenestration wrapped around the space – afford the occupant a panoramic view of the city.
Less conspicuous is the courtyard in the Schuitenschuivers quarter, for which Foreign Office designed experimental home/business premises. The hermetic, symmetrical block makes a massive, steely impression that reinforces the anonymity of this neglected inner courtyard. The perforated corrugated steel panels attached to the front of the building on all four floors are in fact doors that open to reveal an almost entirely transparent facade. The first two floors will be occupied by a classical music society; a terrace will be created for them on the courtyard side. The second and third floors have a very simple domestic floor plan and are intended for short-term occupancy.
The design that takes the concept of mixed public and private functions the furthest is that by Space Group Architects. For their site in a dead-end street they designed a house with children's day nursery that stands out because of its fragile-looking, projecting facade. The semi-transparent canvas stretched between wooden frames in front of the glazed facade makes the building look as if it is encased in a cocoon. The exterior betrays nothing of the complex programme that has been fitted into the small volume. The residential section is located on the ground and first floors and includes a tall void. An internal stair leads to the second floor where the day nursery is housed. A children's paddling pool is located beneath the capping of the half-covered roof terrace. Visitors, usually mothers and fathers with small children, get to the crèche via a side entrance where a very narrow and extremely steep stair leads upstairs – there are more easily accessible crèches imaginable.

Blue Moon

Self Referential House

Space Group

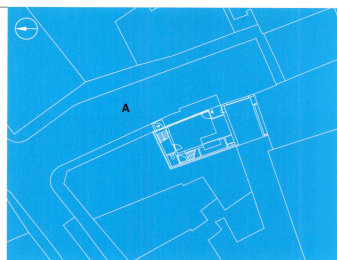

151

A

← **Situatie** Situation
A **Prinsenstraat**

Foto's Photos
Christian Richters

↙↙ **Doorsnede** Section
↙ **Derde, tweede, eerste verdieping en begane grond**
Third, second, first and ground floor

1 **ingang** entrance
2 **woonkamer** living room
3 **keuken** kitchen
4 **kinderdagverblijf** children's day nursery

5 **toilet** toilet
6 **terras** terrace
7 **babypool**

Prinsenstraat Groningen

Architect: Space Group, Oslo
Projectteam/Project Team: Gro Bonesmo, Gary Bates, Adam Kurdahl
Lokale architect/Local

Architect: KAW architecten en adviseurs, Groningen
Ontwerp – Oplevering/Design – Completion: 2000-2001
Opdrachtgever/Client: IN, Groningen
Aannemer/Contractor: Rottinghuis BV, Groningen

Constructeur/Structural Engineer: Ingenieursbureau Dijkhuis bv, Groningen
Bouwfysisch adviseur/Building physics consultant: J.P. van der Weele, Groningen

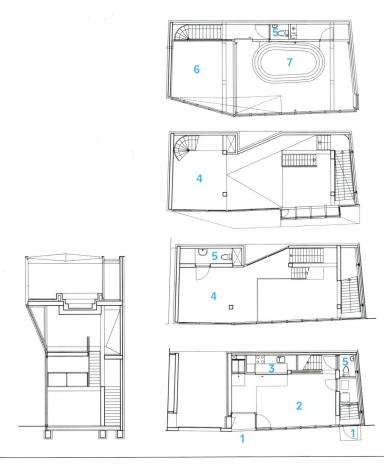

Blue Moon Woonhotel – Woon/bedrijfsruimte
Residential hotel – Home/business premises # Foreign Office Architects

152

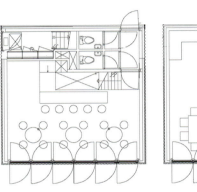

← **Situatie** Situation
A **Schuitendiep**

↙ **Begane grond**
Ground floor
Verdieping Floor

Foto's Photos
Christian Richters

**Schuitendiep 88
Groningen**

Architect: Foreign Office
Architects: Alejandro
Zaera Polo and Farshid
Moussavi, Londen/
London
Medewerkers/Contrib-

utors: Marco Guarnieri,
Xavier Ortiz, Lluis Viu
Lokale architect/Local
Architect: Artes Archi-
tecten, Groningen
Ontwerp – Oplevering/
Design – Completion:
2000-2001
Opdrachtgever/Client:

Gemeente Groningen/
City of Groningen
Aannemer/Contractor:
Van Wijnen Groningen B.V.
Constructeur/Structural
Engineer: Ingenieursbureau
Dijkhuis

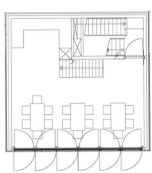

9712 AW

Blue Moon   **Appartementen**
Apartments

Tony Fretton

153

A

← **Situatie** Situation
A   **Lutkenieuwstraat**

ᵗᵗ **Maisonnette 1**
Maisonnette 1
**Tweede en eerste
verdieping, begane
grond** Second, first
and ground floor

ᵗ **Maisonnette 2**
Maisonette 2
**Vierde en derde
verdieping**
Fourth and third floor

↓ **Foto** Photo Christian
Richters
↓↓**Foto** Photo Hélène Binet

Lutkenieuwstraat 3 Groningen	b.v., Groningen	**Constructeur**/Structural Engineer: W2N engineers b.v., Drachten
Architect: Tony Fretton Architects, Londen/ London	**Ontwerp – Oplevering**/ Design – Completion: 2000-2001	
Uitvoerend architect/ Executive Architect: Van Helden Project-architect	**Opdrachtgever**/Client: Zwartsenberg beheer b.v., Groningen	
	Aannemer/Contractor: Siersma bouw b.v., Leek	

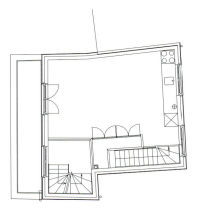

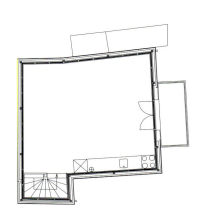

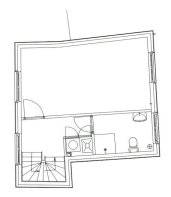

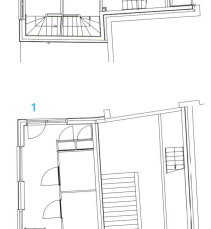

1

← **Situatie** Situation
A A.J. Lutulistraat
B M.L. Kingstraat

↓ **Foto** Photo
Christian Richters

→ **Foto** Photo
Hélène Binet

A.J. Lutulistraat Groningen

Architect: John Hejduk
Projectarchitect/Project Architect: Otonomo Architecten, Groningen – Derk Flikkema i.s.m./with Thomas Müller, Berlijn/Berlin

Medewerkers/Contributors: Bart de Groot, Ramon Zuidersma
Ontwerp – Oplevering/Design – Completion: 1973-2001
Opdrachtgever/Client: Wilma B.V. Regio Noord-Oost, Groningen

Aannemer/Contractor: Wilma B.V., Groningen
Constructeur/Structural Engineer: Ingenieursbureau Dijkhuis, Groningen

Het tijdens de manifestatie Blue Moon opgeleverde Wall House is een postuum eerbetoon aan John Hejduk. Eerder al had de gemeente getracht dit voor de heuvels van Connecticut ontworpen weekendhuis uit 1973 te realiseren, maar geen enkele opdrachtgever durfde het aan. Hejduks overlijden in de zomer van 2000 was voor de gemeente aanleiding het ontwerp zelf te laten uitvoeren, op een driehoekig terrein in de nieuwbouwwijk Hoornse Meer.

Het Wall House oogt als een autonoom, sculpturaal object. Een opvallende betonnen muur vormt de basis. De muur trekt een grens tussen de facilitaire ruimten en de leefruimten, die als drie organische volumes boven elkaar geplaatst zijn. Beneden het slaapvertrek, op de tussenetage de eetkeuken en boven de woonkamer, elk met een gekadreerd uitzicht op het meer. De organische vormen en zachte tinten van de drie volumes contrasteren met de geometrische vormen en grijstinten aan de andere zijde van de muur, waar zich de ingang, de lange loopbrug en het trappenhuis bevinden. De aardekleurige werkruimte, pal naast de ingang, lijkt de scheidende functie van de muur te doorbreken, maar vormt in Hejduks concept juist de ultieme bevestiging daarvan.

De muur als scheidend element komt voort uit Hejduks fascinatie voor nieuwe ruimtebelevingen: hij legt de nadruk op het ritueel van de overgang tussen verschillende ruimten in plaats van op de ruimten zelf. Door de unieke plaatsing van de goed geproportioneerde ruimten is wat van buiten als een autonome sculptuur oogt, van binnen een inspirerende leefomgeving die de geest uitdaagt, laat ontspannen en tot beroering brengt.

The Wall House, completed during the Blue Moon festival in Groningen, is a posthumous tribute to the American architect John Hejduk. A previous attempt by the city council to realize this 1973 design for a weekend house in the Connecticut hills, had foundered for want of a sufficiently adventurous client. Hejduk's death in the summer of 2000 prompted the council to go ahead and build the house itself, on a triangular plot in the new residential area of Hoornse Meer.

The Wall House manifests itself as an autonomous, sculptural object. The basis is a striking concrete wall which draws a line between the service spaces and the living spaces which are stacked one above the other in three organic volumes: downstairs the bedroom, on the intermediate floor the kitchen/dining area, and on the top floor the living room, each with a framed view of the lake. The organic forms and soft colours of the three volumes contrast with the geometrical forms and grey tones on the other side of the wall where the entrance, the long footbridge and the staircase are located. The ochre-coloured workroom, right beside the entrance, appears to breach the wall's separating function but in fact, in Hejduk's concept, it is its ultimate confirmation.

The wall as separating element derives from Hejduk's fascination with new spatial experiences: he places the emphasis on the ritual of the transition between different spaces rather than on the space itself. Thanks to the unique placement of the well-proportioned spaces, what looks from the outside to be an autonomous sculpture, is on the inside an inspiring living environment that challenges, relaxes and stimulates the spirit.

↓ **Foto** Photo
Hélène Binet
↓↓ **Foto** Photo
Christian Richters

↘ **Foto** Photo
Hélène Binet

↘ **Foto** Photo
Hélène Binet

Villa Daelmans
Daelmans Villa

Jo Coenen

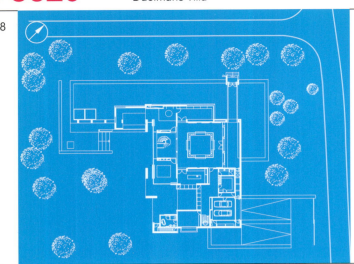

← **Situatie** Situation

Foto's Photos
Robertino Nikolic
(voor/for *Häuser*)

↙ **Dak** Roof
Begane grond
Ground floor

↓ **Doorsneden** Sections
Eerste verdieping
First floor

1 **ingang** entrance
2 **woonkamer** living
   room
3 **keuken** kitchen
4 **eetkamer** dining room
5 **badkamer** bathroom

6 **slaapkamer** bedroom
7 **werkkamer** workspace
8 **patio**

Lanaken	**Medewerkers**/Contrib-	1997-2001
België/Belgium	utors: Iwert Bernakiewicz,	**Opdrachtgever**/Client:
	Danny Bovens, Danny	de heer en mevrouw/
Architect: Jo Coenen & Co	Schiffeleers	Mr and Mrs Daelmans
Architekten, Maastricht	**Bouwdirectie**/Building	**Aannemer**/Contractor:
Projectarchitecten/	director: Buro Bouwadvies,	Xhonneux BV, STAD
Project Architects: Jo	STAD	**Constructeur**/Structural
Coenen, Bettina Sättele,	**Ontwerp – Oplevering**/	Engineer: Van der Werf en
Bert Jeurissen	Design – Completion:	Nass, STAD

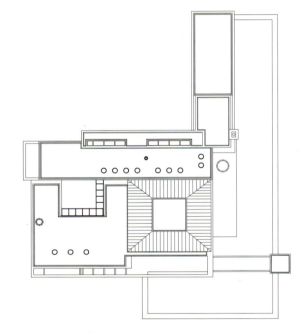

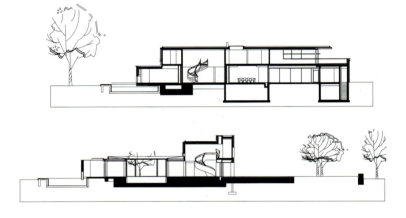

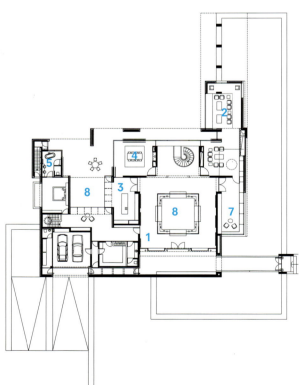

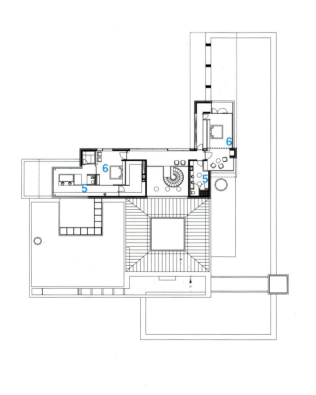

De villa staat op de hoek van twee deftige straten in Lanaken, vlak bij Maastricht, op een voormalig bosterrein, ooit deel van het landgoed Kasteel Pietersheim. De opdrachtgevers vroegen om het groene karakter van de plek te bewaren, zonder het met name op de begane grond gewenste woonprogramma te verkleinen.
De belangrijkste woonvertrekken liggen aan de tuinzijde, afgewend van de straat, aan twee ten opzichte van elkaar verschoven patio's. De tuin wikkelt zich rond het gehele huis en beantwoordt daarmee aan de voorgeschreven afstand tussen huis en straat. Soort en dimensie van terreinafscheidingen zoals hekken, hagen en andere beplantingen volgen het voorbeeld van de naburige percelen en laten aldus het huis naadloos in zijn directe omgeving opgaan. Om de villa het gewenste discrete en intieme karakter te verschaffen, is in de planopzet een sequentie van gesloten en open ruimten gemaakt die de overgang van binnen naar buiten en van privé naar straat gedoseerd laat plaatsvinden. Op deze wijze is voorkomen dat een hermetisch bouwwerk zou ontstaan. Een zeer grote 'erker' hangt over het water en maakt bouwen tot over de rooilijn mogelijk.

The villa stands on the corner of two fashionable streets in Lanaken, not far from Maastricht, on ground that was once part of a wood belonging to the Kasteel Pietersheim estate. The clients asked that the green character of the site be preserved without any reduction of the residential programme required, in particular on the ground floor.
The main living areas are located on the garden side, turned away from the street, facing two patios. The garden wraps itself around the entire house and in so doing complies with the prescribed distance between house and street. Property demarcators such as fences, hedges and other greenery follow the example of neighbouring premises in type and size so that the house merges seamlessly with its immediate surroundings. To provide the villa with the discreet and intimate character asked for by the clients, the architects designed a sequence of closed and open spaces that allows for a measured transition from inside to outside and from private to public and avoids creating a hermetic structure. A very large 'loggia' projects out over the pool, neatly sidestepping regulations restricting building beyond the building line.

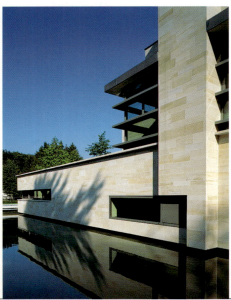

J.P. Kloos (1905-2001)

Op 8 augustus overleed op 96-jarige leeftijd de in Schiedam geboren architect Jan Piet Kloos, representant van de Nieuwe Zakelijkheid. Tijdens zijn studie aan de Academie van Bouwkunst in Amsterdam werkte Kloos als opzichter/ tekenaar voor het bureau van Jan Duiker aan sanatorium Zonnestraal (1926-1928) in Hilversum. Vervolgens ging hij naar Parijs, waar hij als projectleider betrokken was bij de bouw van Dudoks studentenhuis in de Cité Universitaire (1928-1932). Terug in Nederland vestigde hij zich als zelfstandig architect en werd actief lid van Groep '32 en vereniging 'de 8'. Na de oorlog bouwde Kloos vele woningen, scholen, bejaardencentra en industriële complexen. Met zijn ziekenhuizen in Terneuzen, Almelo, Groningen, Kampen en Hardenberg werd hij een autoriteit op het gebied van de ziekenhuisbouw. Kloos werkte mee aan het stedenbouwkundig plan voor Nagele, dat beschouwd wordt als een manifest van het Nieuwe Bouwen. Een opzienbarend experimenteel woningbouwproject uit zijn hand is het complex met 'hangbrugmaisonnettes' (1970) in Amsterdam-Osdorp. In 1985 publiceerde Kloos het boek *Architectuur, een gewetenszaak. Een pleidooi in woord en beeld.*
Kloos was medeoprichter van diverse vakorganisaties, betrokken bij de oprichting van de Stichting Architecten Research (SAR) en de scholencommissie van de Union Internationale des Architectes, en voorzitter van de redactie van het tijdschrift *Goed Wonen.* In 1982 ontving hij de BNA-kubus voor zijn inspanningen met betrekking tot het Nieuwe Bouwen.

On 8 August, the Schiedam-born architect Jan Piet Kloos, a representative of Nieuwe Zakelijkheid, died aged 96. During his studies at the Academy of Architecture in Amsterdam, Kloos worked as supervisor/ draughtsman for Jan Duiker on the Zonnestraal Sanatorium (1926-1928) in Hilversum. He followed this with a stint in Paris where he acted as project manager on the construction of Dudok's students' house in the Cité Universitaire (1928-1932). Back in Holland again he set up in private practice and became an active member of Groep '32 and 'de 8'. After the war Kloos designed many houses, schools, old people's homes and industrial complexes. His hospitals in Terneuzen, Almelo, Groningen, Kampen and Hardenberg made him an authority on hospital construction. He collaborated on the spatial master plan for Nagele which was regarded as a manifesto of Nieuwe Bouwen (Dutch Modernism). One spectacular experimental housing scheme by Kloos is the residential complex of 'suspension bridge maisonettes' (1970) in Amsterdam-Osdorp. In 1985 Kloos published the book *Architectuur, een gewetenszaak. Een pleidooi in woord en beeld* (Architecture, a matter of conscience. An argument in words and pictures.)
Kloos was a co-founder of various professional organizations, involved in the setting-up of SAR (Foundation for Architectural Research) and the schools committee of the Union Internationale des Architectes, and chairman of the editorial board of the magazine *Goed Wonen.* In 1982 he was awarded the BNA Cube for his efforts with regard to Nieuwe Bouwen.

Abe Bonnema (1926-2001)

Op 9 augustus overleed de Friese architect Abe Bonnema. Zijn ontwerp voor het gebouw voor Nationale Nederlanden ('Delftse Poort', 1992) in Rotterdam – met 150 meter nog steeds het hoogste gebouw van Nederland – gaf hem landelijke bekendheid.
Na zijn studie aan de Technische Hogeschool Delft vestigde Bonnema zijn bureau in een door hemzelf ontworpen kantoor-woonhuis (1963) in Hardegaryp. Bonnema, die zichzelf een functionalistisch architect noemde, heeft een oeuvre dat circa vijfhonderd werken omvat. Aanvankelijk ontwierp hij veel woningbouw, maar later voornamelijk utilitair projecten, onder andere grote gebouwen voor de Sociale Verzekeringsbank in Amstelveen, Deventer en Breda, het Gerechtsgebouw in Leeuwarden, de Huisvuilcentrale voor Alkmaar en een gebouw voor Rijkswaterstaat in Grou. Behalve in Rotterdam bouwde Bonnema ook hoge gebouwen voor grote bedrijven in Leeuwarden (hoofdkantoor Avéro, 75 m), Amsterdam (Elsevier/Belastingdienst, 85 m) en Tilburg (hoofdkantoor Interpolis, 92 m). Zijn bureau voor Architectuur en Ruimtelijke ordening in Hardegaryp voltooide in 2001 de 114 meter hoge Achmeatoren in Leeuwarden.

On 9 August, the Frisian architect Abe Bonnema died at the age of 75. Bonnema achieved national fame with his design for the Nationale Nederlanden office ('Delftse Poort', 1992) in Rotterdam – at 150 metres still the tallest building in the Netherlands. After completing his studies at Delft Technical College, Bonnema set up in private practice in an office-cum-house of his own design (1963) in Hardegaryp. The oeuvre of this self-styled functionalist comprises some five hundred works. In the early days he designed a lot of housing schemes but later on mainly utilitarian projects including large buildings for the Sociale Verzekeringsbank in Amstelveen, Deventer and Breda, the Law Courts in Leeuwarden, a Garbage Processing Centre for Alkmaar and a building for Rijkswaterstaat in Grou. Apart from Rotterdam, Bonnema designed tall buildings for big corporations in Leeuwarden (Avéro headquarters, 75 m.), Amsterdam (Elsevier/Taxation Department, 85 m.) and Tilburg (Interpolis headquarters, 92 m.). His office for Architecture and Spatial Planning in Hardegaryp completed the 114 metre-high Achmea Tower in Leeuwarden in 2001.

Arno Nicolaï (1914-2001)

Op 14 november overleed de in Breda geboren architect Arno Nicolaï, die vooral bekend werd met zijn woningbouw voor de modernistische uitbreidingswijken van Emmen.
Nicolaï werkte tot na zijn afstuderen bij Willem van Tijen in 1945 als opzichter bij het bureau Zandstra Giessen Sijmons in Amsterdam. In 1946 trouwde hij met interieurarchitecte Cora Chaillet en verhuisde naar het oosten van het land om te werken op het bouwbureau van de NAM. Twee jaar later won hij de zilveren erepenning van de Prix de Rome voor zijn ontwerp van een religieus centrum. Na zijn reis begon hij een zelfstandig architectenbureau in Oldenzaal en vestigde zich vervolgens in 1949 in Emmen, waar zijn bureau tot 1983 zou voortbestaan. Tussen 1966 en 1974 had hij samen met de architecten J.J. Sterenberg en A.A. Oosterman het bureau Emmerhout, dat de woningbouw in de gelijknamige wijk in Emmen zou ontwerpen.
Tijdens zijn studietijd werd Nicolaï beïnvloed door het Nieuwe Bouwen en ontwikkelde vervolgens een, naar eigen zeggen, 'zachte' variant hierop. Zo maakte hij voor de Emmense nieuwbouwwijk Emmermeer een stedenbouwkundig (deel)ontwerp dat een speelse variant was op de rigide stempel-methode van de architectengroep Opbouw.
Nicolaï, die in het hele land bouwde, heeft een gevarieerd oeuvre met woningen, bejaardentehuizen, kerken, bedrijfs- en kantoorgebouwen, winkelcentra, scholen en bibliotheken.

Breda-born architect Arno Nicolaï died on 14 November, aged 87. Nicolaï was best known for his housing designs for the modernist suburban developments in Emmen.
After graduating under Willem van Tijen in 1945, Nicolaï worked as overseer in the office of Zandstra Giessen Sijmons in Amsterdam. In 1946 he married interior architect Cora Chaillet and moved to the eastern part of the country to work as a building consultant for the NAM. Two years later he won the silver medal in the Prix de Rome competition for his design of a religious centre. After the trip to Rome attached to the prize, he set up his own practice in Oldenzaal, moving in 1949 to Emmen where his practice was to remain until 1983. Between 1966 and 1974 he and the architects J.J. Sterenberg and A.A. Oosterman joined forces in the Emmerhout architectural office which was responsible for designing the housing for the district of that name in Emmen. During his studies Nicolaï was influenced by Nieuwe Bouwen and went on to develop what he called a 'soft' variation on this Dutch functionalist style. For the Emmen housing estate of Emmermeer, for example, he drew up a (partial) spatial master-plan that was a playful version of the rigid repeat-unit method favoured by the Opbouw architectural group.
Nicolaï, who built all over the country, had a varied oeuvre that encompassed houses, old people's homes, churches, industrial and office buildings, shopping centres, schools and libraries.

Architect Wiel Arets is per januari 2001 benoemd tot hoogleraar aan de faculteit Bouwkunde van de TU Delft. Hij zal gedurende drie jaar als eerste professor de zogenaamde Berlage leerstoel bezetten. De leerstoel is het resultaat van een samenwerkingsovereenkomst tussen het Berlage Instituut – waarvan Arets de decaan is – en de faculteit Bouwkunde, om gevorderde studenten van het instituut en andere promotiekandidaten de mogelijkheid te bieden om te promoveren op ontwerp en onderzoek in de architectuur.
The architect Wiel Arets has been appointed professor in the faculty of Architecture at Delft University of Technology, for a period of three years starting in January 2001. He is the first professor to hold the Berlage Chair which is the outcome of a cooperation agreement between the Berlage Institute – of which Arets is Dean – and the architecture faculty with the aim of offering advanced students of the institute and other Ph.D. candidates the opportunity of graduating in architectural design and research.

Per 1 juni 2001 is de Amerikaan Aaron Betsky (1958) aangesteld als directeur van het NAi, als opvolger van Kristin Feireiss. Betsky heeft zijn jeugd doorgebracht in Nederland. Hij studeerde aan de Yale School of Architecture in Connecticut en heeft vele publicaties op zijn naam staan. Boeken van zijn hand zijn onder andere: *Building Sex: Men, Women, Architecture and the Construction of Sexuality* (1995), *Queer Space: the Spaces of Same-Sex Desire* (1997) *en Architecture must Burn* (2000). Hij was als redacteur verbonden aan diverse architectuurbladen en is als architectuurcriticus werkzaam in het internationale lezingencircuit. Betsky doceerde aan diverse universiteiten en was vanaf 1995 curator Architecture, Design and Digital Projects van het Museum of Modern Art, San Francisco.
On 1 June 2001, American Aaron Betsky (b. 1958) succeeded Kristin Feireiss as director of the NAI. Betsky, who spent his childhood in Holland, studied at the Yale School of Architecture in Connecticut and has a great many publications to his name. His books include *Building Sex: Men, Women, Architecture and the Construction of Sexuality* (1995), *Queer Space: the Spaces of Same-Sex Desire* (1997) and *Architecture must Burn* (2000). He has also been an editor of various architectural magazines and as a critic of architecture he is active on the international lecture circuit. Betsky has taught at several universities and had been curator of Architecture, Design and Digital Project at the Museum of Modern Art, San Francisco since 1995.

Ir Kees van der Hoeven wordt per 1 januari 2002 de nieuwe voorzitter van de BNA. Van der Hoeven volgt prof.ir Jan Brouwer op. De benoeming geldt voor twee jaar.
Kees van der Hoeven succeeds Professor Jan Brouwer as the new chairman of the BNA on 1 January 2002. The appointment is for two years.

Erick van Egeraat en Rem Koolhaas zijn benoemd tot 'honorary fellow' van de RIBA, the Royal Institute of British Architects.
Erick van Egeraat and Rem Koolhaas have been made 'honorary fellows' of the Royal Institute of British Architects (RIBA).

Rem Koolhaas is benoemd tot Chevalier de la Legion d'Honneur, een prestigieuze onderscheiding voor personen die zich verdienstelijk hebben gemaakt in Frankrijk. Koolhaas kreeg deze onderscheiding voor zijn stedenbouwkundig plan voor Euralille, het Congrescentrum in Lille, en villa's in Parijs en Bordeaux.
Rem Koolhaas has been proclaimed a Chevalier de la Legion d'Honneur, a prestigious honour awarded to individuals in recognition of outstanding service to the Republic of France. Koolhaas received the order for his spatial master plan for Euralile, the Congress Centre Lille, and villas in Paris and Bordeaux.

A.M. Schreudersprijs
A.M. Schreuders Prize

De Stichting A.M. Schreuders reikt elke twee jaar de gelijknamige prijs uit om bijzondere prestaties op het gebied van ondergronds ruimtegebruik te stimuleren. De jury, bestaande uit Bandi Horvat (voorzitter), Pi de Bruijn, Wim Leendertse, Arjan Pruijssers en Frits van Tol, beoordeelde achttien inzendingen. Dit leverde vier genomineerden en één winnaar op. Genomineerd waren de Botlekspoortunnel van ir. H.J. Leistikow, 'Ondergronds tuinieren' van H. van der Weijst en 'Modulair jetschild' van P. Heerema, J. Schippers en F.J. Koppert. De eervolle vermelding ging naar 'Dokmodel Zuidas Amsterdam' van W.J.C. Koreman, J. van der Elsken en M. de Kant. Winnaar van de Schreudersprijs 2001 (65.000 gulden) werd Francine Houben van Mecanoo Architecten voor de ondergrondse uitbreiding van een kantoorvilla aan de Maliebaan in Utrecht.
Zie ook: http://cob.psi.tamtam.nl
The aim of the A.M. Schreuders Prize, awarded every two years by the foundation of that name, is to encourage innovative use of underground space. The jury, consisting of Bandi Horvat (chairman), Pi de Bruijn, Wim Leendertse, Arjan Pruijssers and Frits van Tol, assessed eighteen entries. Their deliberations resulted in four nominations and a first prize. Nominations went to the Botlek railway tunnel by H.J. Leistikow, 'Ondergronds tuinieren' (underground gardening) by H. van der Weijst 'Modulair jetschild' (modular jet shield) by P. Heerema, J. Schippers and F.J. Koppert, while W.J.C. Koreman, J. van der Elsken and M. de Kant received an honourable mention for 'Dokmodel Zuidas Amsterdam'. The winner of the A.M. Schreuders Prize 2001 (NLG 65,000) was Francine Houben of Mecanoo Architecten for the underground extension of an office-villa on the Maliebaan in Utrecht.
See also: http://cob.psi.tamtam.nl

Archiprix

Voor de Archiprix, de prijs voor de beste studentenplannen van de Nederlandse ontwerpopleidingen van het afgelopen studiejaar, werden 26 inzendingen beoordeeld. In 2001 bestond de jury uit Herman Hertzberger (architectuur), Hilde Heynen (theorie), Martin Knuijt (landschapsarchitectuur), Michiel Riedijk (architectuur) en Ton Schaap (stedenbouw). Het juryrapport constateerde aan de hand van de ingezonden plannen een aantal terugkerende thema's: hergebruik (een steeds belangrijker opgave), water, locatie (hoewel volgens de jury de kwaliteit van de locatie dikwijls geweld wordt aangedaan door het plan), wonen (terug als afstudeeropgave), verdichting en techniek (keert voorzichtig terug, nadat 'concept' lange tijd erg populair was). De eerste prijs was voor 'Maison fleximum' van Angie Abbink (Academie van Bouwkunst Amsterdam). De tweede prijs was voor 'Silo' van Marten de Jong (TU Delft). De eervolle vermeldingen gingen naar '16 volumes of reflection'

van Hanneke van Wel en Gert Anninga (TU Delft), 'MS?G' van Hans van Loon en Marco Visser (Academie van Bouwkunst Tilburg) en 'V low Track' van Eddy Verbeek (Academie van Bouwkunst Amsterdam).
Zie ook: www.archiprix.archined.nl
A total of 26 designs were entered for Archiprix, the prize for the best graduation plans produced by Dutch design courses during the previous academic year. The jury in 2001 was made up of Herman Hertzberger (architecture), Hilde Heynen (theory), Martin Knuijt (landscape architecture), Michiel Riedijk (architecture) and Ton Schaap (urban design). In their report, the jury identified several recurring themes: adaptive reuse (an increasingly important task), water, location (although the jury felt that the location was often violated by the plan), living (back again as a graduation assignment), densification and technology (cautious come-back following the lengthy popularity of 'concept'). First prize was awarded to Angie Abbink (Amsterdam Academy of Architecture) for 'Maison fleximum'. Second prize went to 'Silo' by Marten de Jong (TU Delft). There were honourable mentions for '16 volumes of reflection' by Hanneke van Wel and Gert Anninga (TU Delft), 'MS?G' by Hans van Loon and Marco Visser (Tilburg Academy of Architecture) and 'V low Track' by Eddy Verbeek (Amsterdam Academy of Architecture).
See also: www.archiprix.archined.nl

Archiprix International

Voor de eerste maal organiseerde Archiprix een internationale competitie voor de beste afstudeerprojecten op het gebied van architectuur, stedenbouw en landschapsarchitectuur. De doelstelling was om de uitwisseling tussen universiteiten en jonge ontwerpers wereldwijd te stimuleren. De jury, bestaande uit Jo Coenen (voorzitter), Aaron Betsky, Aurelio Galfetti en Paolo Mendes da Rocha, beoordeelde 138 inzendingen. Onder de negen bekroningen bevonden zich o.a. het plan 'IMAGE-building' van Jarrik Ouburg en Serge Schoemaker (TU Delft), het plan voor het Centraal Station in Rotterdam van de Deen Adam Collaitz Kurdahl (School of Architecture, Aarhus), 'Transtation' van Atsuo Okishio (Nagoya University Department of Architecture, Japan), en 'Floating City' van Jamie Bromley (Oxford Brookes University School of Architecture, Oxford). In de discussie voorafgaande aan de prijsuitreiking merkte Aaron Betsky op dat de globalisering ook hier een feit is, omdat aan de plannen bijna niet te zien was waar ze vandaan kwamen.
Zie ook: www.archiprix.org
For the first time in 2001 Archiprix held an international competition for the best graduation projects in the field of architecture, urban design and landscape architecture. The aim of this new award is to stimulate exchanges between universities and young designers around the world. The jury, consisting of Jo Coenen (chairman), Aaron Betsky, Aurelio Galfetti and Paolo Mendes da Rocha, assessed 138 entries. The nine prizewinners included

'IMAGE-building' by Jarrik Ouburg and Serge Schoemaker (TU Delft), a plan for Rotterdam's Central Station by the Dane Adam Collaitz Kurdahl (School of Architecture, Aarhus), 'Transtation' by Atsuo Okishio (Nagoya University Department of Architecture, Japan), and 'Floating City' by Jamie Bromley (Oxford Brookes University School of Architecture, Oxford). During the discussion that preceded the presentation of awards, Aaron Betsky remarked that globalization had left its mark on architecture education, too, in that the plans did not betray their national origins.
See also: www.archiprix.org

Architectuurprijs Almere
Almere Architecture Prize

Voor deze publieksprijs, georganiseerd door CASLa in samenwerking met de gemeente Almere en het *Dagblad van Almere*, selecteerden deskundigen 20 projecten. De inwoners van Almere kozen als favoriet bouwwerk woontoren 'Panoramique' van de Architekten Cie. (Jan Dirk Peereboom Voller en Fred Veerman), onderdeel van het project Gewild Wonen in de Almeerse Eilandenbuurt. Tweede werd het kunstenaarsatelier van Bas ten Brinke en C.A.-S. Nilsson en op de derde plaats eindigde het kantoor van PriceWaterhouseCoopers van Kraayvanger Urbis.
Zie ook: www.casla.nl
Twenty local projects were selected by a panel of experts for this public-choice award, organized jointly by CASLa, Almere city council and *Dagblad van Almere*. The largest number of votes cast by the inhabitants of Almere went to 'Panoramique' by de Architekten Cie. (Jan Dirk Peereboom Voller and Fred Veerman), part of the Gewild Wonen project in de Almeerse Eilandenbuurt. The artist's studio by Bas ten Brinke and C.A.-S. Nilsson came second and the office of PriceWaterhouseCoopers by Kraayvanger Urbis ended in third place.
See also: www.casla.nl

Architectuurprijs Amersfoort
Amersfoort Architecture Prize

De nieuw ingestelde Architectuurprijs Amersfoort is een tweejaarlijkse publieksprijs, die om het jaar wordt afgewisseld met de Kattenbroeklezing. Het publiek kon in De Zonnehof kiezen uit tien genomineerde bouwwerken, opgeleverd in 1999 en 2000, die door Siebe Swart waren gefotografeerd: het KPN-kantoorgebouw van Inbo, een bedrijfsverzamelgebouw van architect Bronsvoort, woningen van Groosman & Partners, woningbouw van Galis, winkelcentrum Sint Jorisplein van Cees Dam en Joan Busquets, woningen van Kingma & van Mameren Atelier, een bedrijfsverzamelgebouw van MVRDV, appartementen van Van den Oever, Roodbeen en Zaaijer, een villa van architect Achterberg en de Boogkerk, een ontwerp van het Amersfoortse bureau Blokhuis Braakman. De meerderheid van de stemmen van de inwoners van Amersfoort ging naar de Boogkerk.
The Amersfoort Architecture Prize is a

new, biennial public-choice award that will be held alternately with the Kattenbroek Lecture. Members of the public were able to choose from a shortlist of ten buildings completed in 1999 and 2000 and photographed by Siebe Swart: the KPN headquarters by Inbo, a multi-company building by Bronsvoort, houses by Groosman & Partners, housing by Galis, the Sint Jorisplein shopping centre by Cees Dam and Joan Busquets, houses by Kingma & van Mameren Atelier, a multi-company building by MVRDV, apartments by Van den Oever, Roodbeen and Zaaijer, a villa by Achterberg and the Boogkerk, a church designed by the Amersfoort office of Blokhuis Braakman. A majority of the votes cast by Amersfoort residents went to the Boogkerk.

Architectuurprijs Breda
Breda Architecture Prize

De door de gemeente Breda ingestelde architectuurprijs is bestemd voor het mooiste of meest bijzondere gebouw uit de periode 1997 tot en met 2000. De winnaar van de vakjuryprijs is de brandweerkazerne van Neutelings Riedijk. De inwoners van Breda gunden de publieksprijs aan woningbouwcomplex De Poort van Breda van Charles Vandenhove. Andere genomineerde projecten waren: De Boschpoort van Lex Sip, appartementengebouwen van Xaveer de Geyter, bedrijfsgebouw Lensvelt van Wiel Arets en Villa Prinsenbeek van Ben Baudoin en Ilona van Alphen.
Zie ook: www.gebouwf.nl
The architecture prize instituted by Breda city council is intended for the finest or most striking building to have been built in the period 1997-2000. The winner of the professional jury prize was the new fire station by Neutelings Riedijk. Breda residents voted for the 'Poort van Breda' housing complex by Charles Vandenhove. Other nominated projects were 'De Boschpoort' by Lex Sip, apartment buildings by Xaveer de Geyter, the Lensvelt factory by Wiel Arets and Villa Prinsenbeek by Ben Baudoin and Ilona van Alphen.
See also: www.gebouwf.nl

Betonprijs
Concrete Prize

Met de tweejaarlijkse Betonprijs worden projecten bekroond die een voorbeeld zijn van een creatieve, opvallende toepassing van het materiaal beton. De winnaar in de categorie 'Utiliteitsbouw' werd de Stadsbibliotheek Roermond van Han Westelaken/Architecten aan de Maas. Bij 'Bruggen en Viaducten' won de brug over de Zuid-Willemsvaart van Hans van Heeswijk Architecten. In de categorie 'Constructies in de waterbouw' ging de prijs naar de IJsselkade in Doesburg van Okra Landschapsarchitecten. De jury, onder voorzitterschap van Jan Brouwer, nomineerde geen projecten in de categorie 'Woningbouw'.
The biennial Concrete Prize recognizes projects that exemplify a creative, striking application of concrete. The jury, chaired by Jan Brouwer, awarded the prize for a 'non-residential building' to Han Weste-

laken/Architecten aan de Maas for the Roermond Public Library. Winner of the 'bridges and viaducts' category was the bridge over the Zuid-Willemsvaart by Hans van Heeswijk, while the 'civil engineering works' category was won by Okra Landschapsarchitecten for the IJsselkade in Doesburg. There were no nominations in the 'housing' category.

BNA-kubus
BNA Cube

De 32e BNA-kubus was voor architect en supervisor Kees Rijnboutt, voor de wijze waarop hij inhoud geeft aan de steeds belangrijker wordende rol van architectonisch en stedenbouwkundig regisseur. Juryleden waren Willem van der Pasch (voorzitter), directeur van het Kröller-Müller Museum Evert van Straaten en de architecten Jeanne Dekkers, Sjoerd Soeters en Janneke Snelder.
Zie ook: www.bna.nl
The 32nd BNA Cube award went to architect and supervisor Kees Rijnboutt for the way he fulfils and interprets the increasingly important role of architectural and urban design director. Jury members were Willem van der Pasch (chairman), director of the Kröller-Müller Museum Evert van Straaten and the architects Jeanne Dekkers, Sjoerd Soeters and Janneke Snelder.
See also: www.bna.nl

Charlotte Köhlerprijs voor architectuur
Charlotte Köhler Prize for Architecture

De Charlotte Köhlerprijs is een aanmoedigingsprijs die jaarlijks wordt uitgereikt aan veelbelovende kunstenaars jonger dan 35 jaar die werkzaam zijn op het gebied van beeldende kunst, architectuur of decorontwerp. De prijs voor architectuur (10.000 gulden) ging in 2001 naar het architectencollectief Lofvers Van Bergen Kolpa uit Rotterdam. Het bureau, bestaande uit Willemijn Lofvers, Jago van Bergen en Evert Kolpa, werd in 2000 opgericht. Ze maakten een ontwerp voor een 150 meter hoge tv-zendmast in Amsterdam-Noord en deden een studie naar het streekeigenbedrijvenlandschap in de provincie Overijssel in 2020. Samen met een onderzoeksbureau en een landschapsarchitect ontwikkelde Lofvers Van Bergen Kolpa nieuwe typologieën voor bedrijventerreinen. 'Scharrelbedrijvigheid (de zgn. "veevolutie") en kennisfora ("microsoftdorpen" genaamd) geven blijk van hun vermogen om de toekomst te verbeelden en uiteenlopende opgaven met elkaar in verband te brengen', aldus het juryrapport. De jury bestond uit Esther Agricola, Lex ter Braak, Erik Kouwenhoven, Tracy Metz en Suzanne Oxenaar.
The Charlotte Köhler Prize is an incentive prize awarded annually to promising artists under the age of 35 who are active in the field of visual art, architecture and stage design. The 2001 prize for architecture (NLG 10,000) went to the Rotterdam-based architects' collective Lofvers Van Bergen Kolpa (Willemijn Lofvers, Jago van Bergen and Evert Kolpa) which was established in 2000. They have designed a 150-

metre-high television mast for Amsterdam North and have conducted a study of the regional business landscape in the province of Overijssel in 2020. Together with a research consultancy and a landscape architect, Lofvers Van Bergen Kolpa developed new typologies for business parks. 'Small-scale mixed farming and knowledge forums (dubbed "Microsoft villages") testify to their ability to depict the future and create links between heterogeneous tasks', according to the jury report. The jury was made up of Esther Agricola, Lex ter Braak, Erik Kouwenhoven, Tracy Metz and Suzanne Oxenaar.

Designprijs Rotterdam
Rotterdam Design Prize

Voor de tweejaarlijkse Designprijs Rotterdam (40.000 gulden) werden 47 van de 283 inzendingen genomineerd. De jury, bestaande uit Miuccia Prada, Bruce Mau, Olivier Zahm en Gert Staal, kende de prijs toe aan grafisch ontwerpers Jop van Bennekom en Erik Wong voor het ontwerp van de gehele jaargang 2000 van het architectuurtijdschrift *Forum Magazine*.
Zie ook: www.designprijs.nl
Of the 283 entries for the biennial Rotterdam Design Prize (worth NLG 40,000), 47 were short-listed. The jury, consisting of Miuccia Prada, Bruce Mau, Olivier Zahm and Gert Staal, finally awarded the prize to graphic designers Jop van Bennekom and Erik Wong for the design of the entire 2000 volume of the architectural journal *Forum Magazine*.
See also: www.designprijs.nl

European Parking Award

De parkeergarage onder het Museumplein in Amsterdam naar ontwerp van Zaanen Spanjers cs Architecten is bekroond met de EPA-Award 2001 voor de mooiste nieuwgebouwde parkeergarage.
Zie ook: www.europeanparking.com
The car park underneath Museumplein in Amsterdam, designed by Zaanen Spanjers cs Architecten, won the EPA Award 2001 for the best newly built car park.
See also: www.europeanparking.com

Gispen Archinorm Stadsverfraaiingsprijs
Gispen Archinorm Urban Beautification Prize

Hubert-Jan Henket ontving de Gispen Archinorm Stadsverfraaiingsprijs voor zijn renovatie van het Utrechtse museum Catharijneconvent. Door de aanpassingen is de toegankelijkheid van het museum vergroot. De jury vond de loopbrug en de nieuwe serre qua maatvoering buitengewoon fraai en praktisch bruikbaar.
Hubert-Jan Henket received the Gispen Archinorm Urban Beautification Prize for his renovation of the Utrecht Catharijneconvent museum. The alterations have increased the museum's accessibility. The jury commended the especially fine proportions and functionality of the overhead walkway and the new veranda.

Houtarchitectuurprijs en Houtinnovatieprijs
Timber Architecture Prize and Timber Innovation Prize

De tweejaarlijkse Houtarchitectuurprijs is bedoeld voor bouwprojecten waarin hout op voorbeeldige wijze is toegepast. De jury, bestaande uit J. Brouwer, I. Haagsma, J.C. Heemrood, H.J.M. Ruijssenaars en K. de Vries, kende de prijs toe aan Onix Architecten voor een multifunctionele schuur in Noordlaren (Dr). De andere genomineerden waren Dansstudio Grapèlli Alkmaar van Architectenatelier Rob de Vries, Kunstpaviljoen De Verbeelding in Zeewolde van René van Zuuk Architecten, het entreegebouw HollandRama van het Nederlands Openluchtmuseum van Mecanoo Architecten, en het paviljoen Parasite op Gebouw Las Palmas in Rotterdam van Korteknie & Stuhlmacher Architecten. De Houtinnovatieprijs ging naar het IFD (Industrieel Flexibel Demontabel) houtbouwsysteem voor wonen en werken van Archi Service uit 's-Hertogenbosch. De publieksprijs ging met een meerderheid van stemmen naar de achttien meter hoge uitkijktoren aan het Fochteloërveen bij Ravenswoud (Fr) van Dick de Haan voor Vereniging Natuurmonumenten.
Zie ook: www.centrum-hout.nl/houtprijs
The biennial Timber Architecture Prize is intended for building projects in which wood is used in an exemplary manner. The jury, consisting of J. Brouwer, I. Haagsma, J.C. Heemrood, H.J.M. Ruijssenaars and K. de Vries, awarded the prize to Onix Architecten for a multifunctional barn in Noordlaren (Drenthe). The other nominated works were Dansstudio Grapèlli Alkmaar by Architectenatelier Rob de Vries, Kunstpaviljoen De Verbeelding in Zeewolde by René van Zuuk Architecten, the HollandRama entrance building at the National Heritage Museum by Mecanoo Architecten, and the Parasite pavilion on the Las Palmas Building in Rotterdam by Korteknie & Stuhlmacher Architecten. The Timber Innovation Prize went to the IFD (Industrial Flexible Demountable) timber construction system for living and working developed by Archi Service of 's-Hertogenbosch. The public-choice prize went to the eighteen-metre-high look-out tower on Fochteloërveen near Ravenswoud (Friesland) designed by Dick de Haan for the Society for the Preservation of Nature Reserves in the Netherlands.
See also: www.centrum-hout.nl/houtprijs

Leliemanstipendium
Lelieman Scholarship

Het Leliemanstipendium is bestemd voor een jonge, veelbelovende onderzoeker op het gebied van de architectuurgeschiedenis of kunsthistorie. In 2001 is het stipendium toegekend aan Albert Gielen, student aan de Universiteit van Amsterdam, voor zijn onderzoek naar het oeuvre van de Rotterdamse stadsarchitect A. van der Steur (1893-1953).
The Lelieman Scholarship is intended for a promising young researcher in the field of architectural history or art history. In 2001 the scholarship was awarded to Albert

Gielen, a student at the University of Amsterdam, for his research into the oeuvre of the Rotterdam architect A. van der Steur (1893-1953).

Lensvelt-de Architect Interieurprijs
Lensvelt-de Architect Interior Prize

De directie van Lensvelt en de redactie van *de Architect* hebben het initiatief genomen om jaarlijks de Interieurprijs van 25.000 gulden uit te reiken voor een gerealiseerd project in Nederland of België, met als doel het versterken van een professionele en vernieuwende interieurdiscipline. Er werden door 60 ontwerpers 82 projecten ingezonden, waarvan er 4 een nominatie kregen: DAF *Architect* voor het restaurant voor het Noorder Dierenpark te Emmen, architectenbureau 51N4E voor de ingrepen in een woonboerderij in Outgaarden, Opera Ontwerpers voor de inrichting van de vaste tentoonstelling voor het Museum van Volkenkunde, en (s)pace interieurgroep voor de Expohallen te Brussel. De jury, bestaande uit Liesbeth in 't Hout, Evelyne Merkx, Ida van Zijl, Maarten van Severen, Eline Strijkers en Janny Rodermond, kende de eerste Lensvelt-de Architect Interieurprijs toe aan Opera Ontwerpers.
The Lensvelt board of directors and the editors of *de Architect* have joined forces to present an annual Interior Prize worth NLG 25,000 for a project realized in the Netherlands or Belgium, with the aim of promoting a professional and innovative interior design discipline. A total of 82 projects were submitted by 60 designers, resulting in 4 nominations: DAF Architecten for the restaurant for the Noorder Zoo at Emmen, 51N4E architects for alterations to a farmhouse in Outgaarden, Opera Ontwerpers for the design of the permanent exhibition at the Museum of Ethnology, and (s)pace interieurgroep for the Expo halls in Brussels. The jury, consisting of Liesbeth in 't Hout, Evelyne Merkx, Ida van Severen, Maarten van Severen, Eline Strijkers and Janny Rodermond, awarded the first Lensvelt-de Architect Interior Prize to Opera Ontwerpers.

Maaskantprijs Jonge Architecten
Maaskant Prize for Young Architects

Voor de negende maal is de tweejaarlijkse Rotterdam-Maaskantprijs voor Jonge Architecten uitgereikt, ditmaal aan Wouter Vanstiphout, architectuurcriticus van Crimson. De leden van dit collectief zijn tegenwoordig niet alleen actief als architectuurcritici/historici, maar ook werkzaam aan de ontwerpzijde van het vakgebied ruimtelijke vormgeving. Volgens de jury, bestaande uit Adriaan Geuze, Jaap Huisman en Arjen Oosterman, vervagen de grenzen tussen verschillende architectuurdisciplines. Vanstiphout kreeg de prijs toegekend vanwege de gelaagdheid en het grensoverschrijdende karakter van zijn werk en de wijze waarop hij zijn rol als criticus inhoud geeft. 'Vanstiphout heeft een nieuw genre neergezet, dat van de dwarse criticus die lak heeft aan reputaties en instellingen, dat praktijk

verbindt met theorie, dat een nieuwe frisse wind in de architectuur kan betekenen', aldus het juryrapport.
The ninth cycle of the biennial Rotterdam Maaskant Prize for Young Architects was won by Wouter Vanstiphout, architectural critic with Crimson. The members of this collective no longer confine themselves to the field of architectural criticism and history but also work on the design side of spatial planning. According to the jury, consisting of Adriaan Geuze, Jaap Huisman and Arjen Oosterman, the boundaries between the various architectural disciplines are in the process of blurring. Vanstiphout received the prize for the multilayered and pioneering character of his work and for the way he fulfils his role as critic. According to the jury report: 'Vanstiphout has created a new genre, that of the contrary critic who doesn't give a fig for reputations and institutions, that combines practice with theory and has the potential to be a new fresh wind in architecture.'

Nationale Renovatie Prijs
National Renovation Prize

De Nationale Renovatie Prijs is een tweejaarlijkse prijs voor de succesvolste renovatieprojecten uit de voorgaande periode. Bij de selectie wordt niet alleen gelet op de architectonische, stedenbouwkundige en doelmatigheidsaspecten, ook de aanpak, het proces en de voorbeeldwerking van het project worden beoordeeld.
In de categorie 'Innovatie' ging de prijs naar Architectenburo J. van Stigt voor de verbouwing van de Graansilo's aan de Westerdoksdijk in Amsterdam, waarbij een industrieel monument werd verbouwd voor een verscheidenheid aan functies (wonen voor meerdere doelgroepen, werken, spelen, ateliers en studio's). In de categorie 'Woningbouwrenovatie' won Van Schagen architecten met 'Complex 50', de renovatie van woningen in de Lederambachtstraat in Amsterdam-Osdorp. De jury zag de aanpak als voorbeeld voor de toekomstige renovatie van naoorlogse wijken. De Churchilltorens in Rijswijk van Oving architekten kreeg de prijs in de categorie 'Woningbouw Herbestemming', vanwege de wijze waarop het oorspronkelijke karakter van het gebouw in stand is gehouden, terwijl het vanbinnen geheel is aangepast.
In de categorie 'Utiliteitsbouw Kantoren' werd het ontwerp voor het stadhuis Leiden van Ontwerpgroep Trude Hooykaas als beste beoordeeld. De jury prees onder meer het zeer toegankelijke en bruikbaar resultaat. Ook in de categorie 'Utiliteitsbouw overige gebouwen' was Architectenburo J. van Stigt prijswinnaar, met het renovatieplan voor het Olympisch Stadion te Amsterdam, door de jury 'een schoolvoorbeeld' van renovatie genoemd.
The National Renovation Prize is a biennial prize for the most successful renovation projects of the preceding two years. The selectors look not only at architectural, urbanistic and efficiency aspects but also at such things as the approach, the process and the extent to which the project serves as a model.

In the 'Innovation' category, the prize went to Architectenburo J. van Stigt for the conversion of the grain silos on Westerdoksdijk in Amsterdam in which an industrial monument was renovated for a variety of functions (housing for several different target groups, work, leisure, ateliers and studios). The 'Housing renovation' category was won by Van Schagen architects with 'Complex 50', the renovation of houses on Lederambachtstraat in Amsterdam-Osdorp. The jury regarded the approach here as a model for future renovations of post-war districts.
The Churchill Towers in Rijswijk by Oving architekten won first prize in the 'Housing conversion' category for the way the original character of the building was retained despite the total remodelling of the interior. The winner of the 'Non-residential: Offices' category was the design for Leiden town hall by Ontwerpgroep Trude Hooykaas which the jury praised as eminently accessible and functional. Architectenburo J. van Stigt had a second win in the category 'Other non-residential buildings' with their plan for the renovation of the Olympic Stadium in Amsterdam: 'a copybook example' of renovation according to the jury.

Nederlandse Bouwprijs
Dutch Construction Prize

De tweejaarlijkse Nederlandse Bouwprijs is voor de zesde keer uitgereikt. De prijs is een initiatief van Stichting het Nederlandse Bouwbeeld en wordt toegekend aan een onderneming, organisatie of persoon die met een proces, product of project op een innovatieve manier een bijdrage levert aan de kwaliteit van de bouw. Een tienkoppige jury onder voorzitterschap van Jonkheer P.A.C. Beelaerts van Blokland nomineerde uit de 60 inzendingen 9 projecten, verdeeld over vier categorieën: 'Personeel', 'Materieel', 'Producten' en 'Projecten'. Unaniem wees de jury de renovatie van het Utrechtse stadhuis door de Spaanse architect Enric Miralles aan als winnaar van de Bouwprijs 2001. De jury vond het resultaat verrassend en harmonisch, onder meer vanwege de originele aansluiting van nieuwe en oude bouwstijlen. Andere genomineerden binnen de categorie Projecten waren het Adverium in Drachten van Van der Breggen Architecten en het Nederlands Paviljoen voor de Expo 2000 van MVRDV.
Zie ook: www.bouwbeurs.nl
The biennial Dutch Construction Prize was awarded for the sixth time in 2001. An initiative of the Nederlandse Bouwbeeld foundation, the prize is awarded to a firm, organization or individual who has made an innovative contribution to the quality of construction with a process, product or project. Out of the 60 submissions, a ten-person jury, under the chairmanship of P.A.C. Beelaerts van Blokland nominated 9 entries spread over four categories, 'Personnel', 'Material', 'Products' and 'Projects'. The jury was unanimous in choosing the renovation of the Utrecht town hall by Spanish architect Enric Miralles as the overall winner of the Construction Prize 2001. The jury described the result as stunning and harmonious not least because

of the original linking of old and new architectural styles. Other nominations in the Projects category were the Adverium in Drachten by Van der Breggen Architecten and the Dutch Pavilion for Expo 2000 by MVRDV.
See also: www.bouwbeurs.nl

Jaarprijs Nederlandse Raad voor Winkelcentra
Dutch Council of Shopping Centers' Annual Award

De prijs wordt jaarlijks uitgereikt door de Nederlandse Raad voor Winkelcentra voor het winkelcentrum dat het best wordt beheerd, consumentvriendelijk en commercieel succesvol is en bovendien goed bereikbaar. In 2001 ging de prijs naar winkelcentrum de Driehoek in Oldenzaal van R.H.P.S. Architecten. Andere kandidaten waren De Laverije in Rijen van Saanen en Knoups Architecten, Mariënburg in Nijmegen van Soeters Van Eldonk Architecten en het winkelcentrum Sint Jorisplein te Amersfoort van T+T Design, Cees Dam en Joan Busquets.
Zie ook: www.nrw.nl
This prize is awarded annually by the Dutch Council of Shopping Centers (NRW) for the best managed, most consumer-friendly, commercially successful and accessible shopping centre in the Netherlands. In 2001 the prize went to the Driehoek shopping centre in Oldenzaal, designed by R.H.P.S. Architecten. Other candidates were De Laverije in Rijen by Saanen & Knoups Architecten, Mariënburg in Nijmegen by Soeters Van Eldonk Architecten and the Sint Jorisplein shopping centre in Amersfoort by T+T Design, Cees Dam and Joan Busquets. See also: www.nrw.nl

Prins Bernhard Cultuurfonds Prijs voor Toegepaste Kunst en Bouwkunst
Prince Bernhard Cultural Fund Prize for Applied Art and Architecture

Deze tweejaarlijkse prijs van het Prins Bernhardfonds is toegekend aan H+N+S Landschapsarchitecten. Het bureau werd eind jaren tachtig opgericht en bestaat nu uit 22 medewerkers, onder wie de drie partners Jandirk Hoekstra, Lodewijk van Nieuwenhuijze en Dirk Sijmons. De jury, bestaande uit Marie Hélène Cornips (voorzitter), Lodewijk Baljon, Titus Eliëns, Bernard Hulsman en Maike van Stiphout, roemde de brede aanpak van het bureau en hun toonaangevende rol in het denken over het transformeren van het Nederlandse landschap. De prijs bedraagt 100.000 gulden.
This biennial prize (NLG 100,000) was awarded to H+N+S Landschapsarchitecten. Established in the late 1980s, the landscaping firm now has 22 members of staff, including the three founding partners Jandirk Hoekstra, Lodewijk van Nieuwenhuijze and Dirk Sijmons. The jury – Marie Hélène Cornips (chair), Lodewijk Baljon, Titus Eliëns, Bernard Hulsman and Maike van Stiphout – praised the firm's broad approach and their leading role in thinking about the transformation of the Dutch landscape.

Prix de P...

De publieksprijs Prix de P..., een 'schandprijs' voor stedenbouw en architectuur in Den Haag, stond in 2001 in het teken van de kwaliteit van de openbare ruimte. De nieuwe winkel-straatjes in de Haagsche Bluf, een groot winkelproject in de oude binnen-stad, bleken de stemmende Hagenaars het meest te irriteren: terwijl er veel geld wordt gestoken in gekopieerde quasi-oude gevels, staan prachtige authentieke gevels te verloederen. De andere twee nominaties betroffen de wildgroei aan verkeers- en informatie-borden en het verwaarloosde groen in de stad.

The theme of this year's Prix de P***, a public 'shame' award for urban planning and architecture in The Hague, was the quality of public space. The pet hate of those Hague residents who cast a vote turned out to be the new shopping streets of Haagsche Bluf, a major retail develop-ment in the historic city centre: while vast sums of money were expended on produc-ing pseudo-historical facades, the gen-uine article has been allowed to languish. The other two nominations were for the proliferation of traffic and information signs and the city's neglected greenery.

Prix de Rome

De Prix de Rome is de oudste aanmoe-digingsprijs voor jonge kunstenaars en architecten (tot 35 jaar) in Nederland. Sinds 1985 wordt de prijs in tien disci-plines uitgereikt, waarvan er jaarlijks twee aan bod komen. In 2001 stond de prijs in het teken van de disciplines 'Architectuur' en 'Stedenbouw & Land-schapsarchitectuur'. In elke discipline waren vier prijzen te verdelen: een eerste prijs (40.000 gulden) een tweede prijs (20.000 gulden) en twee basis-prijzen (10.000 gulden).
De vier eindrondedeelnemers in de categorie 'Architectuur' kregen de (fictieve) opdracht het terrein van de CSM-suikerfabriek in Halfweg te ver-bouwen tot een complex voor diverse cultuurmanifestaties met een entree-complex voor het natuurgebied ten noorden van het terrein. De eerste prijs werd gewonnen door Gianni Cito (1970, I), de tweede prijs door Theo Hauben (1970, NL), en de basisprijzen gingen naar Marion Regitko (1971, D) en Fjodor Richter (1964, NL). De jury 'Architectuur' bestond uit Liesbeth van der Pol, Rob Hootsmans, Vittorio Magnago Lampug-nani, Bob van Reeth, Lars Spuybroek en voorzitter Janwillem Schrofer.
De eindrondedeelnemers in de cate-gorie 'Stedenbouw & Landschapsarchi-tectuur' kregen van de jury de opdracht een ruimtelijk ontwerp voor het West-land te maken. De eerste prijs werd gewonnen door John Lonsdale (1965, GB), de tweede prijs door Jago van Bergen (1969, NL) en de twee basis-prijzen gingen naar Nikol Dietz (1964, NL) en Paul Toornend (1967, NL). De jury 'Stedenbouw en Landschapsarchi-tectuur' werd gevormd door Maike van Stiphout, Branimir Medic, Maarten Schmitt, Sébastien Marot, Kees Christi-aanse en voorzitter Janwillem Schrofer.

The Prix de Rome is the oldest incentive award for young artists and architects (up to the age of 35) in the Netherlands. Established in 1985, the prize is awarded in ten disciplines, two of which are singled out each year. In 2001 it was the turn of 'Architecture' and 'Urban Planning & Land-scape architecture'. There were four prizes in each discipline: a first (NLG 40,000) and a second prize (NLG 20,000) and two basic prizes (NLG 10,000 each).
The four shortlisted participants in the 'Architecture' category were given the (fictional) task of converting the site of the old CSM sugar factory at Halfweg into a complex for various cultural events with an entrance complex for the nature reserve to the north of the site. First prize went to Gianni Cito (b.1970, IT), second prize to Theo Hauben (b.1970, NL) and the basic prizes to Marion Regitko (b.1971, D) and Fjodor Richter (b.1964, NL). The 'Archi-tecture' jury consisted of Liesbeth van der Pol, Rob Hootsmans, Vittorio Magnago Lampugnani, Bob van Reeth, Lars Spuy-broek and chairman Janwillem Schrofer. The final participants in the 'Urban Planning & Landscape architecture' category were asked to make a spatial design for West-land. First prize was won by John Lonsdale (b.1965, GB), second by Jago van Bergen (1969, NL) and the two basic prizes went to Nikol Dietz (b.1964, NL) and Paul Toorn-end (b.1967, NL). The 'Urban Planning & Landscape architecture' jury was made up of Maike van Stiphout, Branimir Medic, Maarten Schmitt, Sébastien Marot, Kees Christiaanse and chairman Janwillem Schrofer

Rietveldprijs
Rietveld Prize

De Rietveldprijs wordt tweejaarlijks toegekend aan een project dat 'een voorbeeldige bijdrage' levert aan de gebouwde omgeving in Utrecht. Uit een lijst van 25 projecten selecteerde de jury 6 nominaties. Dit waren de verbouwing van het Centraal Museum van Beel en Achtergael, muurwoningen van Koen van Velsen, renovatie en verbouwing van het Utrechtse stadhuis van Miralles/Tagliabue, rioolwater-zuivering Leidsche Rijn van ADP/Bureau Alle Hosper, woning Twijnstraat aan de Werf van Van den Hout en woningbouw Klifrakplantsoen van Maccreanor Lavington. De jury, bestaande uit Bert Dirrix, Felix Claus, Roberto Meijer en Arthur Wortmann, kende de prijs toe aan Miralles/Tagliabue.

The Rietveld Prize is awarded every two years to a project that makes 'an exemplary contribution' to the built environment of Utrecht. The jury, made up of Bert Dirrix, Felix Claus, Roberto Meijer and Arthur Wortmann, whittled the list of 25 projects down to a shortlist of 6: the renovation of the Central Museum by Beel & Achtergael, wall dwellings by Koen van Velsen, renova-tion and extension of the Utrecht town hall by Miralles/Tagliabue, Leidsche Rijn water treatment plant by ADP/Bureau Alle Hosper, a house on Twijnstraat aan de Werf by Van den Hout and the Klifrakplantsoen housing development by Maccreanor Lavington. The winner was Miralle/Tagliabue.

Vitae Bouw Award
Vitae Building Award

Deze prijs voor afgestudeerde bouw-kundigen werd gewonnen door Johan Vermeulen (HTS Tilburg) voor zijn ont-werp voor een 'drijvend bungalowpark'. De jury gaf een eervolle vermelding op het gebied van architectuur aan de Hogeschool Groningen, de Hogeschool Brabant kreeg een eervolle vermelding voor bouwkostenmanagement.

This prize for newly graduated architects was won in 2001 by Johan Vermeulen (HTS Tilburg) with a design for a 'floating bunga-low park'. The jury also awarded honour-able mentions to Groningen Polytechnic (architecture) and Brabant Polytechnic (construction cost management).

Woningbouwproject van de 20e eeuw
Housing scheme of the 20th century

Aedes, de koepel van woningcorpora-ties, schreef een verkiezing uit van het beste sociale-woningbouwproject van de twintigste eeuw. Aedes-leden kon-den kiezen uit 50 nominaties, verdeeld over tien decennia. De P.L. Takbuurt in Amsterdam (1923) werd winnaar, tweede werd de Vroesenlaan te Rotterdam (1935), op drie eindigde de Hilversumse Wandelmeent (1976).

Aedes, the umbrella organization of Dutch housing corporations, asked its member-ship to choose the best social housing scheme of the twentieth century. Aedes members were able to choose from 50 nominations, five for each decade. The P.L. Takbuurt in Amsterdam (1923) emerged the winner with Vroesenlaan in Rotterdam (1935) in second place and Wandelmeent in Hilversum (1976) in third place.

Zuiderkerkprijs
Zuiderkerk Prize

Jaarlijks worden de ingediende Amster-damse woningbouwplannen bijeen-gebracht in de 'Projectdocumentatie', een uitgave van de Stedelijke Woning-dienst Amsterdam. Om extra kwaliteit in plannen te stimuleren reikt de SWD de Zuiderkerkprijs uit aan het woning-bouwplan dat het best voldoet aan een combinatie van kwaliteiten. De genomi-neerde plannen waren: Haveneiland West blok 4 in Zeeburg van Maccreanor Lavington Architects, Nieuw Australië in Zeeburg van DKV Architecten en Uylenburg van Holger Madys en Madir Shah. De jury, bestaande uit Maarten Kloos (Arcam), Cilly Jansen (Architec-tuur Lokaal) en Machiel van der Torre (winnaar 2000), wezen Uylenburg aan als het winnende plan.
Zie ook: www.swd.amsterdam.nl

Each year, the Amsterdam Municipal Housing Agency (Stedelijke Woningdienst Amsterdam, SWD) publishes a compen-dium (entitled *Projectdocumentatie*) of all the housing development schemes submit-ted to it for approval during the previous year. The projects are also on public show in the Zuiderkerk. In order to encourage added quality in plans the SWD awards the Zuiderkerk Prize to the housing scheme that best answers to a combination of qualities. Plans nominated this time round were Haveneiland West block 4 in Zeeburg by Maccreanor Lavington Architects, Nieuw Australië in Zeeburg by DKV Archi-tecten and Uylenburg by Holger Madys and Madir Shah. The jury, consisting of Maarten Kloos (Arcam), Cilly Jansen (Archi-tectuur Lokaal) and Machiel van der Torre (winner in 2000), chose Uylenburg as the winning plan.
See also: www.swd.amsterdam.nl

Bedrijfsgebouw in Tilburg
Industrial building in Tilburg

De Kring Midden-Brabant van de BNA schreef een ideeënprijsvraag uit voor een stedenbouwkundig plan met gedeeltelijke architectonische uitwerking voor een gebied van ca. 50 ha op het industrieterrein Vossenberg West II. Het programma omvatte twee bouwlagen voor bedrijfshallen met daarop ruimte voor kantoren en parkeren. De jury, bestaande uit René van Diessen, Kees Rijnboutt, Felix Claus, Frits van Dongen, Bob van Reeth, Riky Bergshoeff, Toon van der Pas, Ruud Zuer en Frans Haenen, koos uit zestien inzendingen twee ontwerpen voor een gedeelde eerste prijs (45.000 gulden): de inzending van Frans van den Hout en Arno Kolen (Van den Hout en Kolen architectenbureau) en van Patrick de Louwere, Paul Goldstein en Bart Eijking (Bo.2 architecten en adviseurs), beide gevestigd in Tilburg.
Het plan van Van den Hout en Kolen heeft aan een zijde een harde, industriële rand en aan de andere zijde een geleidelijke vermenging met landschap en bebouwing. Het gebouw wordt onderbroken door groene 'pleintjes', waardoor er in verschillende stijlen gebouwd kan worden, met op de kopse kanten hoge kantoortorens. Bo.2 architecten ontwierpen een massief bouwblok in een onregelmatige ovaalvorm. Ze zijn uitgegaan van een intensiever ruimtegebruik dan geëist, waardoor in het ontwerp een golfbaan kon worden opgenomen.

The Middle-Brabant chapter of the BNA held a competition for a spatial master plan with partial architectural elaboration for a 50 hectare site on the Vossenberg West II industrial estate. The programme comprised two floors of factory space topped by offices and car parking. The jury, consisting of René van Diessen, Kees Rijnboutt, Felix Claus, Frits van Dongen, Bob van Reeth, Riky Bergshoeff, Toon van der Pas, Ruud Zuer and Frans Haenen, awarded equal first prize to two of the sixteen entries: that of Frans van den Hout and Arno Kolen (Van den Hout & Kolen architectenbureau) and that of Patrick de Louwere, Paul Goldstein and Bart Eijking (Bo.2 architects and consultants), both based in Tilburg.
The plan by Van den Hout and Kolen has a hard, industrial edge on one side and on the other a gradual blending of landscape and buildings. The building is punctuated by green 'mini-squares' which allows for different styles of architecture, with tall office blocks at the short ends. Bo.2 architects designed a massive block in an irregular oval shape. Because they assumed a more intensive use of space than required by the brief they were able to include a golf course in the design.

Brugplein, boegbeeld van 't Zand
Brugplein, standard bearer of 't Zand

De gemeente Den Bosch, het Bosch Architectuur Initiatief en de BNA/Kring 's-Hertogenbosch schreven een open projectprijsvraag uit voor een perceel aan het Brugplein in de wijk 't Zand, gelegen binnen het beschermd stadsgezicht. De opgave was een realiseerbaar ontwerp voor een woon/werkgebouw met parkeergelegenheid op eigen terrein. De jury, bestaande uit Hans van Heeswijk, René van Zuuk en Herman Kerkdijk, koos uit 87 inzendingen het ontwerp van TARRA Architectuur en Stedenbouw uit Den Bosch, dat zal worden gerealiseerd.
The city of 's-Hertogenbosch, the Bosch Architecture Initiative and the BNA 's-Hertogenbosch chapter organized a competition for a plot of land within a protected townscape area in the 't Zand district. Entrants were required to produce a realizable design for a live/work building with off-street parking. Out of 87 entries, the jury, made up of Hans van Heeswijk, René van Zuuk and Herman Kerkdijk, chose the design by local architects, TARRA Architectuur & Stedenbouw, whose design will be built.

Congrescentrum Cordoba
Cordoba Congress Centre

Rem Koolhaas/OMA is de winnaar van een prijsvraag voor een congrescentrum in het Spaanse Cordoba. Het bureau maakte een plan voor een 360 meter lang gebouw dat de oevers van de rivier Guadalquiver verbindt. Opvallend aan het ontwerp zijn de minigolfbaan en de openluchtbioscoop op het dak. Andere deelnemers aan de competitie waren Cruz en Ortiz, Toyo Ito, Zaha Hadid en Rafael Moneo.
Rem Koolhaas/OMA was the winner of a competition for a congress centre in the Spanish city of Cordoba. The office produced a plan for a 360 metre-long building linking the banks of the river Guadalquiver. Striking features are the mini-golf course and open-air cinema on the roof. Other participants were Cruz y Ortiz, Toyo Ito, Zaha Hadid and Rafael Moneo.

Droomhuizen
Dream Houses

De Kunstcommissie Stichting Internationaal Perscentrum Nieuwspoort schreef een open ideeënprijsvraag uit voor architecten jonger dan 36 jaar voor een ontwerp van een vrijstaand woonhuis en de inrichting van het onbebouwde deel van de kavel waarop het staat. Doel was om individueel opdrachtgeverschap bij de bouw van een particuliere woning te bevorderen en het belang te benadrukken van een architect naar eigen keuze.
De jury, die bestond uit voorzitter Carel Weeber, Karen de Klerk, Daan Bakker, Harry Baaijen, Willem van Leeuwen, Leo Kokhuis en Peter Kuenzli, was verrast door de grote diversiteit van de 37 ingezonden ontwerpen. Eersteprijswinnaar werd Arjan Duin uit Venlo, met 'Huisje Boompje Beestje'. 'Het ontwerp heeft zonder terughoudendheid de woonidealen van "de gemiddelde Nederlander" als serieus uitgangspunt genomen', aldus de jury. De tweede prijs was voor het ontwerp 'Wegdromen in gestructureerde ruimte' van Maarten Janssen uit New York. Ronald Janssen uit Amsterdam kreeg voor '16AD' de derde prijs.
Het publiek kon via de website VROM Online stemmen voor de publieksprijs, die werd ingesteld om een indruk te krijgen waar de voorkeur van de Nederlander naar uitgaat. Het ontwerp 'Wonen in vrijheid' van Hans Moné werd tot winnaar verkozen met 470 van de 2800 uitgebrachte stemmen.
De gemeente Heemskerk heeft drie vrije kavels voor de prijswinnaars beschikbaar gesteld in het bestemmingsplan Waterakkers-Lunetten.
Publicatie en tentoonstelling
Kunstcommissie Stichting Internationaal Perscentrum Nieuwspoort held an open ideas competition for architects under the age of 36. Entrants were required to produce a design for a free-standing house and a landscaping plan for the unbuilt portion of the plot. The aim was to stimulate private house-building and to emphasize the importance of choosing a compatible architect.
The jury, Carel Weeber (chairman), Karen de Klerk, Daan Bakker, Harry Baaijen, Willem van Leeuwen, Leo Kokhuis and Peter Kuenzli, was surprised by the enormous diversity of the 37 entries. First prize went to Arjan Duin from Venlo for 'Huisje Boompje Beestje' (home sweet home): 'the design unreservedly accepted the housing ideals of "the average Dutch man and woman" as a serious starting point', wrote the jury. Second prize was awarded to 'Wegdromen in gestructureerde ruimte' (dreaming in a structured space) by Maarten Janssen from New York. Ronald Janssen from Amsterdam received third prize for '16AD'.
Members of the public could cast their vote via a web site hosted by the Ministry of Housing, Spatial Planning and Environment in an attempt to find out what the public really likes. The winner was 'Wonen in vrijheid' (living in freedom) by Hans Moné which received 470 of the 2,800 votes cast. The municipality of Heemskerk has allotted the three prizewinners a plot each in the new Waterakkers-Lunetten housing scheme.
Publication and exhibition

Dutch town in Shanghai

Kuiper Compagnons won in China een prijsvraag voor een 'Vinex-wijk' in Gaoqiao Stad, een gemeente bij Shanghai. Kuiper Compagnons bouwt de 'Dutch town' samen met een Chinees en een Australisch bureau. De prijsvraag behelsde het ontwerp van een woonwijk met 20.000 woningen in Pudong New Area, een voormalig havengebied van Shanghai. Een Chinese delegatie was tijdens een bezoek aan Nederland onder de indruk geraakt van de nieuwe stedenbouw (Vinex-locaties) en de (her)-inrichting van grote havengebieden, zoals de Kop van Zuid. Ook Kees Christiaanse Architects & Planners en het bureau TKA werden uitgenodigd om een ontwerp te maken.
Kuiper Compagnons won a Chinese competition for a 'Vinex-style district' in Gaoqiao City, a municipality near Shanghai. The winners will build the 'Dutch town' in collaboration with a Chinese and an Australian firm. The competition, which called for the design of a residential district of 20,000 dwellings in a former docklands area of Shanghai, resulted from the visit to the Netherlands by a Chinese delegation. During their stay they were impressed both by the new urban development schemes (Vinex sites) and by the redevelopment of large harbour areas like Kop van Zuid in Rotterdam. Other offices invited to submit a design were Kees Christiaanse Architects & Planners and TKA.

Europan 6: In-between cities

Europan is een tweejaarlijkse Europese prijsvraag voor architecten tot 40 jaar, die in de aangesloten landen kunnen deelnemen. Ditmaal was het thema 'hybridisatie van de stad: ingrepen voor uitdagende restruimtes tussen stadskern en periferie. Voor de vijf Nederlandse locaties (Amsterdam-Noord, Apeldoorn, Groningen, Hoogvliet en Lelystad) kwamen 243 inzendingen binnen. De jury, onder voorzitterschap van Wytze Patijn, wees voor elke locatie een eerste- en tweedeprijswinnaar aan. De winnaars van de Nederlandse locaties van Europan 6 waren: Amsterdam-Noord, Elzenhage: eerste prijs 'Hybrid Territories' van Judith Korpershoek (NL) en Jan Richard Kikkert (NL); tweede prijs 'Synergic urban poles' van Miguel Sánchez Hernández (MEX), Gustavo Slovik Jansenson (MEX), Rocio Hilgado Cepeda (RCH) en Franz Kroeger Claussen (RCH). Apeldoorn, Veldhuisgebied: eerste prijs 'RX 100' van Lars Courage (NL) en Jan-Willem Visscher (NL); tweede prijs 'Cadavre Exquis' van Luc Hegeman (NL), Geert Reitsma (NL), Ronald Feddes (NL) en Olga Russel (NL). Groningen, Oosterhamrik: eerste prijs 'Urban Symbiosis' van Elena Casanova Garcia (E, 1967) en Jesús Hernandez Mayor (E); tweede prijs 'AE 360' van Esther Stevelink (NL) en Arie Bergsma (NL). Rotterdam Hoogvliet, Voorweg: eerste prijs 'RH 001' van Patrick Meijers (NL), Ilse Castermans (NL) en Peter Knaven (NL); tweede prijs 'Best of Both' van Aglaée Degros (B) en Stefan Bendiks (D). Lelystad, Visarenddreef: eerste prijs 'Utopia Revisited' van Regis Verplaetse (B), Christopher Burton (GB) en Eddy Pires Candeias Joaquim (P). Voor Lelystad werd geen tweede prijs uitgereikt.
Zie ook: www.europan.nl
Europan is the biennial European competition for architects up to the age of 40, who may enter the competition in any of the participating countries. This time the theme was 'Architectural Dynamics and New Urbanity': designs for challenging residual spaces between urban core and periphery. The five Dutch locations (Amsterdam-Noord, Apeldoorn, Groningen, Hoogvliet and Lelystad) attracted 243 entries. The jury, chaired by Wytze Patijn, nominated first and second prize winners for each location. The winners of the Dutch locations in Europan 6 were: Amsterdam-Noord: first prize 'Hybrid Territories' by Judith Korpershoek (NL) and Jan Richard Kikkert (NL); second prize 'Synergic urban poles' by Miguel Sánchez Hernández (MX), Gustavo Slovik Jansenson (MX), Rocio Hilgado Cepeda (CL) and Franz Kroeger Claussen (CL). Apeldoorn: first

prize 'RX 100' by Lars Courage (NL) and Jan-Willem Visscher (NL); second prize 'Cadavre Exquis' by Luc Hegeman (NL), Geert Reitsma (NL), Ronald Feddes (NL) and Olga Russel (NL). Groningen: first prize 'Urban Symbiosis' by Elena Casanova Garcia (ES) and Jesús Hernandez Mayor (ES); second prize 'AE 360' by Esther Stevelink (NL) and Arie Bergsma (NL). Rotterdam Hoogvliet, Voorweg: first prize 'RH 001' by Patrick Meijers (NL), Ilse Castermans (NL) and Peter Knaven (NL); second prize 'Best of Both' by Aglaée Degros (BE) and Stefan Bendiks (D). Lelystad: first prize 'Utopia Revisited' by Regis Verplaetse (BE), Christopher Burton (GB) and Eddy Pires Candeias Joaquim (PT). No second prize was awarded for the Lelystad site. See also: www.europan.nl

Green Square, Sydney

Wiel Arets ontwierp samen met de in Sydney gevestigde Nick Turner een nieuw centrum voor het stadsdeel Green Square. Straks worden 6500 woningen gebouwd in een voormalig industrieel gebied tussen de luchthaven en het centrum. In het plan van Arets en Turner wordt een wigvormig plein aan de randen bebouwd met kantoor- en woontorens.
Zie ook: www.greensquare.com.au
Wiel Arets joined forces with the Sydney-based Nick Turner to design a new centre for the new Green Square city ward. A former industrial area between the airport and the city centre, it will soon be a residential area with 6,500 dwellings. In their winning plan Arets and Turner projected office and apartment blocks around the edge of a wedge-shaped square.
See also: www.greensquare.com.au

Haus der Gegenwart

Een jury bestaande uit Jo Coenen, Peter Conradi, Matteo Thun, Shigeru Ban, Bazon Brock, Kristin Feireiss, Jil Sander, Gerhard Matzig, Terence Riley en Dominik Wichmann selecteerde jonge architectenbureaus voor een ontwerpprijsvraag van de *Süddeutsche Zeitung* voor een 'Haus der Gegenwart'. De eerste prijs was voor Andre Poitiers uit Hamburg, de tweede voor Allmann Sattler Wappner uit München en de derde voor Ortner & Ortner uit Wenen. Het Rotterdamse bureau Drost en Van Veen ontving een speciale prijs voor hun ontwerp voor een huis van de toekomst.
Tentoonstelling
A jury made up of Jo Coenen, Peter Conradi, Matteo Thun, Shigeru Ban, Bazon Brock, Kristin Feireiss, Jil Sander, Gerhard Matzig, Terence Riley and Dominik Wichmann selected young architectural offices to take part in a design competition organized by the *Süddeutsche Zeitung* for a 'Haus der Gegenwart' (house of the present). First prize went to Andre Poitiers of Hamburg, the second to Allmann Sattler Wappner of Munich and the third to Ortner & Ortner of Vienna. The Rotterdam office Drost & Van Veen received a special prize for their design for a house of the future.
Exhibition

Joods Historisch Museum, Amsterdam
Jewish Historical Museum, Amsterdam

Het Joods Historisch Museum is gehuisvest in vier voormalige synagogen aan het Jonas Daniël Meijerplein in Amsterdam. Het in 1987 door architectenbureau Premsela Vonk tot museum verbouwde complex voldoet niet langer aan de eisen van de tijd. De opgave was om de toegankelijkheid te verbeteren en de museale mogelijkheden te vergroten. Op basis van een besloten prijsvraag, waaraan behalve UN Studio ook Atelier Zeinstra Van der Pol en Zwarts & Jansma Architecten deelnamen, werd gekozen voor het ontwerp van Ben van Berkel & Carolien Bos/UN Studio. In hun ontwerp verbindt een centraal gelegen hellingbaan alle niveaus en ruimtes. De synagogen worden met deze ingreep in hun oorspronkelijke ruimtelijke staat teruggebracht. De jury bestond uit A.W. Reinink, W. Kramer, J.L. Locher, H.J.M. Ruijssenaars, Ph. van Tijn en R. Weiss-Blok.
The Jewish Historical Museum is housed in four former synagogues on the Jonas Daniël Meijerplein in Amsterdam. The complex, converted to a museum in 1987 by Premsela Vonk, no longer meets present-day needs. The task was to improve the museum's accessibility and increase the museological possibilities. Three practices – UN Studio, Atelier Zeinstra Van der Pol and Zwarts & Jansma Architecten – were invited to submit a design. The winner was that of Ben van Berkel & Carolien Bos/UN Studio. In their design a centrally located ramp connects all floors and spaces and the synagogues are returned to their original spatial condition. The jury was made up of A.W. Reinink, W. Kramer, J.L. Locher, H.J.M. Ruijssenaars, P. van Tijn and R. Weiss-Blok.

Los Angeles County Museum of Art (LACMA)

De competitie betrof de herstructurering van de gebouwen van het LACMA. Hiervoor waren vijf internationale bureaus geselecteerd: Morphosis (Santa Monica), Jean Nouvel (Parijs), Daniel Libeskind (Berlijn), Steven Holl (New York) en Rem Koolhaas/OMA (Rotterdam). Rem Koolhaas/OMA heeft de prijsvraag gewonnen met zijn ontwerp voor een nieuw museum in drie lagen, dat het oude vervangt.
Zie ook: www.arcspace.com
Five international offices were invited to submit plans for the restructuring of the LACMA's buildings. They were: Morphosis (Santa Monica), Jean Nouvel (Paris), Daniel Libeskind (Berlin), Steven Holl (New York) and Rem Koolhaas/OMA (Rotterdam). Rem Koolhaas/OMA won the competition with a design for a new, three-storey building that will replace the old museum.
See also: www.arcspace.com

Maison Folie de Wazemmes, Lille

Het Rotterdamse architectenbureau NOX/Lars Spuybroek heeft de besloten competitie voor 'Maison Folie de Wazemmes' in het Franse Lille gewonnen, een complex van meer dan 5500 m².

Het programma van eisen bestaat onder meer uit een concertzaal met geluidsstudio's en de gedeeltelijke renovatie van een oude textielfabriek en bijgebouwen waarin een kleine kunstacademie moet worden gehuisvest, tentoonstellingsruimten, kunstenaarswoningen, cybercafés en een Turks bad. De oplevering is gepland voor 2004, het jaar waarin Lille Culturele Hoofdstad van Europa zal zijn.
The Rotterdam architectural office of NOX/Lars Spuybroek won the invited competition for 'Maison Folie de Wazemmes' – a complex of more than 5,500 m² – in Lille, France. The competition brief called for a concert hall with sound studios and the partial renovation of an old textile factory and outbuildings to house a small art academy, exhibition spaces, artists' flats, Internet cafés and Turkish baths. The complex is due to be finished in time for Lille's term as European Cultural Capital in 2004.

MAX-21 Ontwerpwedstrijd voor jonge architecten
MAX-21 Design competition for young architects

Deze prijsvraag werd uitgeschreven door De Meeuw Bouwsystemen (i.s.m. Bricsnet), met als doel het ontwerpen van een kantoor van 1000 m² met zestig werkplekken en voorzieningen, opgebouwd uit de flexibele modulaire units van het industriële MAX-21-bouwsysteem. Het ontwerp 'Unlimited re-design' van architectenbureau JMW (Jeroen Wouters en Menno van der Woude) won de prijs van 10.000 gulden en zal in productie worden genomen. De jury, onder voorzitterschap van J. Post, bestond uit M.R. Maurer, A. Roelofsen, M. Stalpers, A.S. van Tilburg, H. Westra, G.C.J. Verweij en J.T.W. Wilmsen.
Zie ook: www.demeeuw.com
This competition was organized by De Meeuw Bouwsystemen (in collaboration with Bricsnet). Entrants were required to design a 1000 m² office with sixty workplaces and facilities, using the flexible, modular units of the company's industrial MAX-21 building system. 'Unlimited re-design' by JMW architects (Jeroen Wouters and Menno van der Woude) won the 10,000 guilder first prize and will be taken into production. The jury, chaired by J. Post, comprised M.R. Maurer, A. Roelofsen, M. Stalpers, A.S. van Tilburg, H. Westra, G.C.J. Verweij and J.T.W. Wilmsen.
See also: www.demeeuw.com

MediaCityPort, Hamburg

Benthem Crouwel Architekten heeft de internationale competitie voor het MediaPortCity complex in Hamburg gewonnen. Zij voegen een geknikt gebouw toe aan het bestaande, te verbouwen pakhuis Kaispeicher A, een complex in de Hafencity, een ontwikkelingsgebied in de Hamburgse haven. Andere deelnemers aan de competitie waren onder meer Dominique Perrault (Parijs), Gigon Guyer (Zürich), Coop Himmelblau (Wenen) en SOM (Chicago).
Benthem Crouwel Architekten won an international competition for the Media-

PortCity complex in Hafencity, a redevelopment area in the harbour of Hamburg. They added a cranked building to the existing Kaispeicher A warehouse complex that is slated for conversion. The list of participants included Dominique Perrault (Paris), Gigon Guyer (Zurich), Coop Himmelblau (Vienna) and SOM (Chicago).

Museumbos
Museum wood

De stichting Bosland wil het traditionele landgoed een moderne impuls geven en schreef een openbare ideeënprijsvraag uit voor een ontwerp voor tien kavels in het Museumbos, dat ligt in een bestaand groen gebied, het Cirkelbos bij Almere. Aan de inzenders werd gevraagd een compleet en autonoom bosperceel van 100 x 100 meter te ontwerpen. De jury, bestaande uit Dirk Sijmons en Michael van Gessel, Nathalie de Vries, Moniek Toebosch, Merijn Bolink, Manfred van Doorn, Maarten Brabers en Ronald Buiting, koos 10 ontwerpen uit de 111 inzendingen. Deze tien zullen nader worden uitgewerkt en uitgevoerd. De eerste prijs (5000 gulden) was voor Boto van der Meulen i.s.m. Hans Reitsma voor hun ontwerp 'Tempo'. De tweede prijs (3000 gulden) ging naar Birthe Leemeyer voor 'In eenzaamheid', de derde prijs (2000 gulden) was voor Marijn Schenk (NEXT Architects) voor 'Cirkelpad'.
De ontwerpen van de volgende zeven ontwerper(s) zullen ook uitgevoerd worden: Jeroen Eulderink en Nicole Klerkx, Bruno Doedens (DS Landschapsarchitecten) en Frits Vogels, Paul Roncken (Copijn Utrecht), Vasili Popov, Jan Wagenaar i.s.m. Bouke IJlstra, Ruud van den Bosch en Bastiaan E. Vlierboom.
Publicatie en tentoonstelling
Zie ook: www.bosland.org
The Bosland foundation is keen to give the traditional rural estate a modern impetus and to this end it organized an open ideas competition for ten plots in the Museumbos (museum wood) located in an existing green zone, the Cirkelbos, near Almere. Entrants were asked to design a complete and autonomous 100 x 100 metre plot of woodland. The jury, in the persons of Dirk Sijmons and Michael van Gessel, Nathalie de Vries, Moniek Toebosch, Merijn Bolink, Manfred van Doorn, Maarten Brabers and Ronald Buiting, chose 10 of the 111 entries to be further developed and implemented. First prize (NLG 5,000) went to Boto van der Meulen with Hans Reitsma for 'Tempo'. Second prize (NLG 3,000) went to Birthe Leemeyer for 'In eenzaamheid', third prize (NLG 2,000) to Marijn Schenk (NEXT Architects) for 'Cirkelpad'.
The next seven designs will also be implemented. They were by: Jeroen Eulderink and Nicole Klerkx, Bruno Doedens (DS Landschapsarchitecten) and Frits Vogels, Paul Roncken (Copijn Utrecht), Vasili Popov, Jan Wagenaar with Bouke IJlstra, Ruud van den Bosch and Bastiaan E. Vlierboom.
Publication and exhibition
See also: www.bosland.org

Het Nieuwe Landhuis
The New Country House

Voor de nieuwe wijk Almere Overgooi, ten westen van Almere Haven, werd een open ideeënprijsvraag uitgeschreven voor het ontwerpen van voorbeeldwoningen. Er konden ontwerpen worden ingediend in de categorieën traditioneel en modern. Het prijzengeld bedroeg 150.000 gulden. Er waren zestien inzendingen in de categorie traditioneel. De eerste prijs (50.000 gulden) ging naar Rik Bakker en Jan Hoedemaker voor hun 'Dollar House'. Het ontwerp werd door de jury geprezen vanwege de mooie plattegrond en verrassende verschijningsvorm door toepassing van de traditionele rieten kapvorm op een moderne manier. De categorie modern telde 76 inzendingen. De eerste prijs (50.000 gulden) kregen Ard Buijsen en Gerard Maccreanor (Maccreanor Lavington architects) voor 'Layered Living'. 'Praktisch en heel poëtisch; een opwindend concept', volgens het juryrapport, dat verder de prachtige zonering in de buitenruimtes vermeldt. De jury bestond uit H. Ruijssenaars, V. de Richter, B. Stassen, O. Vlaanderen en A. de Vries. De geselecteerde ontwerpen zijn gepubliceerd in een referentieboek om toekomstige opdrachtgevers in Overgooi te inspireren. Het uitgangspunt is dat de vier winnende ontwerpen worden gerealiseerd.
Zie ook: www.hetnieuwelandhuis.nl
A competition for traditional and modern model dwellings was organized for the new district of Almere Overgooi, west of Almere Haven. The prize money totalled NLG 150,000. There were sixteen entries in the traditional category. First prize (NLG 50,000) went to Rik Bakker and Jan Hoedemaker for their 'Dollar House'; the jury praised the fine floor plan and unusual appearance owing to the modern application of the traditional thatched roof shape. The modern category attracted 76 entries. First prize (NLG 50,000) went to Ard Buijsen and Gerard Maccreanor (Maccreanor Lavington architects) for 'Layered Living': 'practical and very poetic; an exciting concept', according to the jury report, which also mentioned the excellent zoning in the outdoor spaces. The jury consisted of H. Ruijssenaars, V. de Richter, B. Stassen, O. Vlaanderen and A. de Vries. The selected designs were published in a reference book for future clients in Overgooi. The intention is that the four winning designs should be built.
See also: www.hetnieuwelandhuis.nl

Ponte Parodi, Genua
Ponte Parodi, Genoa

UN Studio won de competitie 'Ponte Parodi' in de Italiaanse stad Genua. De opgave betreft de herinrichting van de oude havenpier met een oppervlak van ca. 23.000 m². De jury heeft het ontwerp van UN Studio gekozen op grond van de verbinding die het legt met de stad en omdat het een aantrekkelijk programma heeft voor de bewoners uit het historische centrum, toeristen en de studenten uit de buurt. Het ontwerp bestaat uit een driedimensionaal plein dat ruimte biedt aan diverse publieke functies, zoals sportfaciliteiten, tentoonstellingen, een terminal voor cruiseschepen, winkels, cybercafés, studio's, restaurants, een congreshal en bedrijven. Het dak van het 'plein' is ontworpen als een park, met sportvelden, stranden en andere publieke faciliteiten, gelegen op verschillende hoogtes. De andere drie finalisten waren Foreign Office Architecture (Engeland), Giancarlo De Carlo (Italië) en OMA/Rem Koolhaas (Nederland).
UN Studio won the 'Ponte Parodi' competition in the Italian city of Genoa. Participants were asked to produce a redevelopment plan for an old pier, an area of approx. 23,000 m². The jury chose the design by UN Studio because of the link it sets up with the city and because it has an attractive programme for residents of the historic city centre, tourists and local students. The design consists of a three-dimensional plaza with space for a variety of public functions such as sporting facilities, exhibitions, a cruise ship terminal, shops, Internet cafés, studios, restaurants, a conference hall and businesses. The roof of the 'plaza' is designed as a park with playing fields, beaches and other public amenities located at different levels. The other three finalists were Foreign Office Architecture (UK), Giancarlo De Carlo (IT) and OMA/ Rem Koolhaas (NL).

Provinciehuis, Haarlem
Provincial government office, Haarlem

Zes architecten dongen mee naar de opdracht voor de nieuwe huisvesting van de statenvergadering in Haarlem (Dreefcomplex), waarbij de inpassing van het ontwerp in de parkachtige omgeving en de relatie met de andere monumentale gebouwen belangrijke aandachtspunten vormden. De architectenkeuze vond plaats volgens de regels van Europese inschrijving. 44 bureaus schreven in, waarvan er na toetsing aan de criteria 19 overbleven. Uiteindelijk kregen 6 bureaus daadwerkelijk de opdracht een ontwerp te maken: Claus en Kaan (Nederland), Erick van Egeraat Associated Architects (Nederland), David Chipperfield (Engeland), Josep Lluis Mateo/MAP architects (Spanje), Xaveer de Geyter (België) en Erik Knippers van Architectenbureau Wouda (Nederland). Gedeputeerde Staten van Noord-Holland koos de Spaanse architect Josep Lluis Mateo (MAP-Architects) uit Barcelona om de nieuwbouw van een deel van het Provinciehuis te ontwerpen.
The commission to design new accommodation for the Provincial Council in Haarlem (Dreef complex) required participants to give due regard to the building's integration in a park-like setting and its relation to other monumental buildings in the area. The choice of architects was made according to EU tendering rules. A total of 44 offices submitted tender, of which 19 remained after testing against the criteria. In the end six offices were commissioned to actually make a design: Claus en Kaan (NL), Erick van Egeraat Associated Architects (NL), David Chipperfield (UK), Josep Lluis Mateo/ MAP architects (ES), Xaveer de Geyter (BE) and Erik Knippers van Architectenbureau Wouda (NL). The Provincial Executive of North Holland chose the Barcelona-based Spanish architect Josep Lluis Mateo (MAP-Architects) to design the new addition to the provincial office complex.

Rijksmuseum, Amsterdam

De Spaanse architecten Antonio Cruz en Antonio Ortiz uit Sevilla (Spanje) zijn gekozen voor de opdracht voor de 450 miljoen gulden kostende renovatie van het Rijksmuseum. De andere architecten waren Paul Chemetov, Cees en Diederik Dam, Hubert-Jan Henket, Erik Knippers, Heinz Tesar en Francesco Venezia.
Zie ook: www.rijksmuseum.nl
Tentoonstelling
The Spanish architects Antonio Cruz and Antonio Ortiz from Seville have been chosen to design the 205 million euro renovation of the Rijksmuseum. The other competing architects were Paul Chemetov, Cees and Diederik Dam, Hubert-Jan Henket, Erik Knippers, Heinz Tesar and Francesco Venezia.
See also: www.rijksmuseum.nl
Exhibition

ROB-RDMZ, Amersfoort

De Spanjaard Juan Navarro Baldeweg is door het ministerie van OC en W aangewezen als architect voor de nieuwbouw van de Rijksdienst Oudheidkundig Bodemonderzoek (ROB) en de Rijksdienst voor de Monumentenzorg (RDMZ). Het gecombineerde kantoor voor de ROB en RDMZ zal gevestigd worden in Amersfoort, en is een van de negen Grote Projecten die geformuleerd zijn in de nota 'Ontwerpen aan Nederland' (Den Haag, 2000). Rijksbouwmeester Jo Coenen had aan zes architecten gevraagd hun visie te geven op het nieuwbouwproject. Naast Baldeweg waren dat Hubert-Jan Henket, Rogelio Salmona, Bob van Reeth, Hans Ruijssenaars en Peter Zumthor.
The Spaniard Juan Navarro Baldeweg was chosen by the Ministry of Education, Culture and Science as the architect of the new premises for the State Service for Archaeological Investigations (ROB) and the Netherlands Department for Conservation (RDMZ). The combined office for ROB and RDMZ will be built in Amersfoort and is one of the nine Major Projects set out in the recent policy document 'Designing the Netherlands' (The Hague, 2000). Government architect Jo Coenen had asked six architects to submit ideas. They were, in addition to Baldeweg, Hubert-Jan Henket, Rogelio Salmona, Bob van Reeth, Hans Ruijssenaars and Peter Zumthor.

Royaal Wonen
Generous Living

De prijsvraag Royaal Wonen werd uitgeschreven door de Stuurgroep Experimentele Volkshuisvesting (SEV) i.s.m. Metropolis Architecten voor het geven van 'creatieve antwoorden op de steeds dringender vraag naar woningen en woonmilieus met speciale kwaliteiten'. Het gevraagde ontwerp moest flexibel zijn. In totaal kwamen 66 inzendingen binnen voor de vijf categorieën: Naoorlogse woonwijk, Binnenstedelijke locatie, Landgoed/Landschap, Netwerkstad en Particuliere bouwkavel. De jury, onder voorzitterschap van Wytze Patijn en bestaande uit Jaap Huisman, John Körmeling, Henk Döll, Heleen van den Blink, Marieke Timmermans, Aad Bouwhuis, vond de kwaliteit en de uitwerking van de verschillende categorieën zeer divers. In de categorieën Landgoed/Landschap en Particuliere bouwkavel werd geen eerste prijs toegekend. In de categorie Naoorlogse woonwijken was de eerste prijs voor 'Gedoogwoning' van RWA (Robert Winkel Architecten). De Gedoogwoning bestaat uit een staalskeletconstructie van 15 bij 60 meter met een betonnen vloer. In een metalen frame aan de langgevel is het verticale verkeer geregeld, hier bevinden zich ook de verschillende leidingen, trappen en eventuele buitenruimten. Het is een verder doorgevoerde variant van het Smarthouse, waarin de consument invloed heeft op het uiteindelijke ontwerp. In de categorie Binnenstedelijke locaties ging de prijs naar 3D-OD uit Eindhoven voor het ontwerp 'Het magazijn van de ruimte'. Deze ruime cascowoon-werkeenheden (310 m²) zouden op binnenstedelijke bedrijventerreinen of overgangsgebieden tussen industrieterreinen en traditionele woonwijken moeten verrijzen. Door in dit soort gebieden de woonfunctie toe te voegen aan de werkfunctie worden deze plekken vooral 's avonds en in het weekend minder desolaat en gaan ze meer tot 'de stad' behoren. HUB Architecture kreeg voor de inzending 'Casco city' de eerste prijs in de categorie Netwerkstad. 'Casco city' is een voorstel voor een tussenstad, een stad met goede aansluitingen op het infrastructuurnetwerk maar niet behorende tot het stadsweefsel – eigenlijk een soort Vinex-locatie. Zie ook www.royaalwonen.nl en www.sev.nl
The Royaal Wonen (generous living) competition, organized by the steering group for experimental social housing (SEV) in collaboration with Metropolis Architecten, called for flexible designs that provided 'creative answers to the increasingly urgent demand for houses and residential environments with special qualities'. In all there were 66 entries in five categories: Post-war housing estate, Inner-city location, Country estate/Landscape, Network city and Private building lot. The jury, made up of Wytze Patijn (chairman), Jaap Huisman, John Körmeling, Henk Döll, Heleen van den Blink, Marieke Timmermans and Aad Bouwhuis, found the quality and treatment in the different categories very variable. No first prize was awarded in the Country estate/ Landscape and Private lot categories. First prize in the Post-war housing estate category went to 'Gedoogwoning' (anything goes house) by RWA (Robert Winkel Architecten), a steel frame structure 15 by 60 metres with a concrete floor. Vertical circulation is organized in a metal frame on the long elevation which also features various pipes, stairs and optional outdoor spaces. It is a radical version of the Smarthouse in which the client has considerable influence on the final design. In the Inner-

city location category, the prize went to 3D-OD from Eindhoven for their design 'Het magazijn van de ruimte' (warehouse of space). These spacious live-work shell units (310 m?) are intended for inner city industrial sites or transitional zones between industrial sites and traditional residential areas. The addition of a housing function to the work function makes such locations less bleak, especially at night and at weekends, with the result that they become better integrated with 'the city'. HUB Architecture won first prize in the Network city category with 'Casco city', a proposal for an in-between city that is well connected to the infrastructure network but is not part of the urban fabric, in fact a sort of Vinex location. See also: www.royaalwonen.nl and www.sev.nl

Snelweghuis: nieuwe mogelijkheden van wonen langs de snelweg
Motorway House: new possibilities for living beside the motorway

Door het ministerie van Verkeer en Waterstaat werd een Europese prijsvraag uitgeschreven voor een 'snelweghuis': een complex met multifunctionele gebruiksmogelijkheden en verblijfsruimtes in de onmiddellijke nabijheid van een motorway. De achterliggende gedachte is dat in 2030 de snelweg en de omgeving niet meer van elkaar te scheiden zijn, dat nieuwe technieken schonere en stillere auto's voortbrengen en ook een stiller wegdek, zodat er nieuwe mogelijkheden ontstaan voor wonen, werken en recreëren in de directe omgeving van de snelweg. Voorwaarde voor het ontwerp was dat de snelweg integraal deel moest uitmaken van het ontwerp voor een snelweghuis. De jury, onder voorzitterschap van Jo Coenen, bestond uit Jan Brouwer, Francine Houben, Luc Deleu, Dirk Sijmons, Tracy Metz en Gar Hendriks. Uit de meer dan 80 inzendingen werden er 12 genomineerd. De jury kende de eerste prijs (40.000 gulden) toe aan het plan 'Autoreverse' van Mark Groen en Estelle Batist. In hun voorstel worden de snelwegbanen met tegenovergestelde rijrichtingen uit elkaar getrokken, waardoor een nieuw binnengebied ontstaat. De snelweg functioneert als generator voor verschillende activiteiten die in dit nieuwe binnengebied kunnen plaatsvinden. De tweede prijs (25.000 gulden) werd gedeeld door Van Dolderen van der Prijt architecten voor het ontwerp 'Bermtoerisme', en naar Ana Belén Franco, Carlos Lapresta en Fernando Rodríguez voor 'E30A2'.
Zie ook: www.snelweghuis.nl
The Ministry of Transport, Public Works and Water Management held a European competition for a 'motorway house': a multi-functional complex close to the motorway. The underlying idea is that by 2030 the motorway and the environment will have become inseparable and that new technologies will have produced cleaner and quieter cars and a quieter road surface, thereby generating new possibilities for living, working and playing in the immediate vicinity of the motorway. One requirement was that the motorway should be an integral part of the design for

a motorway house. The jury was made up of Jo Coenen (chairman), Jan Brouwer, Francine Houben, Luc Deleu, Dirk Sijmons, Tracy Metz and Gar Hendriks. Out of more than 80 entries, 12 were nominated. The jury awarded first prize (NLG 40,000) to Mark Groen and Estelle Batist for 'Autoreverse' in which the two multi-lane carriageways (running in opposite directions) are pulled apart to create an exceptionally wide 'central reservation' that can be used for a wide variety of activities generated by the presence of the motorway. Second prize (NLG 25,000) was shared by Van Dolderen van der Prijt architects for 'Bermtoerisme' (roadside picknicking), and Ana Belén Franco, Carlos Lapresta and Fernando Rodríguez for 'E30A2'.
See also: www.snelweghuis.nl

Studentenprijs 2001
Student prize 2001

De tweejaarlijkse studentenprijsvraag, geïnitieerd door de Vereniging Repro Nederland, had ditmaal als thema 'Ontregeld land'. Studenten werden opgeroepen een gebouw, een straat of een openbaar gebied te ontwerpen dat zich niets aantrekt van bestaande regelgeving zoals milieuverordeningen, voorschriften, geluidhinder, lichttoetreding en vloersterkte. De locatie was een gebied van 10 hectare in de Vinexlocatie Leidsche Rijn.
De jury werd gevormd door Lucas Verweij (voorzitter), Hans Ibelings, Jan Konings, Catherine Visser en Haico Beukers. Ze kende de hoofdprijs van 10.000 gulden toe aan Sannah Belzer (Design Academy Eindhoven) voor haar ontwerp 'The city as a state of mind'. Eervolle vermeldingen waren er voor Elma van Boxtel (Hogeschool Larenstein) voor 'Gratiz' en Raban Haaijk (Academie voor Bouwkunst, Arnhem) voor 'Open Huis'.
Zie ook: www.studentenprijs.nl
The biennial student competition initiated by Vereniging Repro Nederland, was on the theme of 'Disordered Land'. Students were called upon to design a building, street or public place that completely ignores existing rules such as environmental by-laws and regulations governing noise nuisance, light penetration and floor strength. The site was a 10 hectare area in the Leidsche Rijn Vinex development. The jury was made up of Lucas Verweij (chairman), Hans Ibelings, Jan Konings, Catherine Visser and Haico Beukers. They awarded first prize of NLG 10,000 to Sannah Belzer (Design Academy Eindhoven) for 'The city as a state of mind'. Honourable mentions went to Elma van Boxtel (Hogeschool Larenstein) for 'Gratiz' and Raban Haaijk (Academie voor Bouwkunst, Arnhem) for 'Open Huis'.
See also: www.studentenprijs.nl

Transformatie Kleiburg, Bijlmermeer
Transformation of Kleiburg, Bijlmermeer

Onder drie architecten (Greg Lynn, Lucien Kroll en Sauerbruch Hutton Architecten) en drie kunstenaars (Henri Jacobs, Atelier van Lieshout en Jan van de Pavert) werd een opdracht uitge-

schreven voor de duurzame renovatie en transformatie van de galerijflat Kleiburg. Aan Greg Lynn is een vervolgopdracht verstrekt om zijn idee verder uit te werken. Lynn gaf het gebouw een nieuwe huid en deelde de flat in elf buurten in, elk met een eigen ontsluiting. Three architects (Greg Lynn, Lucien Kroll and Sauerbruch Hutton Architecten) and three artists (Henri Jacobs, Atelier van Lieshout were Jan van de Pavert) were invited to design a sustainable renovation and transformation of the Kleiburg galleryaccess flats. Greg Lynn, who gave the building a new skin and divided the building into eleven independently accessed 'neighbourhoods', received a follow-up commission to elaborate his idea.

Wadsworth Atheneum Museum, Hartford

Het oudste openbare kunstmuseum van de Verenigde Staten, het Wadsworth Atheneum Museum in Hartford, bestaat uit vijf aangrenzende gebouwen, ontworpen en gebouwd tussen 1842 en 1967. Het museum wil uitbreiden met een nieuwe tentoonstellingsruimte en de onderlinge organisatie van de bestaande gebouwen verbeteren. Uit een lijst van vijftig internationaal gerenommeerde architecten koos het bestuur er vier. Tijdens een openbare bijeenkomst presenteerden Brad Cloepfil van Allied Works of Architecture, Zaha Hadid, Thom Mayne van Morphosis en Ben van Berkel van UN Studio hun werk en hun ideeën met betrekking tot de uitbreiding en herstructurering. Na de presentaties bezocht een speciale commissie verschillende projecten van de genomineerden. Op grond van deze projectbezoeken en de presentatie heeft UN Studio de opdracht gekregen.
The oldest public art museum in the United States, the Wadsworth Atheneum Museum in Hartford, Connecticut, comprises five adjoining buildings designed and built between 1842 and 1967. The museum wants to add a new exhibition space and to improve the internal organization of the existing buildings. From a list of fifty internationally renowned architects, the museum's board chose a shortlist of four. During a public gathering these four – Brad Cloepfil of Allied Works of Architecture, Zaha Hadid, Thom Mayne of Morphosis and Ben van Berkel of UN Studio – presented their ideas for the extension and restructuring. After these presentations, a special committee visited various built projects by the four nominees. On the basis of these visits and the presentation, UN Studio was awarded the commission.

Waterlandschap van de toekomst
Water landscape of the future

Deze prijsvraag, uitgeschreven door ministerie van Verkeer en Waterstaat, Habiforum en Expertisenetwerk Meervoudig Ruimtegebruik, had als centrale vraag: hoe kan het Nederlandse landschap in tijden van zeespiegelstijging en klimaatverandering droog, veilig en mooi blijven. Er deden 49 consortia mee op het gebied van ruimtelijke ordening, waterbeheer, stedenbouw en architec-

tuur. De jury, bestaande uit Pieter Winsemius (voorzitter), Jaap Baarsma, Jo Coenen, Josée van Eindhoven, Henk Hofland, Jhon van Veelen, selecteerde tien ontwerpen voor verdere uitwerking. De genomineerden waren: 'Dotterlandschap: nieuw waterlandschap tussen Oude Rijn en Hollandse IJssel' (Kuiper Compagnons), 'Drie pijlers onder de dam' (SIGHT), 'Smaak van water' (OKRA), 'Blauwe bypasses in de IJsselvallei' (Arcadis), 'Nieuw Arcanië' (Advin), 'Watertijd' (TAUW), 'AquaNautica' (AquaNautica), 'Meervoud: meer dan een randmeer' (ANWB), 'Waterballet' (ATTAQ) en 'Delta Synergie' (Waardenburg).
Winnaar van de eerste prijs (15.000 gulden) werd Kuiper Compagnons met het plan 'Dotterlandschap', waarin het gebied tussen Utrecht en Woerden wordt omgetoverd in een uitdagend landschap van drie lagen. Op de bovenste laag komen wegen op daken, in de middelste laag woningen en in de onderste laag kan van tijd tot tijd water staan. De tweede prijs (10.000 gulden) was voor 'Meervoud: meer dan een randmeer' van een consortium onder leiding van de ANWB. In hun plan wordt een nieuw randmeer gecreëerd tussen de Noordoostpolder, Friesland en Overijssel, waaraan volop ruimte is voor werken en wonen. De derde prijs (5.000 gulden) was voor 'AquaNautica' van een consortium van grote bouwondernemingen. Zij ontwierpen een wijk die deels drijft op het water en meebeweegt met de waterstand van de rivier. Het concept is innovatief en breed inzetbaar. De eervolle vermelding was voor 'Nieuw Arcanië', de enige inzending die een waterlandschap binnen de context van een heldere maatschappijvisie plaatste.
Zie ook: www.habiforum.nl
Publicatie
The key question asked by this competition organized jointly by the Ministry of Transport, Public Works and Water Management, Habiforum and Expertisenetwerk Meervoudig Ruimtegebruik, was this: how, at a time of rising sea levels and changing climate, can the Dutch landscape remain dry, safe and beautiful? A total of 49 consortia in the field of spatial planning, water management, urbanism and architecture took part. The jury, consisting of Pieter Winsemius (chairman), Jaap Baarsma, Jo Coenen, Josée van Eindhoven, Henk Hofland and Jhon van Veelen, chose ten designs for further development. The nominated designs were: 'Dotterlandschap: nieuw waterlandschap tussen Oude Rijn en Hollandse IJssel' (Kuiper Compagnons), 'Drie pijlers onder de dam' (SIGHT), 'Smaak van water' (OKRA), 'Blauwe bypasses in de IJsselvallei' (Arcadis), 'Nieuw Arcanië' (Advin), 'Watertijd' (TAUW), 'AquaNautica' (AquaNautica), 'Meervoud: meer dan een randmeer' (ANWB), 'Waterballet' (ATTAQ) and 'Delta Synergie' (Waardenburg).
First prize (NLG 15,000) went to Kuiper Compagnons for their plan 'Dotterlandschap', in which they transformed the area between Utrecht and Woerden into a daring, three-level landscape with roads and roofs occupying the top level, houses the middle level and, from time to time, water the lowest level. Second prize (NLG 10,000) was awarded to the ANWB-led

Prijsvragen en meervoudige opdrachten Open and invited competitions   **Evenementen en manifestaties** Events and festivals

174

consortium for 'Meervoud: meer dan een randmeer' in which a new 'fringe' lake whose surface can be exploited for living and working was projected between the Northeast Polder and the provinces of Friesland and Overijssel. The third prize (NLG 5,000) went to a consortium of big construction companies for 'AquaNautica', a partly floating district that adjusts to the water level of the river. It is an innovative and extremely versatile concept. There was an honourable mention for 'Nieuw Arcanië', the only entry to place a water landscape in the context of a lucid social vision.
See also: www.habiforum.nl
Publication

Waterrijk wonen in Nesselande: particulier opdrachtgeverschap in de 21e eeuw
Living with water in Nesselande: private clients in the 21st century

Deze open ideeënprijsvraag werd uitgeschreven door de gemeente Rotterdam en dient als inspiratiebron voor toekomstige eigenaren van vrije kavels in Waterwijk, een omvangrijke chique villabuurt van de Vinex-locatie Nesselande. Uit de 137 inzendingen koos de jury 19 plannen die gepresenteerd zijn in een brochure voor de toekomstige opdrachtgevers. In de categorie Uniek ontwerp (voor één kavel) werden twee plannen bekroond met een eerste prijs en twee met een tweede prijs; zes plannen kregen een eervolle vermelding. De categorie 'Seriematig ontwerp' had alleen eervolle vermeldingen. Gedeelde eersteprijswinnaars waren het Rotterdamse Buro Krill (Harmen van de Wal) met 'Huisindeschuur', en het duo Cécile Calis en Angelique Slatius (SEC) met het ontwerp 'Mind the gap'. De jury noemde het plan van Buro Krill 'een intelligente toevoeging aan het repertoire woonconcepten'. 'Huisindeschuur' is een flexibel ontwerp, waarmee bewoners vooraf een keuze kunnen maken over de gewenste uitstraling en afwerking. De gevel kan worden bekleed met houten planken als een echte schuur, maar bijvoorbeeld ook met dekzeil of glas. Het ontwerp bestaat uit één simpel volume, een doos met schuine zijden die als een zeer ruime tweede huid over een woning is geplaatst. Het ontwerp 'Mind the gap' van Cécile Calis en Angelique Slatius werd geprezen vanwege de manier waarop het op de kavel en omgeving reageert. Het hoogteverschil in de kavel is als uitgangspunt genomen voor de organisatie van de woning, die in drie zones is verdeeld met elk een eigen functie en sfeer. Volgens de jury heeft het ontwerp een eigenzinnige vorm en is het consequent uitgewerkt. De gedeelde tweede prijs ging naar ir. S.V. Vegter voor 'Rietkraag' en naar bbvh architecten (Joris van Hoytema) voor 'Zinken schip'. Eervolle vermeldingen waren er voor Ben Cohen (De Nijl Architecten), Annemiek Braspenning en Andries Span. Tentoonstelling
This open ideas competition was organized by the City of Rotterdam to provide inspiration for the future buyers of private devel-

opment plots in Waterwijk, an extensive and chic villa quarter within the Nesselande Vinex development. Out of the 137 entries the jury selected 19 plans that were presented in a brochure for the future home builders. In the Unique Design category (for one plot) two plans were awarded first prize and two a second prize; six plans received an honourable mention. In the Serial Construction category there were only honourable mentions.
The co-first prize winners were the Rotterdam practice Buro Krill (Harmen de la Wal) with 'Huisindeschuur' (house in the shed), and Cécile Calis and Angelique Slatius (SEC) with 'Mind the gap'. The jury described Buro Krill's plan as 'an intelligent addition to the repertoire of housing concepts'. 'Huisindeschuur' is a flexible design that allows the future occupants to make certain decisions affecting the image and finishing of their house beforehand. The facade can be clad in wood siding, just like a real shed, but also with canvas or glass. The design consists of one simple volume, a box with sloping sides that is placed over a house like a very roomy second skin. 'Mind the gap' by Cécile Calis and Angelique Slatius was praised for the way it responded to the plot and surroundings. The sloping plot was the starting point for the organization of the house which is divided into three zones, each with its own function and atmosphere. In the jury's words, the design has an original form and is logically developed. The joint second prize went to S.V. Vegter for 'Rietkraag' and bbvh architects (Joris van Hoytema) for 'Zinken schip'. Honourable mentions went to Ben Cohen (De Nijl Architecten), Annemiek Braspenning and Andries Span.
Exhibition

Woning voor de 21ste eeuw
Housing for the 21st century

Woningcorporatie Arwon schreef een prijsvraag uit voor het ontwerp van een nieuwe wijk in het Roosendaalse Kroeven-Zuid. De eerste prijs (20.000 gulden) ging naar Atelier Kempe Thill, voor het ontwerp van een ring van woningen die om de bestaande bebouwing heen gelegd is. Op het dak van de nieuwe woningen komt een parkeerterrein. André Kempe en Oliver Thill kregen de garantie dat ze een opdracht voor woningcorporatie Arwon mogen uitvoeren. De Roosendaalse ingenieur E. Paymans ontving de tweede prijs van 12.500 gulden. Er waren in totaal 43 inzendingen.
The Arwon housing corporation organized a competition for the design of a new district in Kroeven-Zuid, Roosendaal. The first prize (NLG 20,000) went to Atelier Kempe Thill, for their design of a circle of houses placed around the existing development. On the roof of the new dwellings is a car park. André Kempe and Oliver Thill were given an assurance that they would receive a commission from Arwon. The Roosendaal engineer E. Paymans received the second prize of NLG 12,500. There were 43 entries in all.

Manifestatie Historisch Interieur 2001
Historical Interiors Festival 2001

'Leven in toen' was de titel van de Manifestatie Historisch Interieur 2001, die werd georganiseerd door de Rijksdienst voor de Monumentenzorg en Instituut Collectie Nederland. De manifestatie vroeg aandacht voor de kwetsbare positie van het historische interieur, dat slechts zeer zelden de bescherming geniet van de Monumentenwet. De manifestatie bestond uit een website, televisiedocumentaires, een symposium en de publicatie Leven in toen: vier eeuwen Nederlands interieur in beeld, waarin de top-100 van de mooiste en best bewaarde interieurs werd getoond. Zie ook: www.interieurmanifestatie.nl
'Living in the past' was the title of the Historical Interiors Festival 2001 organized by the Netherlands Department for Conservation (RDMZ) and the Netherlands Institute for Cultural Heritage (ICN). The event highlighted the vulnerable position of historical interiors that are seldom protected by the provisions of the Heritage Act. It consisted of a web site, television documents, a symposium and the publication Living in the past: a portrait of four centuries of the Dutch interior featuring the top 100 of the finest and best preserved interiors.

Open Monumentendagen
Heritage Open Days

Op 8 en 9 september 2001 vonden voor de vijftiende keer de Open Monumentendagen plaats. Het thema van dit jaar was: 'Huis en haard: monumenten van het wonen'. Aanleiding tot het onderwerp was de invoering van de Woningwet in 1901. Daarnaast sloot het thema aan bij de Manifestatie Historisch Interieur 2001 en waren enkele interieurs uit de top-100 te bezoeken. Net als andere jaren waren de interieurs van onder meer hofjes, kloosters, weeshuizen en woonboten te bezichtigen. Ter gelegenheid van de Open Monumentendagen verscheen de publicatie Huis en haard: monumenten van het wonen van Ileen Montijn.
The fifteenth edition of the annual Heritage Open Days was held on 8 and 9 September 2001. This year's theme, 'Home and hearth: monuments of living', was inspired by the centenary of the introduction of the Housing Act in 1901. The theme also fitted in with the Historical Interiors Festival 2001 and some of the top 100 interiors were open to the public.
As in other years, members of the public were able to inspect the interiors of almshouses, monasteries, orphanages, houseboats, et cetera. A book, Home and hearth: monuments of living by Ileen Montijn, was published to coincide with the open days.

Dag van de Architectuur
Architecture Day

Het thema van de Dag van de Architectuur 2001 was '3 x 8: wonen-werken-rusten'. Een dagindeling met 8 uur werken, 8 uur wonen en 8 uur rusten werd aan het einde van de negentiende

eeuw bepleit door sociologen om een einde te maken aan de destijds lange werkdagen. Dit pleidooi viel samen met de introductie van de Woningwet in 1901, waarvan in 2001 het honderdjarig bestaan werd gevierd. De keurige verdeling van werken, wonen en rusten over de dag van 24 uur heeft grote invloed gehad op het leven in de afgelopen eeuw en daarmee op de inrichting van onze gebouwde omgeving en de architectuur van onze gebouwen. Op de Dag van de Architectuur belichtten lokale architectuurcentra wat de gevolgen voor het architectonisch aanzien van Nederland zijn, nu aan het begin van de 21ste eeuw de grenzen tussen wonen, werken en rusten beginnen te vervagen.
Zie ook: www.dagvandearchitectuur.nl
The theme of Architecture Day 2001 was '3 x 8: live-work-relax'. At the end of the nineteenth century sociologists opposed to the notoriously long work days of the time, advocated a daily schedule consisting of 8 hours work, 8 hours living and 8 hours relaxation. Their proposal coincided with the introduction of the Housing Act in 1901, the centenary of which was celebrated in 2001. The neat distribution of work, living and relaxation over the 24-hour day had enormous influence on people's lives in the twentieth century and thus on the organization of the Dutch built environment and the architecture of Dutch buildings. On Architecture Day, local architectural centres showed what effect this had on the architectural appearance of the Netherlands, just as those once clear boundaries between living, working and relaxing are starting to blur.
See also: www.dagvandearchitectuur.nl

Rotterdam Culturele Hoofdstad 2001
Rotterdam Cultural Capital 2001

In 2001 was Rotterdam, samen met de Portugese stad Porto, de Culturele Hoofdstad van Europa. De belangrijkste architectuurtentoonstellingen en -manifestaties waren: 'Parasites', 'Waterproject', '6,5 miljoen woningen', 'Thuis in Rotterdam', 'Squatters 1+2', 'Groene Stad', 'AVL Ville', 'Coming Soon!' en 'Bamboe Bovenstad'.
In 2001 Rotterdam, together with the Portuguese city Port, was Cultural Capital of Europe. The main architectural exhibitions and events were: 'Parasites', 'Water project', '6.5 million houses ', 'At home in Rotterdam', 'Squatters 1+2', 'Green City', 'AVL Ville', 'Coming Soon!' and 'Bamboe Upper City'.

Leven het erfgoed
Long live heritage

Hoe moet een stad als Amsterdam met zijn gebouwde erfgoed omgaan? Amsterdam heeft talloze gebouwen waarover discussie wordt gevoerd met als inzet behoud, herbestemming, vernieuwing of sloop. In de Arcam Galerie werden deze 'hete hangijzers' samengebracht.
Arcam Galerie, Amsterdam
22 december 2000 – 10 februari 2001
How should a city like Amsterdam deal with its built heritage? Amsterdam has countless buildings that are the subject of heated debate as to whether they should be preserved, converted, renovated or demolished. These heritage 'hot potatoes' were paraded in the Arcam Galerie.
Arcam Galerie, Amsterdam
22 December 2000 – 10 February 2001

Wonen.woning.wet / 100 jaar wonen in Nederland
Housing.house.act / 100 years of Housing in the Netherlands

De tentoonstelling '100 Jaar wonen in Nederland' bracht de ontwikkeling van wonen als culturele activiteit in beeld. Stijlkamers gaven de veranderingen weer in het interieur van de doorsnee Nederlander. Per twee decennia werden twee stijlkamers getoond die een beweging en een tegenbeweging in het interieur lieten zien.
'Wonen.woning.wet' toonde de geschiedenis van de Amsterdamse volkshuisvesting en was samengesteld ter gelegenheid van het honderdjarig bestaan van de Woningwet.
Beurs van Berlage, Amsterdam
23 december 2000 – 4 maart 2001
The exhibition '100 Years of Housing in the Netherlands' traced the evolution of housing as a cultural activity. Period rooms – two for each decade – charted the changes and counter-changes that have taken place in the interior of the average Dutch household.
Housing.house.act, which reviewed the history of social housing in the capital, was compiled to mark the hundredth anniversary of the Housing Act.
Beurs van Berlage, Amsterdam
23 December 2000 – 4 March 2001

Compositie, contrast, complexiteit
Composition, contrast, complexity

Overzicht van recente projecten van Mecanoo. De tentoonstelling was eerder te zien tijdens de vierde Architectuurbiënnale in São Paulo.
Nederlands Architectuurinstituut, Rotterdam
20 januari – 25 februari 2001
Survey of recent projects by the Mecanoo practice. The exhibition was originally organized for the fourth Architecture Biennale in Sao Paulo.
Netherlands Architecture Institute, Rotterdam
20 January – 25 February 2001

Hollywood aan de Maas: de stad Rotterdam als filmdecor
Hollywood on the Maas: Rotterdam as film set

In het kader van het International Film Festival Rotterdam waren in het NAi fragmenten te zien uit dertig films, videoclips en commercials waarin de beeldvorming van Rotterdam centraal staat en de stad als decor wordt gebruikt. Te zien waren onder andere *Rotterdam, stad die nooit rust* (1928) van Andor van Barsky, *Stad zonder hart* (1966) van Jan Schaper en *Who am I?* (1998) van Jackie Chan.
Nederlands Architectuurinstituut, Rotterdam
24 januari – 25 februari 2001
To complement the International Film Festival Rotterdam, the Netherlands Architecture Institute showed excerpts from thirty feature films, video clips and commercials in which the image of Rotterdam is a key element and the city is used as a film set. They included *Rotterdam, stad die nooit rust* (1928) directed by Andor van Barsky, *Stad zonder hart* (1966) by Jan Schaper and *Who am I?* (1998) by Jackie Chan.
Netherlands Architecture Institute, Rotterdam
24 January – 25 February 2001

Land zat
Land aplenty

Studenten landschapsarchitectuur van de Academie voor Bouwkunst Amsterdam hebben plannen gemaakt voor uitbreiding van de stad Deventer in relatie met de omgeving. Tevens waren de plannen te zien van H+N+S Landschapsarchitecten, Alterra en Palmboom Van den Bout voor het project Landstad Deventer.
Architectuurcentrum Rondeel, Deventer
24 januari – 18 maart 2001
A display of integrated plans for the expansion of the city of Deventer developed by students of landscape architecture at the Academy of Architecture in Amsterdam. Also on show were plans by H+N+S Landscape architects, Alterra and Palmboom Van den Bout for the Landstad Deventer project.
Rondeel Architecture Centre, Deventer
24 January – 18 March 2001

Groeiend Den Bosch
The expansion of 's-Hertogenbosch

Tentoonstelling over Zuid 1, de zuidelijke uitbreiding van Den Bosch met architectuur van de Bossche School en de Delftse School. In het uitbreidingsgebied is veel aandacht voor de rol van het groen en de openbare ruimte.
Bosch Architectuur Initiatief, Den Bosch
25 januari – 11 maart 2001
Exhibition about Zuid 1, the southern extension of 's-Hertogenbosch, in which much attention has been paid to the role of greenery and public space. Featured architecture by the Bossche School and the Delft School.
Bosch Architecture Initiative, 's-Hertogenbosch
25 January – 11 March 2001

3D-City

De eerstejaarsstudenten van het Berlage Instituut hebben deelgenomen aan het onderzoeksproject en ontwerpexperiment '3D-City', onder begeleiding van Winy Maas, Wiel Arets en Herman Kerkdijk. Met behulp van onderzoeksgegevens werd een imaginair beeld gegeven van een conventionele stad, opgebouwd in een compacte driedimensionale ruimte. Van verschillende sectoren van de stad werden de data onderzocht: lucht, water, distributie, vrijetijdsbesteding, winkelen, industrie, energie, landbouw, bos en afval. Deze sectorgegevens werden toegepast op een standaardprogramma van huizen, kantoren, diensten en infrastructuur voor een bevolking van 1 miljoen mensen.
Berlage Instituut, Rotterdam
29 januari – 20 maart 2001
First year students at the Berlage Institute took part in a research project and design experiment supervised by Winy Maas, Wiel Arets and Herman Kerkdijk. In '3D City' they drew up a picture of a conventional city in a compact, three-dimensional space based on research data on air, water, distribution, leisure activities, shopping, industry, energy, agriculture, woodland and waste in different sectors of the city. These sectoral data were applied to a standard programme of houses, offices, services and infrastructure for a population of 1 million people.
Berlage Institute, Rotterdam
29 January – 20 March 2001

Ton Venhoeven c.s.

Recente projecten van de architect Ton Venhoeven. Te zien waren onder andere de Javabrug in Amsterdam, wooncomplex De Zilvervloot op de Rietlanden in Amsterdam, een ontwerp voor een woning in Tilburg en het Laboratorium voor de Keuringsdienst van Waren in Zwijndrecht.
Arcam Oosterdok, Amsterdam
2 februari – 11 maart 2001
Recent projects by the architect Ton Venhoeven. Exhibits included his Java Bridge in Amsterdam, De Zilvervloot housing complex for the Rietlanden development in Amsterdam, a design for a house in Tilburg and the Laboratory of the Inspectorate for Health Protection and Veterinary Public Health in Zwijndrecht.
Arcam Oosterdok, Amsterdam
2 February – 11 March 2001

The leisure society

Tentoonstelling gewijd aan de onstuitbare opmars van vakantieparken in de provincie Zeeland. Er werden maquettes getoond van vakantieparadijzen en utopische vakantiebeelden van kunstenaar Tim Stoner, en er was een stijlkamer te zien van 'het tweede huis', ontworpen en ingericht door Zeelenberg Architectuur, bouwer van veel recente recreatieparken.
De Vleeshal, Middelburg
4 februari – 9 maart 2001
Exhibition devoted to the unstoppable advance of bungalow parks in the province

of Zeeland. Two models were shown of holiday resorts and idealized holiday pictures by the artist Tim Stoner; there was also a model interior of 'the second home', designed and furnished by Zeelenberg Architectuur, builder of many recent holiday parks.
De Vleeshal, Middelburg
4 February – 9 March 2001

Nederland onder dak
Roofing the Netherlands

Reizende tentoonstelling met maquettes van de tien meest creatieve en functioneel daken in Nederland. / Travelling exhibition with models of the ten most creative and functional roofs in the Netherlands
Bouwbeurs, Utrecht
Museum Nagele
Architectuurcentrum Breda
ABC Architectuur en Bouwhistorisch Centrum, Haarlem
11 februari – 31 oktober 2001
11 February – 31 October 2001

De lijn der verwachting
Line of expectations

Inventarisatie van suggesties voor aanpassing van de woon-, werk-, recreatie- en verkeerssituaties rond de negen haltes van de toekomstige Noord/Zuidlijn in Amsterdam. De tentoonstelling bracht in beeld wat er bovengronds gaat veranderen door de komst van de ondergrondse metrolijn. De entrees zijn ontworpen door Benthem Crouwel.
Arcam Galerie, Amsterdam
17 februari – 14 april 2001
Inventory of suggestions for adapting the residential, work, recreational and traffic situations around nine stations along the future North/South metro line in Amsterdam. The exhibition catalogued aboveground changes occasioned by the construction of the new underground metro line. The station entrances were designed by Benthem Crouwel.
Arcam Galerie, Amsterdam
17 February – 14 April 2001

The image of the metropolis – Next Architects

Next Architects, vier jonge architecten, reisden de wereld rond op zoek naar de omvang en invloed van globalisering in wereldsteden. De tijdens hun reis verzamelde snapshots, ansichtkaarten, interviews, singles en tijdschriften geven hiervan een impressie.
Nederlands Architectuurinstituut, Rotterdam
27 februari – 18 maart 2001
The four young architects who go by the name of Next Architects toured the world to find out what kind of impact globalization was having on world cities. Their findings are reflected in the snapshots, postcards, interviews, singles and magazines collected during their travels.
Netherlands Architecture Institute, Rotterdam
27 February – 18 March 2001

De wijk 'Welgelegen'
The 'Welgelegen' district

**Expositie over de (bouw)geschiedenis van de bijzondere Haarlemse wijk Welgelegen. De naam van de wijk werd ontleend aan de hofstede Welgelegen, het huidige Provinciehuis.
ABC Architectuur en Bouwhistorisch Centrum, Haarlem
2 maart – 24 juni 2001**
Exhibition devoted to the social and constructional history of Welgelegen, a rather special district of Haarlem. It took its name, which means well-situated, from the 18th-century country mansion that has served as the provincial government office since 1930.
ABC, Haarlem
2 March – 24 June 2001

SVP Architectuur en stedebouw

**Selectie van het werk van SVP architectuur en stedenbouw, een landelijk opererend Amersfoorts ontwerpbureau, dat drie projecten in en rond Haarlem realiseert.
ABC Architectuur en Bouwhistorisch Centrum, Haarlem
23 maart – 6 mei 2001**
Selection of the work of SVP architectuur en stedenbouw, an Amersfoort-based but nationally active design office currently involved in three projects in and around Haarlem.
ABC, Haarlem
23 March – 6 May 2001

Jo Coenen: architectuur als proces. De Noordknoop in Maastricht en andere recente projecten
Jo Coenen: architecture as process. The Noordknoop in Maastricht and other recent projects

**Aan de hand van een allesomvattend ontwerp voor een nieuwe stadswijk, de Noordknoop in Maastricht, werd inzicht gegeven in de opvattingen, benaderingswijze en samenwerkingsprocessen die kenmerkend zijn voor Coenens manier van werken als architect en stedenbouwkundige. Daarnaast werden vijf nieuwe projecten gepresenteerd, waaronder twee opdrachten in Berlijn.
Nederlands Architectuurinstituut, Rotterdam
25 maart – 13 mei 2001**
An all-embracing design for a new urban district, de Noordknoop, in Maastricht, provided the basis for an exploration of the ideas, approach and collaborative processes that characterize Coenen's method of tackling architectural and urban design tasks. Also on display were five new projects, including two in Berlin.
Netherlands Architecture Institute, Rotterdam
25 March – 13 May 2001

Wendingen 1918-1932

Wendingen was een maandelijks, multidisciplinair tijdschrift, dat werd uitgegeven door het Genootschap Architectura et Amicitia. Elke uitgave van *Wendingen* was gewijd een aan specifiek thema op het gebied van architectuur, kunst, vormgeving of theater. De omslagen werden gemaakt door beroemde kunstenaars en architecten, onder anderen Jan Sluijters, W.M. Dudok en El Lissitzky. De Beyerd toonde naast alle 116 handgebonden afleveringen ook de kunstvoorwerpen uit die tijd.
**Beyerd Centrum voor Beeldende Kunst, Breda
25 maart – 13 mei 2001**
Wendingen was a monthly, multi-disciplinary magazine published by the Architectura et Amicitia Society. Each issue of *Wendingen* was devoted to a particular theme relating to architecture, art, design or theatre. The covers were designed by famous artists and architects, among them Jan Sluijters, W.M. Dudok and El Lissitzky. The Beyerd Centre showed all 116 hand-bound issues plus contemporary works of art.
Beyerd Centre for Visual Art, Breda
25 March – 13 May 2001

KM3/Pig City

**De expositie van MVRDV ging over data en dichtheid. Er waren plannen en video-installaties te zien die door het bureau zijn ontwikkeld op basis van alfanumerieke en statistische gegevens die nieuwe ontwerpoplossingen aanreiken voor de grote problemen in ons land. Zo toonde de film *Pig City* de oplossing voor de intensieve varkensteelt: varkenswolkenkrabbers van 600 meter hoog. De videopresentatie *KM3* gaf een beeld van een futuristische stad die zich boven en onder de bewoners uitstrekt. Deze verticale stad werd voor drie locaties in Nederland uitgewerkt: de Dam in Amsterdam, het Weena in Rotterdam en de A20 bij Den Haag.
Stroom hcbk, Den Haag
30 maart – 30 juni 2001**
This exhibition by MVRDV was all about data and density. On show were plans and video installations that the practice has developed on the basis of alphanumerical and statistical data and which profess to offer new design solutions for major spatial problems facing the Netherlands. The film *Pig City*, for instance, offered a space-saving solution for intensive pig farming: pig skyscrapers 600 metres high. The video presentation *KM3* depicted a futuristic city extending above and below the inhabitants. This vertical city was worked out for three specific locations: Dam Square in Amsterdam, Weena Boulevard in Rotterdam and the A20 motorway near The Hague.
Stroom hcbk, The Hague
20 March – 30 June 2001

Laurens Bisscheroux in zijn tijd
Laurens Bisscheroux in his time

**Bouwontwerpen, tekeningen, maquettes, foto's en schilderijen van de in 1997 overleden architect en beeldend kunstenaar Laurens Bisscheroux.
Stadsgalerij, Heerlen
1 april – 10 juni 2001**
Building designs, drawings, models, photographs and paintings by the architect/artist Laurens Bisscheroux who died in 1997.
Stadsgalerij, Heerlen
1 April – 10 June 2001

Het nieuwe Rijksmuseum: plannen en maquettes
The new Rijksmuseum: plans and models

**Presentatie van de plannen van (internationale) architecten voor de grootscheepse renovatie van het Rijksmuseum. Zie ook: Prijsvragen.
Rijksmuseum, Amsterdam
4 april – 30 april 2001**
Presentation of the plans submitted by Dutch and international architects for the full-scale renovation of the Rijksmuseum.
See also: Competitions
Rijksmuseum, Amsterdam
4 April – 30 April 2001

6,5 miljoen woningen
6.5 million houses

**Expositie over bouwen en wonen ter gelegenheid van de manifestatie '100 jaar Woningwet', waarmee de instelling van de wetgeving op het terrein van volkshuisvesting en ruimtelijke ordening werd herdacht. Tijdens de tentoonstelling waren ook drie wisselexposities te zien: 'Waterrijk wonen in Nesselande', 'Parasites' en 'Nieuw goud in de stad' (zie aldaar).
Gebouw Las Palmas, Rotterdam
11 april – 23 september 2001**
Exhibition about housing construction and the home on the occasion of the '100 Years Housing Act' event commemorating the introduction of legislation governing social housing and spatial planning. During the exhibition, three alternating exhibitions were also held: 'Living with water in Nesselande', 'Parasites' and 'New gold in the city' (q.v.).
Las Palmas Building, Rotterdam
11 April – 23 September 2001

Thuis in Rotterdam
At home in Rotterdam

**Naar aanleiding van de manifestatie '100 jaar Woningwet' waren in Rotterdam 24 karakteristieke woningen uit alle perioden van de twintigste eeuw te bezichtigen.
Diverse locaties, Rotterdam
11 april – 23 september 2001**
In conjunction the '100 Years Housing Act' event, 24 representative homes from every period of twentieth-century social housing were open for public inspection.
Various locations in Rotterdam
11 April – 23 September 2001

Waterrijk wonen in Nesselande: particulier opdrachtgeverschap in de 21e eeuw
Living with water in Nesselande: private clients in the 21st century

**Resultaten van de gelijknamige prijsvraag. Zie ook: Prijsvragen.
Gebouw Las Palmas, Rotterdam
18 april – 16 mei 2001**
Results of the eponymous competition.
See also: Competitions.
Las Palmas Building, Rotterdam
18 April – 16 May 2001

Tv-landschap: omroepkwartier Hilversum 1960-1985
TV landscape: Hilversum broadcasting district 1960-1985

**De presentatie van het nieuwe masterplan voor het MediaPark door de gemeente Hilversum en het NOB was aanleiding om de vroege geschiedenis van het omroepkwartier te belichten. Vanaf 1959 werkte de Bussumse architect Jan van der Zee (1920-1996) aan een stedenbouwkundig plan voor een studioterrein in de landelijke omgeving van Hilversum-Noord. Hij ontwierp ook alle gebouwen in het omroepkwartier. Om deze te laten aansluiten bij de natuurlijke geaardheid van het gebied werkte Van der Zee samen met landschapsarchitect Jan Boon. Door recente uitbreidingen gingen veel elementen uit het plan van Boon verloren.
Dudok Centrum, Hilversum
20 april – 24 juni 2001**
The unveiling of the new master plan for MediaPark by the city of Hilversum and NOB seemed an ideal occasion to take a look at the early history of this broadcasters' enclave. Local architect Jan van der Zee (1920-1996) started work on a spatial master plan for a studio district in the rural setting of Hilversum-Noord in 1959. He also designed all the buildings in this media park, working closely with landscape architect Jan Boon in order to ensure that they fitted in with the natural surroundings. As a result of recent additions, many elements of Boon's original plan have since been lost.
Dudok Centre, Hilversum
20 April – 24 June 2001

Uitnodigend interieur
Inviting interior

**Overzicht van nieuwe interieurs in Amsterdam. De aandacht ging vooral uit naar nieuwe fenomenen waarbij de uitstraling van het interieur van groot belang is, zoals internetcafés, lounges en verkooppunten voor mobiele telefoons. Via de ontwerpers wordt inzicht gegeven in het gedachtegoed achter de vormgeving van de verschillende ruimtes.
Arcam Galerie, Amsterdam
21 april – 23 juni 2001**
Survey of new interiors in Amsterdam. The focus was on new phenomena, such as Internet cafés, lounges and retail outlets for mobile phones, in which striking the right note in the interior is of crucial importance. The designers provided insight into the thinking behind the design of the different spaces.
Arcam Galerie, Amsterdam
21 April – 23 June 2001

Flexgebouwen
FLEX buildings

Architectenbureau Ruimtelab presenteerde een fictief bedrijfsverzamelgebouw dat geheel is ingericht op verandering. Het ontwerp en de tentoonstelling zijn het resultaat van een onderzoek in opdracht van de RPD naar de eisen die aan hedendaagse verzamelgebouwen gesteld worden. Het uit-

gangspunt was dat de huidige maatschappij gebouwen nodig heeft die snel en zonder al te grote bouwkundige werkzaamheden veranderd kunnen worden en die gemakkelijk verschillende soorten bedrijven in een veranderende constellatie kunnen huisvesten.
Architectuurcentrum, Hoorn
25 april – 10 juni 2001
The Ruimtelab Office presented a notional multi-tenanted office building predicated entirely on change. The design and the exhibition were the result of a study carried out for the RPD (National Spatial Planning Agency) into the demands placed of contemporary multi-office buildings. The premise was that today's society needs buildings that can be quickly modified without too much building work and that can readily accommodate different types of businesses in varying constellations.
Hoorn Architecture Centre
25 april – 10 June 2001

Breeze of AIR/Hortus Conclusus, vernieuwende concepten voor stadstuinen
Breeze of AIR/Hortus Conclusus, innovative concepts for city gardens

De achtste AIR-manifestatie (Architecture International Rotterdam) had als thema de 'hortus conclusus' (de omsloten tuin) als typologie voor de moderne stadstuin. Aan negen (landschaps)architecten werd gevraagd om een vernieuwend concept te ontwikkelen op het gebied van inrichting, beheer, onderhoud en gebruik voor evenzoveel (bestaande) groene locaties.
De ontwerpen kwamen van Atelier Quadrat, Kamel Louafi, West 8 landscape architects, SANAA, Charles Correa, George Hargreaves, Georges Descombes, Piet Oudolf en Gross.Max. In de tentoonstelling waren ook werken van negen kunstenaars te zien over hetzelfde thema, die zij op uitnodiging van Witte de With hadden gemaakt.
Witte de With, Centrum voor Hedendaagse Kunst, Rotterdam
28 april – 1 juli 2001
The theme of the eighth AIR (Architecture International Rotterdam) event was the 'hortus conclusus' (enclosed garden) as typology for the modern city garden. Nine architects/landscape architects were asked to come up with an innovative concept for the layout and planting, management and use of nine (existing) green sites.
The designs came from Atelier Quadrat, Kamel Louafi, West 8 landscape architects, SANAA, Charles Correa, George Hargreaves, Georges Descombes, Piet Oudolf and Gross.Max. Also on show were works on the same theme by nine artists working at the invitation of Witte de With.
Witte de With, center for contemporary art, Rotterdam
28 April – 1 July 2001

Squatters #1 en #2

Negen (internationale) kunstenaars onderzochten de morfologie van de stad en de ervaring van de architectonische ruimte. Voor deze tentoonstelling werd hun gevraagd een nieuw plaatsgebonden werk te produceren. De tentoon-

stelling is gemaakt in samenwerking met het Museu Serralves in Porto, de andere Culturele Hoofdstad van 2001.
Witte de With, Centrum voor Hedendaagse Kunst, Rotterdam
29 april – 2 december 2001
Nine Dutch and foreign artists investigated the morphology of the city and the perception of architectural space. For this exhibition they were asked to produce a new, site-specific work. The exhibition was made in collaboration with Museu Serralves in Porto, the other European Cultural Capital in 2001.
Witte de With, center for contemporary art
29 April – 2 December 2001

Cultuuroevers
Cultural shores

Resultaten van een studieopdracht door studenten van de Technische Universiteit in Berlijn voor een klein theater aan de oever van het Weerwater in Almere.
CASLa, Almere
10 mei – 7 juni 2001
Results of a commissioned study carried out by students of the Technical University in Berlin for a small theatre on the shore of the Weerwater lake in Almere.
CASLa, Almere
10 May – 7 June 2001

Het trappenhuis
The staircase

De tentoonstelling besteedde aandacht aan het verleden, heden en toekomst van de vijftig jaar oude Westelijke Tuinsteden in Amsterdam. Bouwtekeningen, fotomateriaal en voorwerpen illustreerden de architectonische en stedenbouwkundige opzet en kwaliteiten van de wijken. Zes stijlwoningen lieten interieurs zien tussen 1950 en 2010. De expositie werd gehouden in een complex portieketagewoningen waarvan de sloop al was begonnen.
Willem Nuijenstraat, Amsterdam
11 mei – 2 september 2001
Exhibition focusing on the past, present and future of the fifty-year-old Westelijke Tuinsteden housing scheme in Amsterdam. Construction drawings, photographic material and objects served to illustrate the architectural and spatial set-up and qualities of the component neighbourhoods. Six model homes displayed interiors ranging from 1950 to 2010. The exhibition was held in a block of porch-access flats already in the throes of demolition.
Willem Nuijenstraat, Amsterdam
11 May – 2 September 2001

Heren 5 architecten
Heren 5 architects

Presentatie van twaalf projecten van dit Amsterdamse bureau. Heren 5 Architecten bestaat uit Ed Bijman, Jan Klomp en Bas Liesker en werd bekend met een dubbel woonhuis op Borneo Sporenburg waarvan de gevel uit beweegbare cortenstalen panelen bestaat.
ABC Architectuur en Bouwhistorisch Centrum, Haarlem

13 mei – 24 juni 2001
Presentation of twelve projects by the Amsterdam office of Heren 5 (Ed Bijman, Jan Klomp and Bas Liesker) which made a name for itself with a double house on Borneo Sporenburg with a facade of movable Corten steel panels.
ABC, Haarlem
13 May – 24 June 2001

Individueel bouwen op stadslocaties
Individual construction on urban sites

Keuze uit het werk van De Jager & Lette Architecten. Joanne de Jager en Martin Lette werden bekend met het project 'De Gespleten Hendrik' in Amsterdam, een complex van 28 woningen dat in samenspraak met de bewoners is ontworpen.
ABC Architectuur en Bouwhistorisch Centrum, Haarlem
18 mei – 24 juni 2001
Selection of work by De Jager & Lette Architecten. Joanne de Jager and Martin Lette made their name with 'De Gespleten Hendrik' in Amsterdam, a complex of 28 dwellings designed in consultation with the residents.
ABC, Haarlem
18 May – 24 June 2001

Urban Tetris – wij wonen in de toekomst
Urban Tetris – we live in the future

Aan vier kunstenaars (Hans Kievit, Arno Coenen, Crash Comfort en Frank de Bruijn) en een architectenbureau (Maurer United Architects, tevens bedenker van de Tetrisvormen) is gevraagd om de ontwikkelingen van het wonen in de 21ste eeuw in beeld te brengen. Daarbij moesten zij oplossingen aandragen voor 25 thema's, onder meer ruimtegebruik, mobiliteit, digitalisering, energiegebruik en demografische ontwikkelingen. Hun ideeën werden getoond in vijf keer vijf kijkdozen, waarmee de tentoonstelling werd opgebouwd. Dit waren driedimensionale Tetrisvormen, bekend van het Gameboy-spelletje. De felgekleurde kijkdozen varieerden in hoogte van 2,40 m tot 4,80 m en hadden op ooghoogte een kijkgat.
Diverse locaties, Amsterdam
18 mei – 24 juni 2001
Four artists (Hans Kievit, Arno Coenen, Crash Comfort and Frank de Bruijn) and an architectural practice (Maurer United Architects, inventors of the Tetris modules) were asked to depict developments in housing in the 21st century. They were required to devise solutions for 25 themes including use of space, mobility, digitization, energy consumption and demographic changes. Their ideas were displayed in five times five peep-show boxes which constituted the exhibition space. These brightly coloured, three-dimensional Tetris modules (of Gameboy fame) varied in height from 2.4 to 4.8 metres and had a peephole at eye level.
Various locations, Amsterdam
18 May – 24 June 2001

De bloei van Haarlem
The flowering of Haarlem

Het veelzijdige plaatselijke kunstleven tussen 1900 en 1930 werd getoond in een overzichtsexpositie. Naast schilder- en beeldhouwkunst was er aandacht voor de kunstnijverheid van Chris Lebeau en Willem Bogtman, en voor de School voor Kunstnijverheid, de oudste in Nederland, waar architecten en kunstnijveraars als J.L.M. Lauweriks, K.P.C. de Bazel en Chris Lebeau doceerden.
Vleeshal, Haarlem
19 mei – 12 augustus 2001
The many-faceted local art scene between 1900 and 1930 was the subject of this retrospective exhibition. In addition to painting and sculpture, the show paid tribute to the decorative art of Chris Lebeau and Willem Bogtman and the School of Applied Arts, the oldest in the Netherlands, whose teachers included architects and applied art practitioners of the likes of J.L.M. Lauweriks, K.P.C. de Bazel and Chris Lebeau.
Vleeshal, Haarlem
19 May – 12 August 2001

Manifestatie J.J.P. Oud – Philip Johnson: een dialoog
J.J.P. Oud – Philip Johnson: a dialogue

Overzicht van het oeuvre van J.J.P. Oud in alle tentoonstellingszalen van het NAi. In vijf thema's werd het oeuvre van Oud aan de hand van maquettes, foto's en tekeningen belicht. Voor deze tentoonstelling ontwierp de Amerikaanse architect Philip Johnson, een dierbare vriend van Oud, de installatie 'Welcoming Arms', waarmee het werk van Oud werd geactualiseerd.
Nederlands Architectuurinstituut, Rotterdam
19 mei – 9 september 2001
This major retrospective of the work of J.J.P. Oud filled all the exhibition spaces in the Netherlands Architecture Institute. The presentation broke the oeuvre down into five themes which were illustrated with models, photographs and drawings. American architect Philip Johnson, a close friend of Oud's, designed an installation especially for this exhibition. 'Welcoming Arms' gave Oud's work a contemporary resonance.
Netherlands Architecture Institute, Rotterdam
19 May – 9 September 2001

Manifestatie Waterproject 1854-2001
Water project 1854-2001

De manifestatie 'Waterproject' stond in het teken van de singelstructuur die stadsarchitect W.N. Rose in Rotterdam heeft aangelegd, met een inrichting van landschapsarchitecten vader en zoon Zocher. Doel was het waterproject van Rose onder de aandacht te brengen van een breed publiek en de toekomst van de singels ter discussie te stellen. In het tekeningenkabinet van het woonhuis Milders/Brenninkmeijer aan de Eendrachtsweg waren de originele tekeningen ervan te zien. In de buitententoonstelling werden de historie van

het waterproject en het Hoogheem-raadschap en de toekomstvisies van een aantal ontwerpbureaus belicht. In drie 'tentoonstellingschalets' langs de singels, ontworpen door DAF Architecten, werden de visies van Geurtsen, S333 en Juurlink en Geluk op de singels gepresenteerd.
Diverse locaties, Rotterdam
23 mei – 23 september 2001
The 'Water project' festival was a celebration of the canal structure designed by the Rotterdam city architect W.N. Rose with landscaping by Zocher and son. The aim of the project was to raise public awareness of Rose's work and to initiate a debate about the future of the canals. The original drawings were on display in the drawing gallery of the Milders/Brennink-meijer house on Eendrachtsweg. The outdoor exhibition focused on the history of the water project and the relevant Water Control Board, and on visions of the future of the canals by Geurtsen, S333 and Juurlink & Geluk. The latter were presented in three canal-bank 'exhibition chalets' designed by DAF Architects.
Various locations, Rotterdam
23 May – 23 September 2001

Easytowns

Drie eindexamenkandidaten van de afdeling Public Space van de Design Academy Eindhoven werkten het begrip 'easytowns' (Nederlandse nieuwbouw-wijken uit de jaren zeventig) uit en pasten het toe op de Bredase wijk Haagse Beemden. Zij baseerden zich op een eerdere stedenbouwkundige analyse van de 'easytowns' van Wies Sanders. Naast deze plannen waren ook foto's te zien van Bas Princen, uit zijn serie 'Pleasure Seekers'.
NBKS, Breda
27 mei – 1 juli 2001
Three final-year students from the Public Space department of the Design Academy Eindhoven developed the concept of 'easy-towns' (Dutch residential developments of the 1970s) and applied it to Haagse Beemden, a suburb of Breda. They based their work on an earlier spatial planning analysis by Wies Sanders. In addition to these plans, the exhibition featured photographs from Bas Princen's 'Pleasure Seekers' series.
NBKS, Breda
27 May – 1 July 2001

Coming soon!

Gecombineerde tentoonstelling van de winnaars van de Archiprix, Archiprix International, Europan 6 en Prix de Rome 2001.
Van Nelle Ontwerpfabriek, Rotterdam
1 juni – 29 juli 2001
Combined exhibition of the winners of Archiprix, Archiprix International, Europan 6 and Prix de Rome 2001.
Van Nelle Design Factory, Rotterdam
1 June – 29 July 2001

Parasites: the city of small things

Tentoonstelling over kleine, tijdelijke en technologisch geavanceerde bouwwer- ken. Dertig jonge architecten en studententeams presenteerden op schaal 1:20 hun ideeën over 'parasitair wonen'. Op het dak van Las Palmas realiseerden Rien Korteknie en Mechthild Stuhl-macher een echte parasietwoning.
Gebouw Las Palmas, Rotterdam
1 juni – 23 september 2001
Exhibition about small, temporary and technologically sophisticated structures. Thirty young architects and teams of students presented their ideas on 'parasitical living' at a scale of 1:20. On the roof of Las Palmas Rien Korteknie and Mechthild Stuhlmacher built an actual parasite dwelling.
Las Palmas Building, Rotterdam
1 June – 23 September 2001

Kleiburg revisited

Woningcorporatie Patrimonium gaf drie kunstenaars en drie architecten op-dracht voor een studie naar een hoog-waardige transformatie van de Kleiburg-flat in de Amsterdamse Bijlmer. Getoond werden de studieresultaten van architecten Greg Lynn, Lucien Kroll en Sauerbruch Hutton en kunstenaars Henri Jacobs, Atelier van Lieshout en Jan van de Pavert.
Artoteek Zuidoost, Amsterdam
2 juni – 23 juni 2001
The Patrimonium housing corporation commissioned three artists and three architects to make a study for a high-quality transformation of the Kleiburg flat building in Amsterdam's Bijlmer district. On show here were the results of those studies by the architects Greg Lynn, Lucien Kroll and Sauerbruch Hutton and artists Henri Jacobs, Atelier van Lieshout and Jan van de Pavert.
Artoteek Zuidoost, Amsterdam
2 June – 23 June 2001

De veranderende stad
The changing city

Foto-expositie over de snelle ontwikkeling van het stedelijk landschap van Almere, met nadruk op grotere projecten zoals het Stadshart Almere, de Eilandenbuurt (Bouw en Woonexpo 2001), Almere Poort en Almere Haven.
Stadhuis, Almere
11 juni – 8 juli 2001
Photographic exhibition cataloguing the rapid development of Almere's urban landscape, with particular emphasis on projects such as Stadshart Almere, the Eilanden-buurt (site of Bouw & Woon expo 2001), Almere Poort and Almere Haven.
Town Hall, Almere
11 June – 8 July 2001

Articulations

Reizende tentoonstelling over Herman Hertzberger, waar aandacht werd besteed aan zijn scholen, theaters, kantoorgebouwen en stedenbouw-kundige ontwerpen in vier door hemzelf ontworpen paviljoens.
Museum Nagele
– 24 juni 2001
Travelling exhibition about Herman Hertz- berger in which his schools, theatres, office buildings and urban designs were displayed in four pavilions of his own design.
Museum Nagele
– 24 June 2001

Big Project: Ontwerpen aan Nederland
Big Project: Designing the Netherlands

Presentatie van de negen 'Grote Projecten' zoals die zijn opgevoerd in de derde interdepartementale architectuurnota 'Ontwerpen aan Nederland 2001-2004', aangevuld met een tiende project: de kwaliteit van bedrijventerreinen.
Ontwerpatelier Rijksbouwmeester, Den Haag
30 juni – 20 juli 2001
Presentation of the nine 'Big Projects' announced in the third interdepartmental architecture memorandum 'Designing the Netherlands 2001-2004', plus a tenth project: the quality of business parks.
Government Architect's Design Studio, The Hague
30 June – 20 July 2001

Auto op stal – parkeren in Amsterdam
Stabling the car – parking in Amsterdam

Slimme en effectieve oplossingen om stilstaande auto's een plek te geven en de omgeving leefbaar te houden, zoals parkeren op geluidswallen, woonge-bouwen met volautomatische parkeer-liften en het ondergraven van Amster-damse grachten.
Arcam Galerie, Amsterdam
30 juni – 25 augustus 2001
Ingenious and effective solutions for accommodating stationary cars while maintaining a livable environment, such as parking on top of sound walls, fully automatic car parks, apartment building with car lift and tunneling under Amsterdam's canals.
Arcam Galerie, Amsterdam
30 June – 25 August 2001

Rietveldprijs 2001
Rietveld Prize 2001

Overzicht van de 25 projecten die geselecteerd zijn voor de tweejaarlijkse Rietveldprijs en de UN Publieksprijs Architectuur (architectuurprijs van het _Utrechts Nieuwsblad_).
Stadhuis en Architectuurcentrum Aorta, Utrecht
30 juni – 11 augustus 2001
Overview of the 25 projects shortlisted for the biennial Rietveld Prize and the UN Publieksprijs Architectuur (architecture prize awarded by readers of the _Utrechts Nieuwsblad_).
Town hall and Aorta Architecture Centre, Utrecht
30 June – 11 August 2001

Oases in de woestijn
Oasis in the desert

Expositie over een eeuw Woningwet en de rol van de woningcorporaties. Aan de hand van zestien wooncomplexen werd de Haarlemse geschiedenis van honderd jaar Woningwet geschetst. Er was tegelijkertijd een expositie met de titel '100 jaar wonen en de hygiëne in de sociale woningbouw'.
ABC Architectuur en Bouwhistorisch Centrum, Haarlem
1 juli – 7 oktober 2001
Exhibition celebrating the centenary of the Housing Act and the role of housing corporations as reflected in sixteen housing complexes in Haarlem. A parallel exhibition was devoted to '100 years of domestic life and hygiene in social housing'.
ABC, Haarlem
1 July – 7 October 2001

Honderd jaar Nederlandse architectuur
A Hundred years of Dutch architecture

Aan de hand van bijzondere Nederland-se gebouwen werd een beeld van honderd jaar bouwen gegeven, tegen de achtergrond van technische en maatschappelijke ontwikkelingen. Het onderwerp is ontleend aan het gelijk-namige boek van Umberto Barbieri en Leen van Duin.
Burgerzaal Stadhuis, Apeldoorn
2 juli – 1 september 2001
A portrait of one hundred years of Dutch architecture seen through a collection of outstanding buildings and against the background of technological and social developments. The subject was borrowed from the book of the same title by Umberto Barbieri and Leen van Duin.
Town hall reception room, Apeldoorn
2 July – 1 September 2001

Couleur Locale: AG architecten in het ABC
Local colour: AG architects in the ABC

Expositie over het Haarlemse bureau AG Architecten, opgericht door Anouk Vermeulen en George Polman. Onder-deel van de expositie zijn architectuur-foto's van Frank Colder van het werk van AG Architecten.
ABC Architectuur en Bouwhistorisch Centrum, Haarlem
6 juli – 9 september 2001
Exhibition devoted to the Haarlem-based architectural practice AG Architecten, founded by Anouk Vermeulen and George Polman. Included architectural photographs of the practice's work by Frank Colder.
ABC, Haarlem
6 July – 9 September 2001

Parken en pleinen
Parks and squares

Tentoonstelling over de openbare ruim-te en het groen van Den Bosch. Land-schapsarchitecten toonden hun visie en (deels) gerealiseerde projecten.
Bosch Architectuur Initiatief, Den Bosch
7 juli – 31 augustus 2001
Exhibition about public space and greenery in 's-Hertogenbosch. Landscape architects presented their ideas and (partly) realized projects.
Bosch Architecture Initiative, 's-Hertogen-bosch
7 July – 31 August 2001

Nieuw goud in de stad
New gold in the city

Derde en laatste wisseltentoonstelling bij de tentoonstelling '6,5 miljoen woningen'. De tentoonstelling liet een staalkaart zien voor toekomstige top-woningen in Rotterdam: twaalf plannen die tussen nu en 2006 gebouwd zullen worden en 'het nieuwe goud' van Rotterdam gaan vormen. De projecten hebben gemeen dat ze alle langs de rivier worden gebouwd, zoals het multi-functionele complex De Rotterdam van OMA, de verbouwing van het veem Pakhuismeesteren door Fumi Hoshino en de woontoren Willem Ruys op de Mullerpier door Frits van Dongen.
Gebouw Las Palmas, Rotterdam
8 augustus – 23 september 2001
Third and final alternating exhibition connected with the '6.5 million dwellings' exhibition. The exhibition was a showcase for future super deluxe residential developments in Rotterdam: twelve plans that will be realized between now and 2006 and which will constitute Rotterdam's 'new gold'. They include De Rotterdam, a multi-functional complex by OMA, the conversion of the Pakhuismeesteren warehouse by Fumi Hoshino and the Willem Ruys apartment tower on Muller Pier by Frits van Dongen. One thing all these projects have in common is a riverside location.
Las Palmas Building, Rotterdam
8 August – 23 September 2001

Van IJ tot Zee
From the IJ to the Sea

Naar aanleiding van het 125-jarig bestaan van het Noordzeekanaal is de kunstroute Van IJ tot Zee georganiseerd, die met tijdelijke locatiewerken en foto-grafie de aandacht richtte op het kanaal. Deelnemende kunstenaars waren onder anderen Roel Achterberg/ Berend Strik, Diana Blok, Instituut voor Betaalbare Waanzin en Lydia Schouten.
Van het Stenen Hoofd, Amsterdam tot Spuisluis, IJmuiden
18 augustus – 30 september 2001
To mark the 125th anniversary of the opening of the North Sea Canal, an art route was organized along the canal's route from Amsterdam to the North Sea. Featured temporary site-specific works and photo-graphy by among others Roel Achterberg/ Berend Strik, Diana Blok, Instituut voor Betaalbare Waanzin and Lydia Schouten.
From Stenen Hoofd, Amsterdam to Spuisluis, IJmuiden
18 August – 30 September 2001

Blue Moon

Blue Moon was de derde in de reeks van vierjaarlijkse culturele manifesta-ties in de stad Groningen. Het inhoudelijke plan was van Toyo Ito en richtte zich op 'blurring architecture': het in elkaar laten opgaan van verschillende elementen; het laten vervagen van grenzen tussen landschap en stad, kunst en architectuur en binnen en buiten. Op vijf locaties in de Groningse binnenstad werden vijf woonhuizen met meerdere functies gerealiseerd waarin het thema 'blurring architecture' tot uitdrukking komt, door de architecten Tony Fretton (GB), Xaveer de Geyter (B), Space Group (N), Foreign Office Architects (GB) en Toyo Ito (J).
Het tijdelijke onderdeel van de mani-festatie speelde zich af op het Europa-terrein, een voormalig industrieterrein waar de komende jaren een volwaar-dige stadswijk wordt gerealiseerd met woningen, kantoren, winkels en het stadion voor FC Groningen. Er werden evenementen georganiseerd door onder anderen Tony Fretton, Xaveer de Geyter en Space Group.
Diverse locaties, Groningen
26 augustus – 23 september 2001
Blue Moon was the third in a series of four-yearly cultural festivals held in the city of Groningen. This edition was directed by Toyo Ito and had as its theme 'blurring architecture': the merging of different elements, the blurring of boundaries between landscape and city, art and architecture, inside and outside. This theme found expression on five locations in the centre of Groningen, where five houses with multiple functions were built by the architects Tony Fretton (GB), Xaveer de Geyter (B), Space Group (N), Foreign Office Architects (GB) and Toyo Ito (J).
The temporary part of the festival took place on the Europaterrein, a former indus-trial site due to be redeveloped in the coming years with houses, offices, shops and a stadium for FC Groningen. Events were organized here by Tony Fretton, Xaveer de Geyter, Space Group and others.
Various locations, Groningen
26 August – 23 September 2001

Maurer United Architects: Playtime

Op de tentoonstelling werd een aantal door Maurer United Architects (MUA) geïnitieerde projecten gepresenteerd, vormgegeven in samenwerking met anderen: een 3D geluidsruimte voor de muziek van Raimond Gesthuizen (Kid Sundance), een SAIKO-chillroom door Richard Rotgans, een showroom voor Boris van Berkum om zijn alter ego dj Chantelle te promoten, een originele Delta-speelhal, een ZEDZ-stadsmeubel, een aantal ontwerpen voor hedendaag-se paviljoens, een interactieve video-installatie en een aantal videoproducties.
Mu, Eindhoven
1 september – 7 oktober 2001
The exhibition showcased a number of projects initiated by Maurer United Archi-tects (MUA) and designed in collaboration with others: a 3-D sound room for the music of Raimond Gesthuizen (Kid Sundance), a SAIKO chill space by Richard Rotgans, a showroom for Boris van Berkum to promote his alter ego DJ Chantelle, an original DELTA computer game arcade, a ZEDZ urban fur-niture object, a number of designs for con-temporary pavilions, an interactive video installation and several video productions.
MU, Eindhoven
1 September – 7 October 2001

Cross-over Bouw-kunst
Cross-over Architecture

De tentoonstelling presenteerde projec-ten in Amsterdam waarin het traditionele onderscheid tussen de disciplines kunst en architectuur is verdwenen. Er waren maquettes, schetsen en foto's te zien van de inrichting van het Van Lim-burg Stirumplein van Frank Halmans en Bureau B+B, de woningbouwprojecten van Tangram Architekten en John Blake, van de loop/fietsbruggen op het Java-eiland van Guy Rombouts en Monica Droste in samenwerking met architec-ten Paul Wintermans en Dirk Lohmeijer, en van de toekomstige entree van de IJtram op de Rietlanden van Frank Man-dersloot en Verburg Hoogendijk Archi-tecten. Ook werden projecten getoond van ontwerpers die zich zowel op de vakgebieden beeldende kunst als architectuur en stedenbouw begeven: Greg Lynn, Atelier van Lieshout, Jan van de Pavert en Henri Jacobs en Hans Venhuizen.
Arcam Galerie, Amsterdam
4 september – 27 oktober 2001
The exhibition presented projects in Amster-dam where the traditional distinction between the disciplines of art and archi-tecture/urban design has been aban-doned. There were models, sketches and photographs of the design and layout of Van Limburg Stirumplein by Frank Halmans and Bureau B+B, housing schemes by Tangram Architekten and John Blake, the pedestrian/cyclist bridges on Java Island designed by Guy Rombouts and Monica Droste in collaboration with the architects Paul Wintermans and Dirk Lohmeijer, and the future entrance to the IJ tram terminus on Rietlanden by Frank Mandersloot and Verburg Hoogendijk Architecten. Also on show were projects by designers who operate in both disciplines: Greg Lynn, Atelier van Lieshout, Jan van de Pavert and Henri Jacobs and Hans Venhuizen.
Arcam Galerie, Amsterdam
4 September – 27 October 2001

Neutelings Riedijk Architecten: sculpturale wiskunde
Neutelings Riedijk Architects: sculptural mathematics

Expositie over recente projecten van het Rotterdamse bureau, met speciale aandacht voor hun ontwerp voor het Nederlands Audiovisueel Archief in Hilversum.
Dudok Centrum, Hilversum
5 september – 28 oktober 2001
Exhibition of recent projects by the Rotter-dam practice, with special attention to their design for the Netherlands Audio-visual Archive in Hilversum.
Dudok Centre, Hilversum
5 September – 28 October 2001

Heilige huisjes, bewoners als opdracht-gevers
Sacred houses, occupants as clients

De NAi-expositie (zie aldaar), uitgebreid met enkele voorbeelden van particulier opdrachtgeverschap in de Hilversumse regio.

Dudok Centrum, Hilversum
6 september – 30 december 2001
The NAI exhibition (q.v.) augmented with several examples of private patronage in the Hilversum area.
Dudok Centre, Hilversum
6 September – 30 December 2001

Boompjes... venster op de wereld
Boompjes... window on the world

Tentoonstelling over verleden, heden en toekomst van het Rotterdamse waterfront met bijzondere aandacht voor het (historische) gebied De Boompjes. Ook worden voorstellen voor de ontwikkeling van de Boompjes getoond, gemaakt door de steden-bouwkundige diensten in Hamburg, Baltimore, Londen en Barcelona, steden die hun eigen waterfront al hebben gerevitaliseerd.
De Willemswerf, Rotterdam
7 september – 15 november 2001
Exhibition about the past, present and future of the Rotterdam waterfront and especially the historic area of De Boompj-es. Also shown were proposals for the development of Boompjes drawn up by the town planning departments in Hamburg, Baltimore, London and Barcelona, cities that have already revitalized their own waterfront.
Willemswerf, Rotterdam
7 September – 15 November 2001

Droomhuizen
Dream houses

Presentatie van de resultaten van de open ideeënprijsvraag 'droomhuizen'.
Internationaal Perscentrum Nieuws-poort, Den Haag
12 september – 25 oktober 2001
Results of an open ideas competition.
Nieuwspoort International Press Centre, The Hague
12 September – 25 October 2001

Bouw & Woonexpo 'Gewild Wonen'
Building & Housing expo: Gewild Wonen

Buitenbouwexpositie met als thema 'Gewild Wonen'. De toekomstige bewo-ners van de Eilandenbuurt in Almere kunnen hun woning samenstellen uit bouwpakketten ontworpen door vijftien architectenbureaus, ontwikkeld door twaalf projectontwikkelaars en drie woningbouwverenigingen. De bouw-pakketten zijn ontworpen door onder meer UN Studio, Claus en Kaan en Faro Architecten. 'Gewild Wonen' is bedoeld als onderzoek naar de mogelijkheden en beperkingen van seriematig en consu-mentgericht bouwen, in reactie op de genormeerde en veelal stereotiepe reguliere woningbouw.
Eilandenbuurt, Almere-Buiten
13 september – 23 september 2001
Outdoor building exhibition on the theme of 'gewild' or consumer-led housing. The future residents of the Eilandenbuurt (Islands neighbourhood) of Almere can assemble their home from building kits designed by fifteen architectural firms and built by twelve property developers and

three housing associations. The building kits were designed by, among others, UN Studio, Claus en Kaan and Faro Architecten. 'Gewild Wonen' is intended as an investigation into the possibilities and limitations of mass-produced, consumer-oriented construction, in reaction to the standardized and largely stereotyped regular housing construction.
Eilandenbuurt, Almere-Buiten
13 September – 23 September 2001

Vorstelijk resideren in Haverleij
Princely residence in Haverleij

Expositie over de Bossche wijk Haverleij van architect Sjoerd Soeters en landschapsarchitect Paul van Beek, die voor het ontwerp hebben geput uit de pretparkindustrie en het New Urbanism.
BAi-winkel, Den Bosch
14 september – 10 november 2001
Exhibition about the Bossche district Haverleij by architect Sjoerd Soeters and landscape architect Paul van Beek whose design draws heavily on the amusement park industry and New Urbanism.
BAi-shop, 's-Hertogenbosch
14 September – 10 novembet 2001

Heilige huisjes
Sacred houses

Een buitenexpositie waarbij op billboardformaat een overzicht werd gegeven van 28 unieke woonhuizen die laten zien welke mogelijkheden het bouwen in eigen beheer biedt. De woningen wijken af van het reguliere woningaanbod.
Nederlands Architectuurinstituut, Rotterdam
15 september – 6 januari 2001
An open air exhibition in which 28 unique houses were displayed on billboards. All the dwellings featured deviate from what is on offer on the regular housing market and show what can be achieved by building one's own home.
Netherlands Architecture Institute, Rotterdam
15 September – 6 January 2001

NOX FLURBS©

Om zijn nieuwste plannen te tonen, ontwikkelde Lars Spuybroek (NOX) een speciaal tentoonstellingsconcept: de Flurb. Grillige 'panelen' die van de vloer af tegen de muur opkruipen, zodat het waarnemingsoppervlak (beeld/wand) samensmelt met het oppervlak van actie (plattegrond/vloer). Spuybroek presenteerde ook een nieuwe manier van tentoonstellen, waarbij het computerontwerp, het menselijk lichaam en het gebouwde resultaat in elkaar overlopen. In de tentoonstelling waren zes NOX-projecten te zien, elk binnen een eigen 'Flurbal Universe'.
Vivid Vormgeving, Rotterdam
16 september – 11 november 2001
To display his latest plans, Lars Spuybroek (NOX) devised a special exhibition concept: the Flurb. Whimsical 'panels' that crawl from the floor up the wall so that the surface of perception (image/wall) merges with the surface of action (plan/floor). Spuybroek

also presented a new technique of exhibiting in which the computer design, the human body and the built result merge with one another. Six NOX projects were on show, each within its own 'Flurbal Universe'.
Vivid Vormgeving, Rotterdam
16 September – 11 November 2001

De zoektocht naar architectuur
The search for architecture

De Vlaamse rijksbouwmeester Bob van Reeth selecteerde 23 in opdracht gemaakte architectuurfoto's die vragen om discussie over begrippen als culturele duurzaamheid, gelijktijdigheid, verdichting en herkenbaarheid.
ABC Architectuur en Bouwhistorisch Centrum, Haarlem
16 september – 8 november 2001
The Flemish government architect, Bob van Reeth, chose 23 commissioned architectural photographs that raise questions about concepts like cultural sustainability, simultaneity, densification and identity.
ABC, Haarlem
16 September – 8 November 2001

Een schoone stad. W.N. Rose (1801-1877) stadsarchitect en rijksbouwmeester
Clear and clean. W.N. Rose (1801-1877), city government and government architect

Architectuurtekeningen en stedenbouwkundige plannen voor Rotterdam van stadsarchitect Rose.
Nederlands Architectuurinstituut, Rotterdam
22 september 2001 – 20 januari 2002
Architectural drawings and urban design plans for Rotterdam by city architect Rose.
Netherlands Architecture Institute, Rotterdam
22 September – 20 January 2002

Op reis met J.H. Leliman (1828-1910). Schetsend naar een nieuwe bouwkunst
On tour with J.H. Leliman (1828-1910). Sketching a new architecture

Reisschetsen van Johannes Hermanus Leliman, die in het midden van de negentiende eeuw een studiereis naar het buitenland maakte.
Nederlands Architectuurinstituut, Rotterdam
22 september 2001 – 20 januari 2002
Travel sketches made by Johannes Hermanus Leliman during a foreign study tour in the mid-nineteenth century.
Netherlands Architecture Institute, Rotterdam
22 September – 20 January 2002

Villa Vinex: Bart Sorgedrager fotografeert Leidsche Rijn
Villa Vinex: Bart Sorgedrager photographs Leidsche Rijn

Bart Sorgedrager volgde en fotografeerde een jaar lang zes huishoudens tijdens hun verhuizing naar een nieuwe woning in Langerak, een onderdeel van de grootste Vinex-locatie Leidsche Rijn. Villa Vinex is een onderdeel van Document Nederland, de jaarlijkse fotografie-

opdracht van *NRC Handelsblad* en het Rijksmuseum.
Rijksmuseum, Amsterdam
13 oktober 2001 – 13 januari 2002
For six years Bart Sorgedrager followed and photographed six households during their move to a new home in Langerak, part of the largest Vinex development scheme, Leidsche Rijn. Villa Vinex is part of Document Nederland, the annual photographic assignment issued jointly by the *NRC Handelsblad* and the Rijksmuseum.
Rijksmuseum, Amsterdam
13 October 2001 – 13 January 2002

Trans-ports R'AM mode

Interactieve architectuur van Kas Oosterhuis en Ole Bouman. / Interactive architecture by Kas Oosterhuis and Ole Bouman
RAM Galerie, Rotterdam
14 oktober – 18 november 2001
14 October – 18 November 2001

Uit eigen huis
Domestic delights

Expositie met ontwerpen voor particuliere woonhuizen in Nederland van de afgelopen 200 jaar. Alle maquettes, foto's, tekeningen en documentatie waren afkomstig uit de collectie van het NAi.
Nederlands Architectuurinstituut, Rotterdam
14 oktober 2001 – 8 januari 2002
Exhibition featuring designs for private homes in the Netherlands during the past 200 years. All the models, photos, drawings and documents came from the NAI's own collection.
Netherlands Architecture Institute, Rotterdam
14 October 2001 – 8 January 2002

Hennie Fokker, Nijmeegs architect
Hennie Fokker, Nijmegen architect

De architect Hennie Fokker (1921) heeft vrijwel zijn hele leven in Nijmegen gewoond en gewerkt. Hij is de ontwerper van tal van bekende gebouwen, maar maakte geen naam als architect.
Architectuurcentrum, Nijmegen
19 oktober – 25 november 2001
Architect Hennie Fokker (b. 1921) has lived and worked almost all his life in Nijmegen. Although he is the designer of countless well-known buildings, his name is little known outside professional circles.
Nijmegen Architecture Centre
19 October – 25 November 2001

Snelweghuis
Motorway house

Tentoonstelling naar aanleiding van de gelijknamige prijsvraag. Zie ook: Prijsvragen. / Exhibition based on eponymous competition. See also: Competitions
Mobilion, Utrecht
20 oktober – 4 november 2001
20 October – 4 November 2001

Mobiele architectuur
Mobile architecture

Tentoonstelling van en over mobiele kunst/architectuurobjecten van de Stichting Kunst in de Openbare Ruimte (SKOR), die hiermee een bijdrage wil leveren aan het onderzoek naar de manier waarop stedelijke gebieden die nog geen definitieve bestemming hebben voor tijdelijk gebruik kunnen worden ingezet. Mobiele architectuur zou een tijdelijke oplossing kunnen bieden aan het gebrek aan woon- en werkplaatsen voor kunstenaars en beginnende kleine ondernemers. Te zien waren onder meer het ellipsvormige fiberglas Futuro House uit 1968 van Matti Suuronen, het Tuimelhuis van Koers Zeinstra van Gelderen, de Tampa-Skull en Favela van Atelier van Lieshout, en het Tuinhuis tuinhuis (1999) van Piet Hein Eek.
Storkterrein, Amsterdam
20 - 21 oktober, 10 - 11 november, 1 - 2 december 2001, 5 - 6 januari 2002
Exhibition of and about mobile art/architecture objects from SKOR, the Foundation for Art and Public Space as their contribution to the investigation of how as yet unallocated urban areas might be put to temporary use. Mobile architecture, for example, could provide a temporary solution to the lack of home/work places for artists and fledgling small businesses. Works on show included the elliptical, fibreglass Futuro House of 1968 by Matti Suuronen, the Tuimelhuis (pivot house) by Koers Zeinstra van Gelderen, the Tampa-Skull and Favela by Atelier van Lieshout, and the Tuinhuis garden shed (1999) by Piet Hein Eek.
Stork grounds, Amsterdam
20 - 21 October, 10 - 11 November, 1 - 2 December 2001, 5 - 6 January 2002

Nieuw West Centraal
New West Central

De grootschalige verbetering van de Westelijke Tuinsteden neemt een aanvang. Door middel van maquettes en impressies werd in de expositie inzicht gegeven in deze veelomvattende operatie. Ook de sociale, politieke en ruimtelijke context van het gebied werd belicht.
Arcam Galerie, Amsterdam
3 november – 29 december 2001
The large-scale renovation of the Westelijke Tuinsteden housing estate has begun. Models and artist's impressions provided insight into this comprehensive operation. The exhibition also sketched the social, political and spatial planning background of the area.
Arcam Galerie, Amsterdam
3 November – 29 December 2001

After generic city

9 afstudeerprojecten van het Berlage Instituut / 9 graduation projects from the Berlage Institute
Nederlands Architectuurinstituut, Rotterdam
4 november – 2 december 2001
4 November – 2 December 2001

De Hollanders thuis: het Nederlandse interieur in beeld 1600-1900
Dutch domesticity: Depictions of the Dutch interior 1600-1900

Aan de hand van 180 schilderijen, prenten en tekeningen werd een overzicht gegeven van hoe de Nederlander woonde in de voorgaande eeuwen.
Gemeentemuseum Den Haag
10 november 2001 – 10 februari 2002
A picture of how the Dutch lived in past centuries was furnished by 180 paintings, prints and drawings.
Gemeentemuseum Den Haag, The Hague
10 November 2001 – 10 February 2002

Het Bloemendaalse huis
The Bloemendaal house

Ter gelegenheid van de manifestatie '100 jaar Woningwet' werd aan de hand van foto's en documenten een overzicht gegeven van de sociale woningbouw in de vier gemeentelijke dorpskernen.
Gemeentehuis, Bloemendaal
13 november – 2 december 2001
On the occasion of the '100 Years Housing Act' activities, the Bloemendaal town council mounted an exhibition of photographs and documents relating to social housing in four of the municipality's village cores.
Town Hall, Bloemendaal
13 November – 2 December 2001

Winners! Benthem Crouwel in competitie
/ in competition

Presentatie van ontwerpen voor prijsvragen die Benthem Crouwel Architecten niet hebben gewonnen. / Designs for competitions that Benthem Crouwel Architecten did not win.
ABC Architectuur en Bouwhistorisch Centrum, Haarlem
15 november 2001 – 20 januari 2002
ABC, Haarlem
15 November 2001 – 20 january 2002

Vier steden, vier wijken, Vinex in de regio
Four cities, four districts, Vinex in the region

De steden Deventer, Zwolle, Apeldoorn en Nijmegen en hun Vinex-locaties: De Vijfhoek, Stadshagen, Woudhuizen en de Waalsprong.
Architectuurcentrum Rondeel, Deventer
15 november 2001 – 6 januari 2002
The cities of Deventer, Zwolle, Apeldoorn and Nijmegen and their respective Vinex developments: De Vijfhoek, Stadshagen, Woudhuizen and De Waalsprong.
Rondeel Architecture Centre, Deventer
15 November 2001 – 6 January 2002

Van weiland tot stadsdeel
From meadow to urban district

Foto's van Arnold Hoogendorp over de verandering van het landschap door de bouw van de Vinex-locatie Leidschenveen.
ABC Architectuur en Bouwhistorisch Centrum, Haarlem
18 november 2001 – 31 januari 2002

Photographs by Arnold Hoogendorp charting the changes wrought on the landscape by the construction of the Vinex development of Leidschenveen.
ABC, Haarlem
18 November 2001 – 31 January 2002

Oog voor architectuur in Europa
An eye for architecture in Europe

Aan de hand van 25 architectuurprojecten werd de geschiedenis van de westerse bouwkunst getoond, van de klassieke Oudheid tot de Nieuwe Tijd.
Architectuurcentrum Nijmegen, Nijmegen
30 november 2001 – 20 januari 2002
The history of Western architecture, from Classical Antiquity to the New Era, as seen through 25 architectural projects.
Nijmegen Architecture Centre, Nijmegen
30 November 2001 – 20 January 2002

Tijdsbalk 25 jaar Almere
Time line: 25 years Almere

Aan de hand van uiteenlopende onderwerpen en (inter)nationale ontwikkelingen werd getoond hoe de stad zich de afgelopen 25 jaar heeft ontwikkeld.
Stadhuis, Almere
30 november – 28 december 2001
The development of the city during the past 25 years seen in the light of a wide range of subjects and national and international developments.
Town Hall, Almere
30 November – 28 December 2001

Duiker in Den Haag
Duiker in The Hague

Presentatie van zestien, al dan niet gerealiseerde ontwerpen van Jan Duiker voor Den Haag.
'De Koepel', Zonnestraal, Hilversum – 2 december 2001
Exhibition of sixteen built and unbuilt designs for The Hague by Jan Duiker.
'De Koepel', Zonnestraal, Hilversum
– 2 December 2001

Panoramas Européens

In de serie 'Panoramas Européens' een tentoonstelling over het Rotterdamse bureau Neutelings Riedijk Architecten.
Pavillon de l'Arsenal, Parijs
30 november 2000 – 25 maart 2001
Exhibition about the Rotterdam practice Neutelings Riedijk Architecten as part of the series 'Panoramas Européens'.
Pavillon de l'Arsenal, Paris
30 November 2000 – 25 March 2001

Architecture and water

Vijf voorbeelden van projecten van een buitengewoon ontwerpkaliber, die door middel van architectuur, landschap en/of infrastructuur de kwaliteiten van waterfronten benadrukken en versterken. Als Nederlands voorbeeld werd de Quattro Villa van MVRDV in Ypenburg getoond. De andere projecten waren Yokohama International Port Terminal in Yokohama van Foreign Architects, Blur Building in Yverdon-les-Bains van Diller & Scofifio, Lake Whitney Water Treatment Plant in Hamden van Steven Holl Architects en Blackfriars Station in Londen van Alsop Architects.
Van Alen Institute, New York
28 maart – 26 oktober 2001
Five examples of projects of an exceptionally high design calibre that use architecture, landscape and/or infrastructure to emphasize the qualities of waterfronts. The Dutch example was MVRDV's Quattro Villa in Ypenburg. Other projects were Yokohama International Port Terminal in Yokohama by Foreign Architects, Blur Building in Yverdon-les-Bains by Diller & Scofifio, Lake Whitney Water Treatment Plant in Hamden by Steven Holl Architects and Blackfriars Station in London by Alsop Architects.
Van Alen Institute, New York
28 March – 26 October 2001

NOX introduces the FLURB©

Om zijn nieuwste plannen te tonen, ontwikkelde Lars Spuybroek (NOX) een speciaal tentoonstellingsconcept: de Flurb. Grillige 'panelen' die van de vloer af tegen de muur opkruipen, zodat het waarnemingsoppervlak (beeld/wand) samensmelt met het oppervlak van actie (plattegrond/vloer). Spuybroek presenteerde ook een nieuwe manier van tentoonstellen, waarbij het computerontwerp, het menselijk lichaam en het gebouwde resultaat in elkaar overlopen.
Aedes-West, Berlijn
20 april – 23 mei 2001
To display his latest plans, Lars Spuybroek (NOX) devised a special exhibition concept: the Flurb. Whimsical 'panels' that crawl from the floor up the wall so that the surface of perception (image/wall) merges with the surface of action (plan/floor). Spuybroek also presented a new technique of exhibiting in which the computer design, the human body and the built result merge with one another.
Aedes-West, Berlin
20 April – 23 May 2001

['digitallreal']

De expositie bevatte twaalf voorbeelden van 'blob'architectuur waarvan de stappen van computermodel naar gerealiseerd gebouw nauwgezet zijn gevolgd en gedocumenteerd. De getoonde projecten van Nederlandse architecten waren de vergaderzaal van EEA voor een ING-bank in Boedapest en de Vuiloverslag van Kas Oosterhuis. Verder was er werk te zien van onder anderen Zaha Hadid, Objectile, Frank Gehry en Jakob + MacFarlane.
DAM, Frankfurt am Main
30 mei – 5 augustus 2001
Twelve examples of 'blob' architecture meticulously charted from computer model to finished building. Alongside work by Zaha Hadid, Objectile, Frank Gehry and Jakob + MacFarlane, were two projects by Dutch architects: the board room for an ING bank in Budapest by EEA and the waste transfer station by Kas Oosterhuis.
DAM, Frankfurt
30 May – 5 August 2001

Haus der Gegenwart

Expositie van de ingezonden plannen. Het Rotterdamse bureau Drost & Van Veen ontving de Sondernpreis. Zie ook: Prijsvragen.
Neue Sammlung, München
12 oktober – 21 oktober 2001
Exhibition of competition entries. The Rotterdam practice Drost & Van Veen was awarded the Sondern prize.
See also: Competitions.
Neue Sammlung, Munich
12 October – 21 October 2001

Europan 6

Expositie van de prijswinnende projecten. / Exhibition of the winning projects.
Congrescentrum, Luik, België
3/4 december 2001
Congress Centre, Liège, Belgium
3/4 December 2001

Expériences d'urbanisme – visions des Pays-Bas

Expositie met vijf internationale stedenbouwkundige projecten van Rem Koolhaas, Piet Blom, Constant, Aldo van Eyck en Theo van Doesburg. Lars Spuybroek presenteerde het ParisBRAIN project, een virtueel plan voor een imaginaire stad in de 21ste eeuw.
Institut Néerlandais, Parijs
15 december – 30 december 2001
Exhibition featuring five international urban design projects by Dutch architects: Rem Koolhaas, Piet Blom, Constant, Aldo van Eyck and Theo van Doesburg. Lars Spuybroek presented the ParisBRAIN project, a virtual plan for an imaginary city in the 21st century.
Institut Néerlandais, Paris
15 December – 30 December 2001

3Up2down: 59 woningen voor starters en gehandicapten in Den Bosch/59 Housing units for starters and the handicapped in Den Bosch: VMX Architects
Hans Ibelings
Untimely Books, Athens

6,5 miljoen woningen: 100 jaar woningwet en wooncultuur in Nederland
Coosje Berkelbach (e.a./a.o.) (tekst/text), Noud de Vreeze (red./ed.)
Uitgeverij 010 Publishers, Rotterdam

111 Ontwerpen voor het Museumbos Bosland
Gesien van Altena, Jan Willem Reitsma (red./ed.)
Stichting Bosland, Amsterdam

A. Bodon (1903-1993): Lichtheid en transparantie – architectuur als dienend ambacht
Tonny Claassen (tekst/text), Juliette Roding (red./ed.)
Stichting BONAS, Rotterdam

Alfabet in steen
Cor Rosbeek (inl./pref.), William PARS Graatsma (tekst/text)
Rosbeek, Nuth

Alles wordt anders: de transformatie van Nederlands Noorden
Jan Abrahamse (e.a./a.o.) (tekst/text), Harry Cock (fotogr./photogr.)
Uniepers, Abcoude; Stichting Noorderbreedte, Groningen

Amsterdam, stad in verandering
Willem Ruigrok (fotogr./photogr.), Willem Ellenbroek (tekst/text)
Lubberhuizen, Amsterdam

Archiprix. De beste Nederlandse studentenplannen/Archiprix. The best plans by Dutch students
Henk van der Veen (red./ed.)
Uitgeverij 010 Publishers, Rotterdam

Archiprix International
Henk van der Veen (red./ed.)
Uitgeverij 010 Publishers, Rotterdam

Architect en titelwet: een evaluatieonderzoek naar het functioneren van de wet op de architectentitel en het architectenregister
H. Priemus (e.a./a.o.)
Rijksgebouwensdienst, Den Haag; Uitgeverij 010 Publishers, Rotterdam

Architect van het verlangen: Laurens Bisscheroux in zijn tijd
Willem K. Coumans, Jo Coenen (tekst/text), Gustaaf Begas (fotogr./photogr.)
Uitgeverij 010 Publishers, Rotterdam

Architectenbureau Jowa: Amsterdam: particulieren, kantoren en openbare ruimten, museale projecten = private homes, offices and public venues, museum projects
Peter van Kester (e.a./a.o.)
Architectenbureau Jowa, Amsterdam

Architectonische kwaliteit
Tjeerd Dijkstra
Uitgeverij 010 Publishers, Rotterdam

The Architecture Annual 1999-2000: Delft University of Technology
Henco Bekkering (red./ed.)
Uitgeverij 010 Publishers, Rotterdam

Architecture of instruction and delight. A socio-historical analysis of World Exhibitions as a didactic phenomenon (1798-1851-1970)
Pieter van Wesemael
Uitgeverij 010 Publishers, Rotterdam

Architectuur en de kritiek van de moderniteit
Hilde Heynen
SUN, Nijmegen

Architectuur in metselwerk
Wim J. van Heuvel
Van Heuvel, Voorburg

Architectuur in Nederland. Jaarboek 2000-01/Architecture in the Netherlands. Yearbook 2000-01
Anne Hoogewoning, Roemer van Toorn, Piet Vollaard, Arthur Wortmann (sam. en teksten/comp. and texts)
NAi Uitgevers/Publishers, Rotterdam

Architectuur Stedenbouw en Groenkaart Rotterdam/Architecture, urbanism and greenspace map of Rotterdam
Anne-Mie Devolder, Paul Groenendijk, Pieter Kuster (red./ed.)
(4e herz. ed. / 4th rev. ed.)
Archicenter/Rotterdam Marketing; Stichting AIR, Rotterdam

Architectuur Universiteit Utrecht
Tracy Metz
Universiteit Utrecht, Utrecht; V+K Publishing, Blaricum

Architectuuragenda 2002. Wederopbouw: Nederlandse architectuur uit de periode 1940-1960/Architecture Diary 2001. Reconstruction: architecture in the Netherlands 1940-1960
Lonneke Bakkeren (sam./comp.)
NAi Uitgevers/Publishers, Rotterdam

Arie Keppler: woninghervormer in hart en nieren
Frank Smit
Thoth, Bussum

The Art of Building. From Classicism to Modernity: the Dutch Architecural Debate 1840-1900
Auke van der Woud
Ashgate, Aldershot

Atelier Pro
Egbert Koster (red./ed.)
Uitgeverij 010 Publishers, Rotterdam

Atelier van Lieshout: Schwarzes und graues Wasser
BAWAG Foundation (sam./comp.)
BAWAG Foundation, Wenen/Vienna
(Duits en Engels/German and English)

BeeldArchitectuur en Kunst: het samengaan van architectuur en beeldende kunst
Jean Leering
Thoth, Bussum

Het behouden huis: depot Nederlands Scheepvaartmuseum Amsterdam

Rene Jongejan, Frits Loomeijer, Ric van Wijk (red./ed.)
Atelier Zeinstra van der Pol, Amsterdam

De betekenis van de plek
Willem van Toorn, Bernard Hulsman (essays)
KOW Stedenbouw & Architectuur, Den Haag

De Beurs van Van Arkel
Michiel Kruidenier
Milieudienst, Amsterdam

De Boompjes: vier visies op een waterfront. Barcelona, Baltimore, Hamburg en Londen/De Boompjes: four visions on a waterfront. Barcelona, Baltimore, Hamburg and London
Jan Duursma (red./ed.)
Uitgeverij 010 Publishers, Rotterdam

Bouwkunst, stijl, stedebouw: Van Eesteren en de avant-garde
Manfred Bock, Vincent van Rossem, Kees Somer
NAi Uitgevers/Publishers, Rotterdam; EFL-Stichting, Den Haag

De bouwkunst vereeuwigd: fotografie voor monumentenzorg
Peter Don (sam./comp.)
Waanders, Zwolle; Rijksdienst voor de Monumentenzorg, Zeist

Breeze of AIR: vernieuwende concepten voor stadstuinen
Anne-Mie Devolder (red./ed.)
Stichting AIR, Rotterdam

Breitner in Rotterdam: fotograaf van een verdwenen stad
Aad Gordijn, Paul van de Laar, Hans Rooseboom
RKD, Den Haag; Thoth Bussum

Cities in transition
Arie Graafland, Deborah Hauptmann (red./ed.)
Uitgeverij 010 Publishers, Rotterdam

City site: de stad in digitaal perspectief, een tijdelijk kunstwerk in de stad Amersfoort
Gerda Brethouwer, Wende Wallert (tekst/text)
De Zonnehof; Stichting Media Research, Amersfoort
(met cd-rom/including CD-rom)

Claus en Kaan Gebouwen/Claus en Kaan Building
Hans Ibelings (red./ed.)
NAi Uitgevers/Publishers, Rotterdam
(Nederlandse en Engelse uitgave/Dutch and English edition)

Concept NL: Nederland als thema voor onderzoek en ontwerpexperimenten
Hans Cornelissen (e.a./a.o.)
Thoth, Bussum

Conserveren in de wegwerpmaatschappij: pleidooi voor een polychrone cultuur
Marieke Kuipers
Universiteit Maastricht, Maastricht

Dam & Partners Architects: work in progress 1998-2000
Christoph Grafe, Gabriël Verheggen

(red./ed.), Michel Claus (fotogr./photogr.)
NAi Uitgevers/Publishers, Rotterdam
(Engels/English)

'Dat is architectuur': Sleutelteksten uit de twintigste eeuw
Hilde Heynen, André Loeckx, Lieven De Cauter, Karina Van Herck (red./ed.)
Uitgeverij 010 Publishers, Rotterdam

Delftse Art Nouveau: onderwijs en ontwerp van Adolf le Compte, Karel Sluyterman en Bram Gips
Jos Hilkhuysen
Waanders, Zwolle; Drents Museum, Assen

Deux conversations avec Rem Koolhaas – et caetera
Franois Chaslin
Sens & Tonka, Parijs /Paris

Duurzame kantoorgebouwen: wat leren de voorbeeldprojecten ons?
P.J. van Bergen, A.Q. Ubbels
SEV, Rotterdam

Een eigen aardig huis
Gunnar Daan, Dieuwke van Ooij (tekst/text), Arthur Blonk, Harry Cock (fotogr./photogr.)
Uitgeverij 010 Publishers, Rotterdam

Ernest Groosman. Bouwer met grenzeloze ambities, 1917-1999
Helma Hellinga, Dorine van Hoogstraten, André van der Velden
Uitgeverij 010 Publishers, Rotterdam

Europan 6: In-between cities
Emmy Vos, Anne Hoogewoning (sam. en red./comp. and ed.), Aaron Betsky, Tjerk Ruimschotel, Madeleine Maaskant (essays)
NAi Uitgevers/Publishers, Rotterdam
(Nederlands en Engels/Dutch and English)

Expo 58 als belichaming van het humanistisch modernisme
Johanna Kint
Uitgeverij 010 Publishers, Rotterdam
(Proefschrift/Dissertation)

Francine Houben/Mecanoo: compositie, contrast, complexiteit/Francine Houben/Mecanoo: composition, contrast, complexity
Francine Houben (tekst/text), Christian Richters (fotogr./photogr.)
NAi Uitgevers/Publishers, Rotterdam; Birkhauser, Basel
(Nederlandse en Engelse editie/Dutch and English edition)

The future of the Stationspostkantoor
L.G.W. Verhoef (red./ed.)
Technische Universiteit Delft, Delft

Het gebouw van de Rotterdamsche Lloyd: verleden, heden en toekomst van een maritiem monument
Ellen Smit
Ontwikkelingsbedrijf, Rotterdam

Gerrit Rietveld en De Zonnehof: de achtergronden bij het ontwerp en de bouw van het Amersfoortse kunstpaviljoen
Hedwig Saam (tekst/text), Robert Jan Stokman (e.a./a.o.) (fotogr./photogr.)
De Zonnehof, Amersfoort

De gevangenis
Galit Schrijver, Livia Verstegen (red./ed.)
V+K Publishing, Blaricum

Goed Wonen in Nieuw-West
Ineke Teijmant (tekst/text), Bart Sorge-
drager, Jan Versnel (fotogr./photogr.)
Lubberhuizen, Amsterdam

De goede stad
Geert Mak
Vossiuspers UvA, Amsterdam

Great Leap Forward
Rem Koolhaas (e.a./a.o.) (red./ed.)
Taschen, Köln

**H. Elte Phzn (1880-1944): Architect van
de Joodse gemeenschap tijdens het
Interbellum**
L. van Grieken, P.D. Meijer, A. Ringer
(tekst/text), J. Roding (red./ed.)
Stichting BONAS, Rotterdam

**Harvard Design School Guide to
Shopping**
Rem Koolhaas (e.a./a.o.) (red./ed.)
Taschen, Köln

**Heilige huisjes: bewoners als opdracht-
gever**
Jacqueline Tellinga (tekst/text),
H.J.A. Hofland (essay)
NAi Uitgevers/Publishers, Rotterdam

**Hilversum: architectuur en stedenbouw
1850-1940**
Annette Koenders
Waanders, Zwolle

**Huis en haard. Monumenten van het
wonen**
Ileen Montijn
Stichting Open Monumentendag, Amsterdam

**Huis Sonneveld: Brinkman en Van der
Vlugt, modern wonen in 1933/The
Sonneveld House: Brinkman & Van der
Vlugt, An Avant-Garde Home from 1933**
Elly Adriaansz (e.a./a.o.), Jannes Linders
(fotogr./photogr.)
NAi Uitgevers/Publishers, Rotterdam
(Nederlandse en Engelse uitgave/Dutch
and English edition)

**Ichthus Hogeschool Rotterdam/Ichthus
University of Professional Education
Rotterdam**
Olof Koekebakker (tekst/text), Daria
Scagliola, Stijn Brakkee (fotogr./photogr.)
Uitgeverij 010 Publishers, Rotterdam

**In de geborgenheid van de gevangenis:
de betekenis van de nieuwe Nederlandse gevangenisbouw**
Lynsey Dubbeld
Amsterdam University Press, Amsterdam

Interbellum Rotterdam 1918-1940
Marlite Halbertsma, Patricia van Ulzen
(red./ed.)
NAi Uitgevers/Publishers, Rotterdam;
Stichting Kunstpublicaties Rotterdam,
Rotterdam

**Interieurs belicht: Jaarboek
Monumentenzorg**
Diederik van Asbeck (e.a./a.o.) (red./ed.)
Waanders, Zwolle; Rijksdienst voor de

Monumentenzorg, Zeist

**J.H. Leliman (1828-1910): Eclecticisme
als ontwerpmethode voor een nieuwe
bouwkunst**
Sigrid de Jong (tekst/text), Juliette Roding
(red./ed.)
Stichting BONAS, Rotterdam

**J.J.P. Oud, poetisch funtionalist 1890-
1963; compleet werk/J.J.P Oud, poetic
funtionalist 1890-1963; the complete
works**
Ed Taverne, Cor Wagenaar, Martien de
Vletter
NAi Uitgevers/Publishers, Rotterdam
(Nederlandse en Engelse versie/Dutch
and English version)

**J.J.P. Oud: Purmerender. Wereld-
beroemd eigenzinnig architect.**
Gemeente Purmerend, Purmerend

**Jo Coenen: Schetsen Noordknoop
Céramique, Maastricht/Jo Coenen,
roughs Noordknoop Céramique,
Maastricht**
Herman Coenen (tekst/text)
NAi Uitgevers/Publishers, Rotterdam

**Jongere bouwkunst: architectuur en
stedenbouw van 1850 tot 1940 in Limburg**
P.A.M. Mertens, Luc Verpoest,
Nic.H.M. Tummers
Waanders, Zwolle

**K.J. Muller (1857-1942): sportcomplexen,
buitenplaatsen en tuindorpen: gezond-
heid als leidraad in architec tuur**
Maarten Piek (tekst/text), Juliette Roding
(red./ed.)
Stichting BONAS, Rotterdam

**Kwaliteit in meervoud: conceptualisering
en operationalisering van ruimtelijke
kwaliteit voor meervoudig ruimtegebruik**
Pieter Hooimeijer, Henk Kroon, Joke Luttik
Habiforum, Gouda

**Leven in de brouwerij: een reconstruc-
tie. Het kantoor van Willem Kromhout
Czn (1864-1940) voor Heinekens Bier-
brouwerij in Crooswijk, Rotterdam**
Peter Bulthuis
Phoenix, Rotterdam

**Leven in toen: vier eeuwen Nederlands
interieur in beeld**
Frans van Burkom (e.a./a.o.) (red./ed.)
Stichting Manifestatie Historisch Interieur,
Amsterdam; Waanders, Zwolle

**Meyer en Van Schooten Architecten
deel 1**
Hans Ibelings
NAi Uitgevers/Publishers, Rotterdam

Michel de Klerk 1884-1923
Manfred Bock, Sigrid Johannisse, Vladimir
Stissi
Electa, Milano
(Italiaanse tekst/Italian text)

Monumentengids Maastricht
Jac van den Boogard, Serv Minis
Primavera Pers, Leiden

**Mooi Vanbinnen: Mart Stamprijs voor
interieurarchitectuur 1986-**
Liesbeth Melis (tekst/text), Maarten Kloos,

Marlies Buurman (red./ed.)
Arcam, Amsterdam; Architectura et Natura,
Amsterdam

**De naoorlogse stad: een hedendaagse
ontwerpopgave**
Ad Hereijgers, Endry van Velzen
NAi Uitgevers/Publishers, Rotterdam

**The nature of landscape: a personal
quest**
Han Lorzing
Uitgeverij 010 Publishers, Rotterdam

De Nieuwe Kaart van Hoek van Holland
Jan de Graaf (sam./comp.) i.s.m./with lust
Ontwikkelingsbedrijf Rotterdam; Culturele
Hoofdstad, Rotterdam

**Nieuw Amsterdam: laagbouw in hoge
dichtheid/Nieuw Sloten Amsterdam:
garden city of today**
Lodewijk Baljon, Margriet Pflug
(tekst/text), Jan Derwig (fotogr./photogr.)
Thoth, Bussum

Het nieuwe Luxortheater Rotterdam
Frans Happel (tekst/text), Rob 't Hart
(fotogr./photogr.)
Uitgeverij 010 Publishers, Rotterdam

**Op zoek naar nieuw publiek domein:
analyse en strategie/In search of a new
public domain: analysis and strategy**
Maarten Hajer, Arnold Reijndorp
NAi Uitgevers/Publishers, Rotterdam
(Nederlandse en Engelse uitgave/Dutch
and English edition)

**Panorama Rotterdam. Meesters aan de
Maas 1820-1940**
Peter van Beveren, Wim van Sinderen (sam.
en red./comp. and ed.), Paul van de Laar,
Toke van Helmond-Lehning (tekst/text)
Scriptum Art, Schiedam; Kunsthal, Rotter-
dam

Parasites: the city of small things
Mechthild Stuhlmacher, Rien Korteknie
(red./ed.)
Stichting Parasite/Parasite Foundation,
Rotterdam

**Post.Rotterdam: architecture and city
after the tabula rasa/Post.Rotterdam:
arquitectura e cidade após a tabula rasa**
Pedro Gadanho, Michelle Provoost, Wouter
Vanstiphout
Uitgeverij 010 Publishers, Rotterdam
(Engels en Portugees/English and Portu-
guese)

**Prix de Rome. Architectuur, steden-
bouw en landschapsarchitectuur/Prix
de Rome. Architecture, Urban Design
and Landscape Architecture**
Christine Wagner (red./ed.)
Uitgeverij 010 Publishers, Rotterdam

Projects for Prada – part 1
OMA/AMO, Rem Koolhaas
Fondazioni Prada, Milano

Regarding nature: natuur in Almere
Hans Aarsman (tekst/text), Marnix
Goossens (fotogr./photogr.)
Gemeente Almere, Almere

Resort-recreation: het geval Texel
Jan de Graaf, Hans van der Markt, Chantal

van Zijl (red./ed.)
Bijlage/Supplement Stedebouw & Ruimtelijke Ordening no. 5

Rietveld in Utrecht
Ida van Zijl
Centraal Museum, Utrecht
(Nederlands en Engels/Dutch and English)

The Rotterdam Museumpark villas
Jisca Bijlsma (red./ed.}
Chabot Museum, Rotterdam
Themanummer/Special Issue Wiederhall 20

**Royaal wonen: landelijke ideenprijs-
vraag**
Sander Gelinck (e.a./a.o.)
Stuurgroep Experimenten Volkshuisvesting, Rotterdam

**Ruimte maken, ruimte delen: Vijfde
Nota over de Ruimtelijke Ordening
2000/2020**
Ministerie van VROM, Den Haag

**De staat van de stad: het Zwolse
verhaal 'Gewoon blijven bewegen'**
Co Verdaas, Willem van Gerwen, Erik
Lazeroms
Gemeente Zwolle, Zwolle

**'De stad erbij houden': speeches van
Peter Noordanus, wethouder te Den
Haag 1989-2000**
Gemeente Den Haag, Den Haag

**De stad in uitersten: verkenningstocht
naar Vinex-land**
Hans van Rossum, Frank van Wijk, Lodewijk
Baljon
NAi Uitgevers/Publishers, Rotterdam

**Stappen door de nieuwe stad: tochten
langs de jongste woningbouw in de
binnenstad van Amsterdam**
Sabine Lebesque, Leo Platvoet
De Balie; Stedelijke Woningdienst,
Amsterdam

**De Strook: ruimtelijke ordening in een
cultuur van pluralisme**
H+N+S, Must, Bureau Ivan Nio
Stimuleringsfonds voor
Architectuur/Netherlands Architecture
Fund, Rotterdam

Theaters van de toekomst
Freek van Duijn (red./ed.)
Stichting Erasmus Prijs 2000, 's-Hertogen-
bosch

**Thuis in Amsterdam: verleden, heden
en toekomst van Woningbedrijf Amster-
dam**
Pieter van Kesteren
Woningbedrijf Amsterdam, Amsterdam;
SUN, Nijmegen

**Thuis in Rotterdam: een gids langs 24
Rotterdamse woonhuizen**
Paul Groenendijk
Uitgeverij 010 Publishers, Rotterdam

**Tilburg: stad met een levend verleden.
De geschiedenis van Tilburg vanaf de
steentijd tot en met de twintigste eeuw**
Nico Arts (e.a./a.o.)
Regionaal Historisch Centrum Tilburg,
Tilburg

Tot nut en genoegen: volkstuincultuur in Nederland
Caroline Zeevat
Uitgeverij 010 Publishers, Rotterdam

Twist & build: creating non-orthogonal architecture
Karel Vollers
Uitgeverij 010 Publishers, Rotterdam

Van Gameren Mastenbroek: prototype > experiment
Bjarne Mastenbroek (e.a./a.o.) (red./ed.)
Uitgeverij 010 Publishers, Rotterdam
(Engels/English)

Vanbinnenuit, interieurarchitectuur in ontwikkeling
Irene Cieraad (e.a./a.o.)
Thoth, Bussum

Vensterscholen: ruimtelijke vertaling van een brede educatieve gedachte
Cees Boekraad (sam. en red./comp. and ed.), Arthur Blonk (fotogr./photogr.)
NAi Uitgevers/Publishers, Rotterdam

De verantwoordelijkheid van de architect
Wiek Röling
Technische Universiteit Delft, Delft

Verwarmen en verlichten in de negentiende eeuw
Meindert Stokroos
Walburg Pers, Zutphen

De Vijfhoek: een nieuwe tuinstad in Deventer
Piet Vollaard (e.a./a.o.)
Arko, Nieuwegein

Villa Vinex
Bart Sorgedrager (fotogr./photogr.)
De Verbeelding, Amsterdam

Voor de draad ermee: inspiratieboek voor waterlandschappen
Habiforum, Gouda

W.M. Dudok
Herman van Bergeijk
Uitgeverij 010 Publishers, Rotterdam
(Engels/English)

Wall House #2: John Hejduk in Groningen
Marijke Martin, Judith Smals
Platform GRAS, Groningen

Het waterproject: een negentiende-eeuwse wandeling door Rotterdam/ The water project: a nineteenth-century walk through Rotterdam
Fransje Hooijmeijer, Maritte Kamphuis (sam./ed.), Daniël Nicolas (fotogr./photogr.)
Uitgeverij 010 Publishers, Rotterdam
(Nederlandse en Engelse versie/Dutch and English version)

The weight of the image: teaching digital design techniques in architecture – 4th International NAI summer masterclass
Lars Spuybroek, Bob Lang
NAi Uitgevers/Publishers, Rotterdam

Waterrijk wonen in Nesselande: particulier opdrachtgeverschap in de 21e eeuw
Gemeente Rotterdam; Projectbureau Nesselande, Rotterdam

Wendingen 1918-1932: architectuur en vormgeving
Martijn F. Le Coultre
V+K Publishing, Blaricum

Winkelen in weelde: warenhuizen in West-Europa 1860-2000
Roger Miellet, Marieke Voorn
Walburg Pers; Stichting Retail Studies, Zutphen

Willem Nicolaas Rose (1801-1877). Stedenbouw, civiele techniek en architectuur
Hetty Berens
NAi Uitgevers/Publishers, Rotterdam
(Proefschrift/Dissertation)

Wonen in Amsterdam en regio: thema-atlas ter gelegenheid van het 100-jarig bestaan van de woningwet
Jeroen van der Veer (e.a./a.o.) (tekst/text), Gerard Anderiesen (e.a./a.o.) (red./ed.)
Amsterdamse Federatie van Woning-corporaties, Amsterdam

Wonen-woning-wet
Jos van Dieten, Leon Deben, Hein de Haan (essays)
Stedelijke Woningdienst, Amsterdam

Samenstelling Edited by
Anne Hoogewoning, Roemer van Toorn, Piet Vollaard, Arthur Wortmann

Vormgeving Design
Joseph Plateau, grafisch ontwerpers, Amsterdam

Vertaling Translation
Robyn de Jong-Dalziel

Beeldredactie Picture Editing
Ingrid Oosterheerd

Tekstredactie Text Editing
Els Brinkman

Productie Production
Barbera van Kooij

Uitgever Publisher
Simon Franke

Teksten Texts
Anne Hoogewoning, Christel Leenen, Roemer van Toorn, Piet Vollaard, Arthur Wortmann

Fotografie Photography
Angie Abbink, Roos Aldershoff, René Benoist, Nico Bick, Hélène Binet, Arthur Blonk/Caroline Koolschijn/arcasa, Anne Bousema, Willem van Det, Gilbert Fastenaekens, Willem Franken, Rob 't Hart, Bastiaan IngenHousz, De Jong Luchtfotografie, Nicholas Kane, Rien Korteknie, Luuk Kramer, Theo Krijgsman, Jannes Linders, Jeroen Musch, Robertino Nikolic (voor/ for *Häuser*), NIO architecten, Hans Pattist, Christian Richters, Sake Rijpkema/ Hollandse Hoogte, Hans Werlemann

Druk en lithografie Printing and Lithography
Drukkerij Die Keure, Brugge Bruges